Afghanistan

Wegweiser zur Geschichte

Herausgegeben vom
Militärgeschichtlichen Forschungsamt

Wegweiser zur Geschichte
Afghanistan

Im Auftrag des
Militärgeschichtlichen Forschungsamtes
herausgegeben von
Bernhard Chiari

Dritte, durchgesehene und erweiterte Auflage

FERDINAND SCHÖNINGH 2009

Paderborn • München • Wien • Zürich

Umschlagabbildung:
Reiter beim Buskaschi-Spiel, Aufnahme 2005.
(ullstein bild/AP)

Bibliografische Information der Deutschen Nationalbibliothek

Die Deutsche Nationalbibliothek verzeichnet diese Publikation
in der Deutschen Nationalbibliografie; detaillierte bibliografische
Daten sind im Internet über http://dnb.d-nb.de abrufbar.

Gedruckt auf umweltfreundlichem, chlorfrei gebleichtem
und alterungsbeständigem Papier ISO ⊗ 9706

3., durchges. und erw. Aufl.
© 2009 Ferdinand Schöningh, Paderborn
(Verlag Ferdinand Schöningh GmbH & Co. KG,
Jühenplatz 1, D-33098 Paderborn)

Internet: www.schoeningh.de

Redaktion, Satz, Layout: MGFA, Potsdam
Lektorat: Knud Neuhoff (Berlin)

Druck: SKN Druck und Verlag GmbH & Co., Norden

Alle Rechte vorbehalten. Dieses Werk sowie einzelne Teile sind urheberrechtlich geschützt. Jede Verwertung in anderen als den gesetzlich zugelassenen Fällen ist ohne vorherige schriftliche Zustimmung des Verlages nicht zulässig.

Printed in Germany

ISBN 978-3-506-76761-5

Inhalt

Vorwort	7
Einleitung	9

I. Historische Entwicklungen

Die Anfänge Afghanistans — 19
Conrad Schetter

Afghanistan als Objekt britischer und russischer Fremdherrschaft im 19. Jahrhundert — 27
Jörg Baberowski

Afghanistan als Staat im 20. Jahrhundert — 37
Reinhard Schlagintweit

Afghanistan als militärisches Ziel deutscher Außenpolitik im Zeitalter der Weltkriege — 49
Rolf-Dieter Müller

Der sowjetische Einmarsch in Afghanistan und die Besatzung von 1979 bis 1989 — 61
Bernhard Chiari

Der afghanische Bürgerkrieg — 75
Katja Mielke

Die Taliban und die Neuordnung Afghanistans — 83
Conrad Schetter

Aspekte von Sicherheit: Die Lage in Afghanistan und den pakistanischen Grenzgebieten zum Jahresende 2008 — 101
Bernhard Chiari

II. Strukturen und Lebenswelten

Stammesstrukturen und ethnische Gruppen — 123
Conrad Schetter

Die Tradition der »Loya Dschirga«: Herrschaftsstrukturen und Staatlichkeit — 133
Christine Nölle-Karimi

Lokale Herrscher: Das Beispiel paschtunischer Khane — 139
Monika Lanik

Paktia und Kundus: Herrschaft in der Provinz — **147**
Rainer Glassner

Praktische Herausforderungen beim zivilen
Wiederaufbau Afghanistans — **157**
Katja Mielke und Conrad Schetter

Facetten des Islams in Afghanistan — **169**
Lutz Rzehak

Krieg und Kampf in Afghanistan — **183**
Erwin Orywal

Mündliche Tradierung von Geschichte — **193**
Lutz Rzehak

Charismatischer Führer oder Kriegsverbrecher?
Achmad Schah Massud — **203**
Karl Ernst Graf Strachwitz

Eine Frage der Ehre:
Rollenbilder von Frauen und Männern in Afghanistan — **213**
Judith Huber

Traditionelle Wirtschaftsformen:
Landwirtschaft und Nomadismus — **221**
Hermann Kreutzmann

Opium als Wirtschaftsmotor:
Drogenökonomie ohne Alternativen? — **231**
Katja Mielke

Anhang

Geschichte im Überblick — **242**
Kalender — **262**
Erinnerungsorte — **264**
Literatur, Film und neue Medien — **269**
Register — **277**

Vorwort

Zweieinhalb Jahre nach seinem Erscheinen im Sommer 2006 liegt der »Wegweiser zur Geschichte: Afghanistan« in seiner dritten, aktualisierten und erweiterten Auflage vor. Der Band spiegelt historische Entwicklungslinien sowie aktuelle Strukturen und Konflikte in einem Land wider, das die Schlagzeilen der Weltpresse bestimmt, und für die NATO sowie die UN mehr und mehr zum Prüfstein für internationale Verfahren zu Konfliktlösung und Wiederaufbau wird. Mehr als 250 Soldaten der ISAF fielen 2008 in Afghanistan.

Etwa 90 000 Exemplare des vorliegenden »Wegweisers« sind mit dieser 3. Auflage bisher publiziert worden. Das Buch stieß auf große Resonanz in den Medien, im Bereich der politischen Leitung und militärischen Führung sowie bei Nicht-Regierungs-Organisationen und Behörden. Aber auch die Wissenschaftsgemeinde und schließlich die interessierte Öffentlichkeit nahmen das Buch positiv auf.

Der Reihe »Wegweiser zur Geschichte« liegt ein Konzept zugrunde, das auf der ungeschönten und überparteilichen Information über Krisengebiete fußt. Fachwissenschaftler und Spezialisten vermitteln einen Eindruck von Geschichte, Kultur und Konfliktstrukturen. Sie tun dies meist vor dem Hintergrund langjähriger Erfahrung mit und in der Region. Ihre Beiträge geben individuelle Standpunkte und Auffassungen wieder.

Eine solch multiperspektivische, breit angelegte Reflexion, die auch die differenzierte und oftmals kritische Darstellung aktueller Ansätze von Stabilisierung und Wiederaufbau einschließt, erfordert speziell für Afghanistan ebenso viel Mut wie Besonnenheit. Das Militärgeschichtliche Forschungsamt (MGFA) bemüht sich um eine Analyse, die möglichst frei gehalten wird von tagesaktuellen Diskussionen im politischen Raum, und die über die häufig an öffentlichkeitswirksamen Einzelereignissen orientierte Berichterstattung der Medien hinausgeht. Dennoch ist der »Wegweiser« ein überaus politisches Buch. Es beinhaltet keine Empfehlungen, doch kann es durchaus einen Beitrag zur aktuellen Diskussion darüber leisten, welchen Weg die Internationale Gemeinschaft bei der Unterstützung der afghanischen Regierung und beim Aufbau staatlicher Strukturen zukünftig gehen sollte.

Soldaten der Bundeswehr, für die wir dieses Buch als Orientierung im Einsatz konzipiert haben, verfolgen als mündige Staatsbürger in Uniform die kontroverse öffentliche Diskussion über Afghanistan. Im Rahmen der Vorbereitung auf ein fremdes Umfeld dürfen sie erwarten, dass sie gemeinsam mit den kulturellen und politischen Besonderheiten auch über problematische Aspekte des laufenden Einsatzes informiert werden. Unterbleibt die ganzheitliche Auseinandersetzung mit der Stabilisierungsproblematik, die unterschiedlichste einheimische Akteure ebenso einschließt wie einen heterogenen, nur schwer zu koordinierenden Aufbauapparat, drohen in der fordernden und komplexen Situation Frustration und Tunnelblick. Nach unserem Eindruck kann alleine eine kritische Form der Darstellung die hohe Akzeptanz sichern, die das Buch bei seinen Lesern genießt.

Für die Neuauflage danke ich Dr. Bernhard Chiari, Leiter Modul Einsatzunterstützung (MEU), verantwortlich für die Reihe der »Wegweiser«, geistiger Vater und Herausgeber des vorliegenden Bandes. Dr. Conrad Schetter, Zentrum für Entwicklungsforschung (ZEF) der Universität Bonn und Mitglied des Wissenschaftlichen Beirats Einsatzunterstützung am MGFA, hat die Neuauflage erneut mit seiner Expertise, seinem Rat und seiner tatkräftigen Unterstützung begleitet.

In der Schriftleitung des MGFA betreute Knud Neuhoff das Manuskript bis zur Druckreife. Dipl. Ing. Bernd Nogli und Daniela Heinicke sorgten für die Karten, Maurice Woynoski für die grafische Gestaltung. Den Satz übernahm Carola Klinke. Dipl. Phil. Marina Sandig trug für die Recherche der Bildrechte Sorge. Vor allem aber danke ich den Autorinnen und Autoren, die durch neue Artikel oder die Fortschreibung ihrer Beiträge das Gesicht der dritten Auflage prägen. Dem »Wegweiser« wünsche ich weiterhin Akzeptanz und Erfolg bei seinen Lesern.

Dr. Hans Ehlert
Oberst und Amtschef des
Militärgeschichtlichen Forschungsamtes

Einleitung

Zum Jahresende 2008 zeichnen die Medien ein dramatisches Bild von der Lage in Afghanistan. Sie beklagen, dass sich trotz oder gerade wegen der ständig steigenden Personalstärke der internationalen Truppen im Land – am 16. Oktober verlängerte der Deutsche Bundestag zuletzt das Mandat der International Security Assistance Force (ISAF) der Bundeswehr um 14 Monate und erhöhte die Obergrenze der eingesetzten Soldaten um 1000 auf 4500 – die Sicherheitslage in den vergangenen Jahren stetig verschlechtert habe. Während im Süden Afghanistans ein Krieg der wiedererstarkten Taliban gegen ISAF und die afghanische Regierung stattfindet, und beispielsweise in den Provinzen Helmand und Kandahar Kämpfe in größerem Umfang toben, wird auch das bislang ruhige Regional Command (RC) North unter deutscher Führung zunehmend zum Schauplatz von Anschlägen gegen ISAF, insbesondere mit improvisierten Sprengfallen. Landesweit ereigneten sich 2008 etwa 120 Selbstmordattentate. Im Rahmen militärischer Operationen kamen immer wieder außer bewaffneten Aufständischen auch unbewaffnete Zivilpersonen ums Leben, was die afghanische Regierung unter Hamid Karsai zu scharfer Kritik am Charakter der westlichen Präsenz im Land veranlasste.

Seit mehr als sieben Jahren läuft der internationale Stabilisierungseinsatz, der nach der Vertreibung der Taliban durch die vom Westen unterstützte so genannte Nordallianz und mit dem 2001 auf dem Petersberg bei Bonn beschlossenen Programm zum Aufbau eines demokratischen Grundregeln verpflichteten afghanischen Zentralstaates begann. Dramatische Berichte sollten nicht von der Tatsache ablenken, dass die Lage in einzelnen Provinzen und Distrikten des Landes erhebliche Unterschiede aufweist. Während sich die Masse der sicherheitsrelevanten Zwischenfälle in Afghanistan in zehn Prozent der Distrikte ereignet, können andere Regionen als ruhig und stabil gelten. Bei der Realisierung der Vereinbarungen vom Petersberg wurden in den vergangenen Jahren erhebliche Erfolge erzielt. Diese betreffen beispielsweise das Schul- und Gesundheitssystem, das zum Ende der Taliban-Herrschaft fast vollständig zerstört war.

Einzelne erfolgreiche Aufbauprojekte machen deutlich, dass im armen, agrarisch strukturierten Afghanistan durchaus ökonomische Chancen vorhanden sind, sofern die Projektplaner die landestypischen Voraussetzungen und Bedürfnisse ausreichend berücksichtigen. Das Land verfügt mit Hamid Karsai, der 2009 zum zweiten Mal um das Amt des Präsidenten kandidieren wird, über ein gewähltes Staatsoberhaupt sowie über ein Parlament.

Dennoch ist Afghanistan heute nach wie vor weit von Frieden und Stabilität entfernt. Korruption, Gewalt und Kriminalität behindern die Arbeit der staatlichen Behörden wie der internationalen Hilfsorganisationen im Land. Die Taliban operieren weiterhin von den paschtunischen Siedlungsgebieten im Süden und Osten des Landes sowie den pakistanischen Grenzprovinzen aus und konfrontieren die Internationale Gemeinschaft mit einer ernsthaften Bedrohung. Allzu viele Afghanen empfinden Enttäuschung über die mangelnde Nachhaltigkeit vom Westen erwarteter »Leistungen«. In allen Bevölkerungsgruppen gibt es neben der Zustimmung für das gesamtstaatliche Aufbauwerk erhebliche Vorbehalte gegenüber der westlichen, als fremd empfundenen Kultur, von der sich insbesondere die dem Islam und althergebrachten Stammesgesetzen verhaftete Landbevölkerung abgrenzt.

Das politische und ökonomische Leben verläuft außerhalb von Kabul und den größeren Städten nach traditionellen afghanischen Spielregeln, selbst wenn dies unter modernisierten Vorzeichen und Attributen geschieht. Unter der Oberfläche zentralstaatlicher Verwaltungsbehörden vollziehen sich Machtkämpfe zwischen Akteuren, die vielfach schon während der sowjetischen Besatzung, des folgenden Bürgerkriegs und während der Taliban-Herrschaft Schlüsselpositionen im Rahmen der innerafghanischen Auseinandersetzungen inne hatten. Das Umfeld, in dem sich internationale Aufbauhelfer bewegen, ist dementsprechend komplex. Die Grenzen zwischen Organisierter Kriminalität, ehemaligen Warlords, die ihre Einflussbereiche nun als Gouverneure oder Distriktchefs sichern, bis hin zu Gruppierungen der Taliban oder anderen Oppositionellen Militanten Kräften (Opposing Militant Forces, OMF) verlaufen fließend. Zuordnungen von Einzelpersonen und Gruppen sind generell schwierig – häufig lassen sich politisch motivierte Anschläge gegen die Regierung

Einleitung

oder ISAF nicht von »gewöhnlicher« Kriminalität oder örtlichen Macht- und Verteilungskämpfen unterscheiden.

Vor diesem Hintergrund hat die Internationale Gemeinschaft sich selbst ebenso wie die afghanische Regierung auf Schwerpunkte der Aufbauarbeit verpflichtet. Diese beziehen sich auf die Funktionsfähigkeit von Regierung, Verwaltung und Exekutive und insbesondere auf die Ausbildung und Ausrüstung von Polizei und Militär, die zunehmend selbst Verantwortung im Land übernehmen sollen. Hinzu tritt die Schaffung eines unabhängigen Rechtssystems, das bis heute in seinen Anfängen steckt. Der Zugang zu einer qualifizierten Schul- und Berufsausbildung, die Bekämpfung des weit verbreiteten Analphabetismus und der Aufbau der bislang erst in Ansätzen vorhandenen Infrastruktur sollen eine Volkswirtschaft stärken, der es bislang kaum gelingt, die eigene Bevölkerung zu ernähren, und die außer dem Drogenanbau nur wenige lukrative Beschäftigungsfelder bietet.

Ein kaum zu durchschauendes Konglomerat sich überschneidender innerafghanischer Interessengruppen, ethnischer und wirtschaftlicher Konflikte sowie eine ausgeprägte Rückkehrerproblematik – seit 2001 fanden mehr als fünf Millionen Flüchtlinge den Weg in ihre angestammte Heimat zurück, während allein in Pakistan und Iran immer noch drei Millionen Afghanen leben – erschweren die Erarbeitung und Realisierung einer schlüssigen Gesamtstrategie. Beschlüsse und notwendige Mittel stehen – selbst innerhalb der militärischen Organisation der ISAF – in Abhängigkeit von der Zustimmung nationaler Parlamente. Regierungs- und Nicht-Regierungs-Organisationen, die in Afghanistan die Hauptlast des Wiederaufbaus tragen, funktionieren nach den Regeln von Wirtschaftsunternehmen. Sie unterliegen den Spielregeln von Projektanträgen und Mitteleinwerbung, was nicht immer die Ausgabe von Geld dort fördert, wo es am dringendsten benötigt wird. Wiederaufbau vollzieht sich in der Praxis täglich an ungezählten Schauplätzen, aber nicht in Form einer zentral gelenkten Operation, deren Führung bei der Verfolgung eines strategischen Ziels in Abhängigkeit von der Lageentwicklung frei agieren kann. Die ansteigende Gewalt ist ein Teufelskreis, der mit der Bedrohung von Hilfsorganisationen seinen Anfang nimmt, deren Rückzug aus notwendigen Aufbauprojekten veranlasst, Enttäuschung der betroffenen Bevölkerung hervorruft und damit deren Hinwendung zur OMF und erneute Ausschreitungen produziert.

Alle Beteiligten sind sich darüber einig, dass eine Stabilisierung Afghanistans und ein dauerhafter Trend hin zur Isolierung gewaltbereiter Kräfte innerhalb der Bevölkerung nur durch die Schaffung eines sicheren Umfelds, verstärkte Aufbau- und Ausbildungshilfe sowie die zunehmende Eigenverantwortung der afghanischen Regierung gemeinsam zu erzielen ist. »Comprehensive Approach« sowie »Afghan Ownership« als häufig gebrauchte Schlagworte fordern in diesem Zusammenhang ganzheitliche Problemlösungen und die zunehmende Abgabe von Aufgaben an die staatlichen Behörden Afghanistans. Sieben Jahre nach dem Petersberger Abkommen hat sich weitgehend die Erkenntnis durchgesetzt, dass die sture Durchsetzung westlicher Prinzipien und Vorstellungen in traditionell verfassten, islamischen Stammesgesellschaften auf beiden Seiten zu Frustration und Ablehnung führen muss. Das westliche Unbehagen darüber, sich in Afghanistan in der Praxis von bestimmten Idealvorstellungen verabschieden zu müssen, kommt – positiv gewendet – im Begriff des »Afghan Face« zum Ausdruck: Dieser meint in der Praxis, landestypische Kultur und Problemlösung auch dann zu akzeptieren, wenn sie nicht in allen Punkten kompatibel mit europäischen oder amerikanischen Vorstellungen sind.

Die Neuauflage des »Wegweisers zur Geschichte: Afghanistan« führt in den komplexen Gesamtzusammenhang von Geschichte, Politik und Kultur des Landes ein, wobei ein Schwerpunkt darauf liegt, Verständnis für aktuelle Strukturen und Entwicklungen zu vermitteln. Alle Beiträge der zweiten Auflage wurden durchgesehen, fortgeschrieben und teilweise neu verfasst, um den Veränderungen seit Sommer 2007 Rechnung zu tragen. Ein Aufsatz kam neu hinzu. Die bewährte Gliederung in drei Hauptabschnitte umfasst erstens »Historische Entwicklungen«, zweitens »Strukturen und Lebenswelten« sowie drittens einen Anhang mit weiterführenden Tipps. Eine Zeittafel und Übersichten der Erinnerungstage und -orte sollen ebenso wie das Register die Benutzung erleichtern.

Unter der Rubrik »Historische Entwicklungen« schildert Conrad Schetter frühe Formen afghanischer Staatlichkeit bis zum Ende der paschtunischen Reiche: Das Herrschaftsgebiet des Stammesführers Achmad Schah Durrani im 18. Jahrhundert erstreckte sich vom Osten Persiens bis nach Indien. Als lockere Stammeskonföderation schloss es neben dem heutigen afghanischen Territorium sämtliche paschtunischen Siedlungsgebiete ein, aber auch einen breiten Küstenstreifen am Arabischen Meer. Schwächung und Zerfall des Reiches gingen einher mit Versuchen Großbritanniens und Russlands, ihre kolonialen Machtsphären auch auf die Region am Hindukusch auszudehnen. Jörg Baberowski beschreibt das britische und russische Streben nach hegemonialem Einfluss und Unterwerfung der indigenen Bevölkerung. In den drei Anglo-Afghanischen Kriegen kämpften die Stämme der Region gegen die britische Vorherrschaft. Mit der durch paschtunisches Siedlungsgebiet verlaufenden und nach wie vor strittigen »Durand-Linie« entstand 1893 die bis heute gültige Ostgrenze des Landes.

Geboren aus solchen Konflikten bildete sich im 20. Jahrhundert ein moderner afghanischer Zentralstaat aus. Der Vertrag von Rawalpindi sicherte 1919 die Unabhängigkeit des Landes, das 1923 die erste konstitutionelle Verfassung erhielt. Reinhard Schlagintweit untersucht in seinem Aufsatz die Schwierigkeiten und Leistungen afghanischer Herrscher, von Kabul aus ihr Land zu reformieren und dabei einen Ausgleich zwischen den Traditionen der Stammesgesellschaft und den Erfordernissen moderner Staatlichkeit zu schaffen. Rolf-Dieter Müller stellt sich der Frage, welche Rolle dabei deutsche Interessen spielten, und welchen Platz Afghanistan in den Plänen der deutschen militärischen Führung bis zum Zweiten Weltkrieg einnahm.

Das Land geriet in den 70er-Jahren des 20. Jahrhunderts in die globalen Auseinandersetzungen des Kalten Krieges und wurde so zum Spielball sowjetischer und amerikanischer Interessen. Der Kreml versuchte seinen Einfluss im Land massiv auszudehnen – auch als Reaktion auf vermeintliche US-amerikanische Bestrebungen, Afghanistan ins westliche Lager zu ziehen –, indem er 1978 in Kabul eine kommunistische Regierung etablierte. Dass die volksdemokratischen Führer jedoch nicht nur nach der Pfeife der UdSSR tanzten, sondern im innerafghanischen Machtgefüge auch geschickt eigene Ziele verfolgten, war ein Hauptgrund für den Einmarsch der Sowjetarmee im Dezember 1979. Die folgende, fast ein Jahrzehnt währende Besatzung, die Bernhard

Chiari analysiert, wirtschaftete das Land herunter, kostete Millionen Menschen das Leben oder vertrieb sie aus ihrer Heimat. Der Einmarsch der UdSSR löste einen »Heiligen Krieg« der Mudschaheddin gegen die kommunistische Zentralregierung in Kabul und ihre Moskauer Helfer aus. Schon während der Besatzung wechselten die dabei entstandenen innenpolitischen Koalitionen ständig. Nach dem sowjetischen Abzug bekämpften sich deren Führer weiter und zogen Afghanistan in einen Bürgerkrieg, an dessen Ende – so Katja Mielke in ihrem Aufsatz – das Land in die Einflussbereiche von Warlords und Stammesfürsten zerfallen war und nun vollends in Schutt und Asche lag. Die Folgen der gewaltsamen Auseinandersetzungen der sowjetischen Besatzung und des Bürgerkrieg wirken bis heute fort.

Conrad Schetter erläutert die Entwicklung Afghanistans über die Zeit der Taliban-Herrschaft hinaus bis in die Gegenwart. Schwerpunkt seiner Betrachtung bildet die Frage, welche Voraussetzungen die Internationale Gemeinschaft vorfand, als sie sich 2001 an den Wiederaufbau machte, und wo bis heute die Schwierigkeiten auf dem Weg zu staatlicher und gesellschaftlicher Stabilität liegen. Dass der Autor dabei die Taliban-Zeit und den Wiederaufbau übergreifend thematisiert, verdeutlicht auf den ersten Blick, wie wirkungsmächtig die Rolle ist, welche die Taliban bis heute im Land spielen. Diesen Befund vertieft die anschließende Analyse von Bernhard Chiari. Hier werden im Überblick jene Faktoren abgehandelt, die sich auf die seit 2007 auf hohem Gefährdungsniveau stagnierende Sicherheitslage auswirken. Besonderes Augenmerk gilt erstens dem Süden des Landes und zweitens dem von Deutschland geführten Regional Command (RC) North, das neun Provinzen zwischen Faryab im Westen und Badachschan im Osten sowie die beiden deutschen regionalen Wiederaufbauteams (Provincial Reconstruction Teams, PRTs) in Kundus und Faisabad einschließt. Schließlich sind drittens die pakistanischen Grenzgebiete Gegenstand der Betrachtung, die – überwiegend paschtunisch besiedelt und teils kaum durch den pakistanischen Staat kontrollierbar – Militante Oppositionelle Kräfte als »Safe Haven« nutzen.

Der zweite Abschnitt des Bandes »Strukturen und Lebenswelt« veranschaulicht in insgesamt zwölf Beiträgen die ethnischen, kulturellen, religiösen und wirtschaftlichen Regeln, nach

Einleitung

denen die afghanische Gesellschaft funktioniert. Lutz Rzehak behandelt mit den Facetten des Islams eine der tragenden Säulen der afghanischen Kultur. Neben der Bedeutung der Religion im Alltag geht Rzehak auch auf die Politisierung des Islams ein bzw. auf seine Rolle bei dem Versuch, konservative ländliche Milieus gegen modernisierende Einflüsse von außen zu schützen. Conrad Schetter geht der Frage nach, welche ethnischen Abgrenzungen im Lande bestehen und welche Bedeutung dem Begriff »Ethnie« im afghanischen Kontext überhaupt zukommt: Während westliche Beobachter dazu neigen, aktuelle Konflikte als »ethnische« Auseinandersetzungen verstehen zu wollen, spielen ethnische Zuordnungen für die Betroffenen oft nur eine untergeordnete Rolle.

Die zwei folgenden Aufsätze geben einen Einblick in das vor Ort übliche Verständnis von Herrschaft und Macht und deren Erscheinungsformen in den Provinzen. Christine Nölle-Karimi beschreibt mit der »Loya Dschirga« eine landestypische Tradition der Problemlösung, die auch den Umgang der Afghanen mit westlichen Vorstellungen von Demokratie zu verstehen hilft. Bis in unsere Tage dienen die Ratsversammlungen auf unterschiedlichen Ebenen als Mittel der Entscheidungsfindung. Monika Lanik untersucht am Beispiel paschtunischer Khane die Art und Weise, auf die im Lande Macht erworben, ausgeübt und verteidigt wird. Die Rolle der Khane als Vorsteher traditioneller Clans und Familienverbände unterliegt einerseits erheblichen Veränderungen, die sich durch moderne und zentralstaatliche Einflüsse ergeben. Andererseits haben gerade die Konflikte nach 2001 die Bedeutung der Khane als wesentliche Akteure in den afghanischen Provinzen und Distrikten unterstrichen.

Rainer Glassner verdichtet diese allgemeinen Überlegungen anhand der Fallbeispiele von Kundus im Norden und Paktia im Südosten Afghanistans. Glassner macht deutlich, welche Herrschaftsmechanismen in zwei sehr unterschiedlich strukturierten Provinzen – hier das ethnisch vielfältige, in viele persönliche Einflussbereiche zerfallene Kundus, dort das überwiegend einheitlich paschtunisch besiedelte Paktia – wirken. Katja Mielke und Conrad Schetter ergänzen diese Analyse durch einen Aufsatz, der die Praxis der Entwicklungshilfe und die Rahmenbedingungen darstellt, unter denen sich die Aufbauarbeit von Regierungs-

und Nicht-Regierungs-Organisationen in Afghanistan vollzieht. Am fiktiven Beispiel des Entwicklungshelfers Franz Hohmann schildern sie die Situation der Helfer vor Ort und erläutern, nach welchen Regeln und Gesetzmäßigkeiten Projektarbeit in Afghanistan stattfindet.

Zwei weitere Aufsätze von Lutz Rzehak und Erwin Orywal behandeln das Geschichtsverständnis einer Gesellschaft, die bis heute überwiegend ohne schriftliche Überlieferungen auskommt, sowie den Umgang afghanischer Männer mit Krieg und Gewalt. Beide Aspekte erscheinen wesentlich, um das Verhalten afghanischer Männer etwa in Gesprächssituationen mit Ausländern zu begreifen. Mit Achmad Schah Massud porträtiert Karl Ernst Graf Strachwitz einen ebenso populären wie umstrittenen, 2001 ermordeten tadschikischen Mudschaheddin-Führer, an dessen Beispiel sich das afghanische Bild vom Krieger und Helden besonders anschaulich zeigen lässt. Demgegenüber erläutert Judith Huber die traditionelle, überwiegend auf Familie und Haushalt beschränkte Rolle afghanischer Frauen.

Hermann Kreutzmann vermittelt eine plastische Vorstellung von den wirtschaftlichen und naturräumlichen Voraussetzungen für den Wiederaufbau. Er beschreibt eine unterentwickelte Volkswirtschaft, deren überwiegend auf Selbstversorgung ausgelegter Agrarsektor etwa 60 Prozent zum Bruttoinlandsprodukt beiträgt, das mit etwa 1000 US-Dollar pro Kopf und Jahr immer noch bei einem Bruchteil der westeuropäischen Vergleichszahlen liegt. Abschließend setzt sich Katja Mielke umfassend mit der Problematik der Drogenökonomie im Land auseinander. Sie diskutiert Lösungsansätze, nach denen auch die Internationale Gemeinschaft, eher halbherzig unterstützt durch die afghanische Regierung, seit Jahren sucht – bislang allerdings ohne zukunftsweisende Konzepte und vor allem Alternativen für die wesentliche Erwerbsquelle des Schlafmohnanbaus.

Für Namen und Begriffe aus den Sprachen Afghanistans und aus dem Russischen wird eine vereinfachte Umschrift verwendet, die sich an der Aussprache im Deutschen orientiert. Alle Beiträge präsentieren sich gegenüber der zweiten Auflage in überarbeiteter und grafisch veränderter Aufmachung. Mit der Neuauflage tragen wir außer der Lageentwicklung in Afghanistan auch zahlreichen Rückmeldungen und Anregungen unserer

Leser Rechnung. Ihre Hinweise erbitten wir weiterhin an die auf dem Umschlag dieses Buches vermerkte Adresse.

Dr. Bernhard Chiari
Leiter Modul Einsatzunterstützung

Es gibt zahlreiche Legenden über die Besiedlung Afghanistans. Eine davon erzählt, im 10. Jahrhundert vor Christus seien die Nachfahren König Sauls in das Land gekommen, das damals »Ariana«, Land der Arier, geheißen habe. Andere Geschichten berichten, dass im 6. Jahrhundert vor Christus der babylonische König Nebukadnezar Juden aus Palästina vertrieben habe, die sich in der Gegend des heutigen Herat niederließen. Fest steht, dass Afghanistan auf eine lange und reiche Geschichte zurückblicken kann, die von kultureller, religiöser und sprachlicher Vielfalt geprägt ist. Erst seit dem 18. Jahrhundert bestimmten zunehmend lokale Stämme und ihre Führer die Geschicke des Landes. Der Name Afghanistan, wörtlich »Land der Afghanen«, ist zum ersten Mal im Englisch-Persischen Friedensvertrag von 1801 erwähnt.

Immer wieder versuchten wechselnde Herrscher von außen, der Region ihren Stempel aufzudrücken. In der Antike war Afghanistan Teil des Perserreiches, Alexander der Große gründete die Städte Herat und Kandahar. Im 13. Jahrhundert geriet die Region unter die Herrschaft der Mongolen, im 18. Jahrhundert erstreckte sich das Durrani-Reich vom Norden des heutigen Afghanistan bis an die Küste des Arabischen Meeres. Das Foto zeigt einen betenden Muslim vor den berühmten Buddha-Statuen von Bamian, die aus dem 6. Jahrhundert christlicher Zeitrechnung stammen (vgl. den Infokasten auf S. 87).

Die Anfänge Afghanistans

Die Bezeichnung Afghanistan für das heutige afghanische Staatsgebiet ist noch verhältnismäßig jung. Ursprünglich benannten die Perser die südlich und südöstlich vom Hindukusch sowie im Nordwesten des heutigen Pakistans gelegenen Herrschafts- und Stammesgebiete der Paschtunen Afghanistan – »Land der Afghanen«. Für den politischen Herrschaftsbereich der Region um die alte Handelsstadt Kabul verwendete man den Begriff »Königreich Kabul«.

Anfang des 19. Jahrhunderts übernahmen die Briten den Namen dieses Landstriches in der persischen Variante, die sich als Afghanistan in der zweiten Jahrhunderthälfte als Landesbezeichnung nach und nach durchzusetzen vermochte.

Allerdings lag die Region, die nun gemeint war, viel weiter im Norden und im Westen als noch zu Beginn des 19. Jahrhunderts, da die britisch-indischen Truppen über die paschtunischen Stammesgebiete hinaus nord- und westwärts vordrangen. Sie konnten zwar kurzzeitig weitere Territorien in Besitz nehmen, wurden dann jedoch wieder zurückgeschlagen und mussten in die Gegenden südlich des Hindukuschs ausweichen. Infolge dieser missglückten Expansion entstand eine herrschaftslose Pufferzone zwischen Russland, Britisch-Indien und Persien, deren Regionen nun unter dem Namen »Afghanistan« zusammengefasst wurden.

An die Darstellung der räumlichen Zuordnung schließt sich die Frage nach den Anfängen der afghanischen Geschichte an. Afghanische Historiker sind stets bemüht, die historischen Ursprünge ihres Landes bereits in der frühen Antike wurzeln zu lassen: Das antike »Ariana«, das mittelalterliche Chorassan und das neuzeitliche Afghanistan werden als Glieder einer ungesprengten Kette dargestellt, in einer kontinuierlichen Linie über Jahrhunderte miteinander verbunden und zu einer historischen Einheit verschmolzen (vgl. den Beitrag von Lutz Rzehak zur mündlichen Tradierung von Geschichte). Die Entstehung des eigentlichen modernen afghanischen Nationalstaats datiert die afghanische Geschichtsschreibung auf das Jahr 1747. Zu diesem Zeitpunkt begründete Achmad Schah Durrani eine Dynastie, die mehr oder weniger beständig bis zum Sturz des letzten Königs, Sahir Schah, 1973 andauern sollte. Da das Reich Achmad Schah Durranis jedoch nicht einmal Afghanistan genannt wurde und auch keine Institutionen der modernen Staatlichkeit hervor-

Arier

Der Begriff »Arier« stammt ursprünglich aus der Kult- und Schriftsprache der brahmanischen Kultur Nordindiens, dem Sanskrit. Das Adjektiv »arya« bedeutet wörtlich »edel, gütig, hold«. Im Sinne von »die Edlen, die Reinen« diente das hiervon abgeleitete Hauptwort zunächst als Selbstbezeichnung von Völkern, die im Altertum auf dem Gebiet des heutigen Iran und im Nordwesten Indiens siedelten. Sanskrit und die ihm nahe verwandten nordindischen Sprachen (Hindi, Pandschabi, Bengalisch u.a.) gehören zum indoarischen Zweig der indogermanischen bzw. indoeuropäischen Sprachfamilie. Zu dieser großen Sprachgruppe zählen als Mitglieder des iranischen Zweiges ebenfalls die Sprachen Afghanistans sowie in Europa Latein, Griechisch und Deutsch.

Im Buddhismus und Hinduismus meinte der Begriff »Arier« zunächst keine Rasse, sondern eine Gemeinschaft »edler« und »geistlicher« Menschen. Allerdings bürgerte sich rasch auch die Bedeutung von »Volksgruppe« ein. Der Iran heißt wörtlich »Land der Arier«. Die ostiranische Form des Wortes (aryana) ist bis heute in Afghanistan und Tadschikistan weit verbreitet und gab beispielsweise der »Aryana Afghan Airline« ihren Namen. In Europa setzte man »Arier« seit dem späten 19. Jahrhundert immer mehr mit der Zugehörigkeit zu einer »nordischen« oder »weißen« Rasse gleich. Der französische Diplomat und Historiker Arthur de Gobineau sowie der britische Publizist Houston Stewart Chamberlain zählten zu den Wegbereitern dieses Verständnisses. Rassenkundliche und rassistische Ideen prägten schließlich die wissenschaftlich verbrämte nationalsozialistische Rassenideologie, in der »Arier« in erster Linie als »Nichtjude« definiert und verstanden wurde. In Europa ist das Wort heute durch die Verbindung mit Nationalsozialismus und Holocaust diskreditiert. Afghanische Gesprächspartner hingegen verwenden den Begriff »Arier« meist einfach, um damit die Verbundenheit von Deutschen und Afghanen als Teil einer gemeinsamen Kultur zum Ausdruck zu bringen. *(bc)*

Die Entstehung der paschtunischen Reiche

Das Aufbegehren der Paschtunen gegen die bröckelnde Macht der Imperien äußerte sich erstmals gegen Ende des 16. Jahrhunderts, als ostpaschtunische Stämme die Herrschaft der Moguln herausforderten. In der Folge bildeten sich in den Regionen Kandahar und Herat mit den Ghilsai und Abdali zwei große paschtunische Stammeskonföderationen heraus. Als die Safawiden den schiitischen Islam zur Staatsreligion erhoben und versuchten, die sunnitischen Paschtunen mit Gewalt zum Schiismus zu bekehren, vertrieben die Ghilsai unter Führung von Mir Wais die Safawiden aus Kandahar. Machmud Hotak, Sohn und Nachfolger von Mir Wais, eroberte 1722 die Hauptstadt des persischen Safawidenreiches, Isfahan, und ernannte sich selbst zum »Schah von Persien«. Nach seinem Tod 1725 konnte sein Vetter Aschraf die »Afghanen-Herrschaft« in Persien nicht mehr aufrechterhalten und wurde 1729 besiegt.

Nadir Schah (1736–1747), der zunächst den schwachen Safawiden-Herrscher Schah Abbas III. auf den persischen Thron brachte, schwang sich 1736 selbst zum Herrscher über Persien auf. Er begründete ein Reich, das sich vom Kaspischen Meer bis nach Nordindien erstreckte. 1747 fiel er jedoch einem Attentat zum Opfer. Die Gunst der Stunde nutzte der noch recht junge Achmad Schah (1747–1773) aus der Stammeskonföderation der Abdali, der in Kandahar den Grundstein für die Errichtung des Durrani-Reiches legte. In seiner 25-jährigen Herrschaft errichtete Achmad Schah ein Imperium, das von Chorassan bis nach Kaschmir und vom Amudarja bis zum Arabischen Meer reichte, erklärte Kandahar zu seiner Hauptstadt und benannte seinen Stamm, Abdali, in Durrani um. Dieses Durrani-Reich gilt zwar als der eigentliche Ursprung des modernen Afghanistan, doch glich es eher einem lockeren Verbund von Fürstentümern und Stämmen, die Achmad Schah nur indirekt beherrschte, als einem organisierten und kontrollierten Staatswesen.

Timur Schah (1773–1793), Sohn und Nachfolger Achmad Schahs, konnte das Reich nur notdürftig zusammenhalten. Um sich vom Einfluss der durranischen Adelsschicht zu lösen, verlegte er die Hauptstadt nach Kabul. Bald offenbarte sich jedoch, dass die Einzelinteressen lokaler Potentaten und Stämme einer

I. Historische Entwicklungen

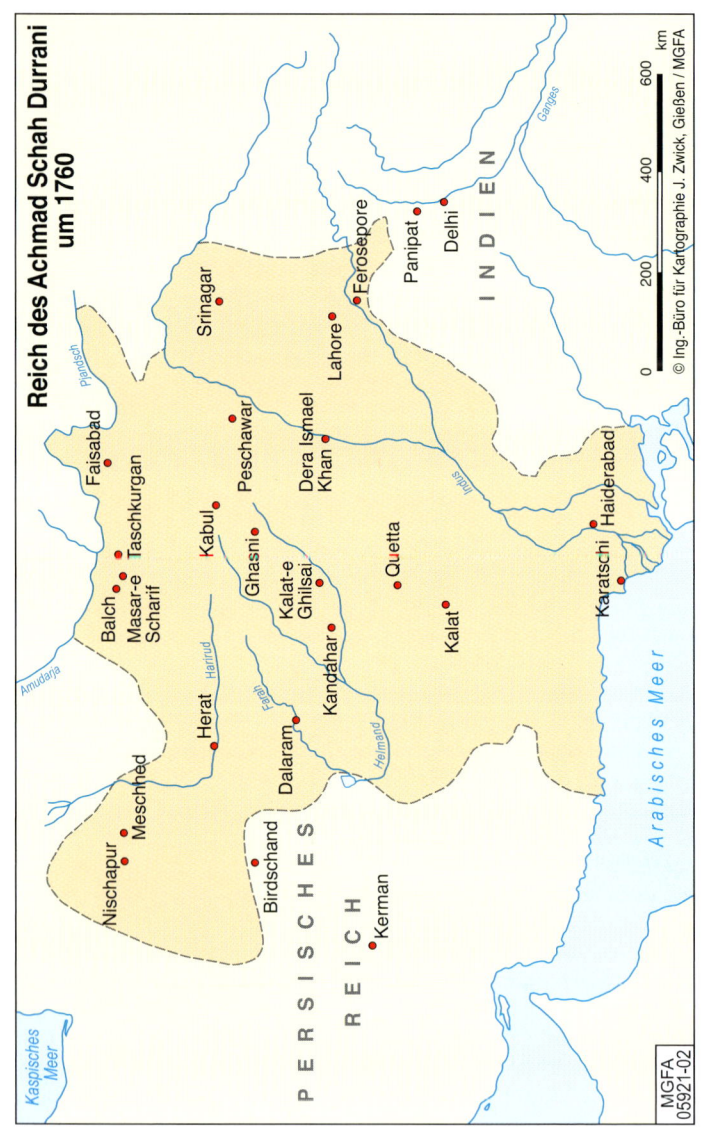

Die Anfänge Afghanistans

Straßenbasar in Herat, im Hintergrund die alte Festung.

permanenten Reichsbildung entgegenstanden. Permanente Thronstreitigkeiten erschütterten Kabul, und an der Wende vom 18. zum 19. Jahrhundert bestiegen gleich mehrere Herrscher wiederholt den Thron. Die konkurrierenden Ghilsai forderten die Herrschaft der Durrani heraus, und überdies kämpften innerhalb der Durrani verschiedene Clans sowie innerhalb dieser Clans die Brüder einzelner Familien um die Macht. Dies führte immer wieder zu kurzlebigen Allianzen und gewaltsamen Konflikten über Stammesgrenzen und religiöse Unterschiede hinweg. Das Durrani-Reich zerfiel in regionale Machtzentren wie Herat, Kandahar und Peschawar, die Kabul ebenbürtig waren. Nur für bestimmte Zeit und in Einzelfällen vermochten es die Lokalherrscher, die Loyalität der umliegenden Stämme und Talschaften zu erwirken. Die Thronstreitigkeiten hatten zudem zur Folge, dass die wirtschaftlich äußerst ertragreichen indischen Provinzen nicht zu halten waren. Im Südosten des Durrani-Reiches erblühte unter Führung Randschit Singhs das Reich der Sikhs, das nicht nur den Pandschab und Kaschmir, sondern bald auch Peschawar, die Winterresidenz der Durrani-Herrscher, kontrollierte. Der Zerfall des Durrani-Reiches ging damit einher, dass zwei neue Mächte die politische Bühne betraten: Das expandierende russische Zarenreich griff von Norden nach Zentralasien hinein, während die Briten die Moguln-Herrschaft auf dem Indischen Subkontinent ablösten.

Conrad Schetter

— Ich bin nur neugierig, wie viel du da noch aufbauen wirst, ehe es zusammenfällt.
— Das dauert noch eine ganze Zeit, wenn Keiner an den Tisch stößt.

Im 19. Jahrhundert geriet Afghanistan zunehmend in den Einflussbereich der Großmächte England und Russland. Nach zwei blutigen Kriegen gegen das Britische Empire von 1839–1842 sowie 1878/79 unterschrieben der Außenminister der englischen Verwaltung in Britisch-Indien, Sir Henry Mortimer Durand, und der afghanische Emir Abdurrachman 1893 einen Grenzvertrag. Dieser ist bis heute die Grundlage für den Grenzverlauf zwischen Afghanistan und Pakistan. Im Dritten Anglo-Afghanischen Krieg von 1919 erkämpften leicht bewaffnete Stammeskrieger die vollständige Unabhängigkeit des Landes. Die Afghanistan-Kriege und insbesondere die Vernichtung einer britischen Marschkolonne von etwa 17 000 Soldaten und Zivilpersonen im Januar 1842 begründeten in Europa und Russland den Ruf der afghanischen Männer als hervorragende und grausame Krieger. Die Karikatur des »Kladderadatsch« von 1878 zeigt eine Unterhaltung zwischen dem russischen Außenminister Fürst Alexander Gortschakow und Großbritanniens Premierminister Benjamin Disraeli, der durch den obersten Baustein »Afghanistan« die instabile Konstruktion zwischen beiden Staaten zum Einsturz zu bringen droht.

Afghanistan als Objekt britischer und russischer Fremdherrschaft im 19. Jahrhundert

Die Eroberungen der russischen Landgroßmacht in Zentralasien und der Vorstoß des britischen See- und Handelsimperiums nach Indien im ersten Drittel des 19. Jahrhunderts galten nicht allein dem militärischen Ruhm. Die Regierungen beider Länder waren auch an neuen Absatzmärkten interessiert; sie versuchten, Rohstoffe zu erschließen und Handelswege abzusichern. So war es nur eine Frage der Zeit, bis die russischen und britischen Interessen in Konflikt miteinander gerieten. Unmittelbar nach der missglückten militärischen Intervention am Hindukusch im Jahre 1842 erklärte der britische Außenminister Lord Henry Palmerston, es könne keinen Zweifel darüber geben, dass die Regierung des Zarenreiches versuchen werde, ihren Einflussbereich über Zentralasien hinaus nach Süden auszudehnen. Es werde deshalb früher oder später zu einer militärischen Konfrontation zwischen Russland und dem Britischen Empire kommen. Der Konflikt sei unvermeidlich, aber er müsse von den indischen Besitzungen der Krone so weit wie möglich ferngehalten werden. »Die Auseinandersetzung wird nicht dadurch vermieden, dass wir zu Hause bleiben, um den Besuch zu erwarten.« Und es war klar, dass der geografische Ort dieses Aufeinandertreffens in Afghanistan liegen würde.

Hierin liegt die eigentliche Bedeutung, die der britische wie der russische Imperialismus Afghanistan beimaßen. Afghanistan wurde im Laufe der Jahre zu einer neutralen Zone, zu einem »Pufferstaat«, der die Kontrahenten daran hinderte, nach Norden oder nach Süden auszugreifen. Für die afghanischen Herrscher erwuchsen daraus strategische Vorteile. Sie konnten die Regierungen der Imperien gegeneinander ausspielen, sie für ihre Zwecke instrumentalisieren und sich zugleich von ihnen abgrenzen. Das Russische Reich und das Britische Empire waren die Geburtshelfer der afghanischen Staatlichkeit, und erst der Streit zwischen den Imperien im 19. Jahrhundert verwandelte Afghanistan in ein Subjekt der internationalen Politik.

I. Historische Entwicklungen

Großmachtambitionen und Sendungsgedanke

In der Zentralasienpolitik beider Großmächte spielte Afghanistan also eine wichtige Rolle. Doch waren unfruchtbare Wüsten- und Steppengebiete und unzugängliche Hochgebirgsregionen ökonomisch wertlos, die militärischen Kosten der Expansion ließen sich also kaum rechtfertigen. Hinzu kam, dass es in den wirtschaftlich unterentwickelten Gegenden Afghanistans nur wenige Möglichkeiten gab, profitable Geschäfte abzuschließen.

Die russischen Eroberungen in Asien standen ohnehin nicht im ökonomischen Interesse. Sie dienten vielmehr dem Zweck, das Zarenreich als eine gleichberechtigte europäische Macht mit dem Anspruch auf koloniale Erwerbungen zu präsentieren. Dieses Motiv gewann erst recht nach dem verlorenen Krimkrieg (1853–1856) an Bedeutung. Militärische Erfolge aber konnte das russische Militär nur gegen unterlegene Gegner in den militärisch wie wirtschaftlich rückständigen Gebieten Zentralasiens erringen. Und auch das Gefühl der eigenen Minderwertigkeit gegenüber den Europäern war ein Motiv für die aggressive Expansionspolitik der russischen Regierung. Der russische Dichter Fjodor Dostojewski sprach davon, dass die Russen in Europa Sklaven gewesen seien, in Asien dagegen als Herren auftreten könnten. Mit diesem Verweis auf eine zivilisatorische Mission rechtfertigte auch die Regierung des Zaren den Vormarsch nach Asien: Die »wilden« Völker Asiens sollten nach Meinung der herrschenden russischen Klasse ebenso zivilisiert werden, wie einst Russland von Europa zivilisiert worden war. In dieser Frage entwickelten die russischen Eliten den Europäern gegenüber ein moralisches Überlegenheitsgefühl, weil ihre Eroberungen im Dienst der zivilisatorischen Mission standen. Russlands politische Eliten berauschten sich an ihrer Expansion. Hierbei brauchten sie weder auf wirtschaftliche Zwänge noch auf die öffentliche Meinung Rücksicht zu nehmen. Aus diesen Gründen war Russlands Expansion am Hindukusch unkalkulierbar, vor allem für die britische Regierung, welche diese Entwicklung als Bedrohung wahrzunehmen begann. Doch musste die britische im Gegensatz zur russischen Regierung im Falle einer Konfrontation auf die öffentliche Meinung im eigenen Land Rücksicht nehmen. Denn diese fragte nicht nur nach dem Prestige, sondern auch nach dem ökonomischen und politischen Nutzen militärischer Abenteuer. Deshalb kam es für die britische Regierung eher darauf an, Kontrollverlusten zu begegnen und der aggressiven Expansion Russlands in Asien Einhalt zu gebieten. Die britische Kolonialverwaltung sah sich gezwungen, da sie ihre indischen Besitzungen gegen die angrenzenden Gebiete im Norden nicht abgesichert hatte, den Pandschab unter ihre Kontrolle bringen.

Beide Staaten, Großbritannien wie Russland, verstanden sich als moderne europäische Großmächte, deren Aufgabe darin bestand, Ordnung zu schaffen, wo scheinbar Unordnung herrschte, und Afghanistan, das als Pufferzone zwischen den britischen und russischen Interessenzonen lag, widersprach allen Vorstellungen europäischer Staatlichkeit. Es war ein wirtschaftlich und militärisch rückständiges Gebiet mit »offenen« Grenzen und einer Bevölkerung von Nomaden und Stammeskriegern, die Staatsgrenzen weder kannten noch respektierten. Dieses staatenlose Gebilde nahmen die Kolonialmächte als Bedrohung wahr. So stand es auch um die »offenen« und beweglichen Räume in den südlichen Steppenregionen des Zarenreiches, vor allem im Kaukasus und in Zentralasien. Hier versuchte die zaristische Regierung die Nomaden und Bergstämme daran zu hindern, ihre Siedlungsräume zu verlassen und die Bewohner der Grenzgebiete in kriegerische Auseinandersetzungen zu verstricken. Außenminister Fürst Alexander Gortschakow erklärte 1864, es sei nicht nur das Los »aller zivilisierter Staaten«, »wilde« Nomaden zu unterwerfen, sondern die russische Expansion nach Zentralasien erwachse aus »unbedingter Notwendigkeit«. Daraus aber entstehe das Problem, nicht zu wissen, wann und wo die Expansion zum Stehen kommen könne.

Nirgendwo konnten moderne Staaten militärische Siege scheinbar leichter erringen als im Norden Indiens und in Zentralasien. Und weil die Post mehrere Wochen benötigte, um Nachrichten zwischen Taschkent und St. Petersburg, zwischen Bombay und London zu befördern, handelten die Generäle an der Peripherie, ohne die Zustimmung der Zentralregierungen abzuwarten. Zar und Regierung in St. Petersburg legitimierten die Eroberungen, weil sie die Macht und die territorialen Gewinne des Imperiums vergrößerten. Gleiches geschah auch in Großbritannien, wenngleich dort die Eigenmächtigkeit der indischen Kolonialverwal-

I. Historische Entwicklungen

Anglo-Afghanische Kriege

Großbritannien führte zwischen 1838 und 1919 dreimal Krieg in Afghanistan. Der Kampf mit dem zaristischen Russland um die Macht in diesem Raum wird auch als »The Great Game« bezeichnet. Hier kollidierten koloniale Ansprüche miteinander, verstärkt durch diplomatische Zerwürfnisse und die Unberechenbarkeit afghanischer Herrscher. Im »Ersten Anglo-Afghanischen Krieg« (1838–1842) marschierten mehr als 16 000 Mann britischer und indischer Truppen von Britisch-Indien aus über den Bolan-Pass und nahmen Kandahar, Ghasni und Kabul ein. Nach der Ermordung des britischen Diplomaten Alexander Burnes in der Hauptstadt am 2. November 1841 brach dort ein Aufstand los. Nach Verhandlungen mit den Führern paschtunischer Stämme verließen am 6. Januar etwa 17 000 britische Soldaten und Zivilpersonen Kabul in Richtung Dschalalabad. Der Marsch des Konvois endete mit dem größten Debakel der britischen Kolonialgeschichte. Nach der gängigen Überlieferung töteten afghanische Krieger alle Angehörigen des Trosses bis auf einen Militärarzt, der nach Dschalalabad entkam. (Tatsächlich überlebte eine größere Anzahl von Verwundeten und Gefangenen den Angriff.) Eine britische Strafexpedition entsetzte im Frühjahr 1842 Dschalalabad und Kandahar und nahm Kabul ein. Die englische Truppenpräsenz dauerte bis zum 11. Oktober 1842, als sich das Kontingent vollständig nach Britisch-Indien zurückzog.

Den Auslöser für den »Zweiten Anglo-Afghanischen Krieg« (1878/1879) bildete die Annäherung von Scher Ali, Sohn des Emirs Dost Mohammed, an das Zarenreich. Im November 1878 drangen britische Truppen erneut in Afghanistan ein und fügten den afghanischen Kriegern schwere Niederlagen zu. In der Folge wurde Afghanistan zu einem halbautonomen Protektorat Britisch-Indiens. Die britische Intervention brachte Emir Abdurrachman auf den afghanischen Thron, der von 1880 bis 1901 herrschte.

Seinem Sohn und Nachfolger Habibullah I. gelang 1907 ein Abkommen mit Russen und Briten, das die Unverletzlichkeit des afghanischen Staatsgebietes sicherte. Habibullahs Sohn Amanullah erklärte im Mai 1919 Großbritannien den Krieg, um den englischen Einfluss im Land zu beenden. Der »Dritte Anglo-Afghanische Krieg« dauerte nur wenige Monate. Angesichts zunehmender Spannungen in Britisch-Indien zeigte sich die britische Führung verhandlungsbereit. Der Vertrag von Rawalpindi regelte am 8. August 1919 die Unabhängigkeit Afghanistans. *(bc)* tung von der parlamentarischen Opposition öffentlich kritisiert werden konnte. In Russland diente die imperiale Mission der inneren Stabilisierung, in Großbritannien konnte sie die Regierungen gefährden. So stürzte die Regierung Benjamin Disraelis nicht zuletzt über die finanziellen Belastungen, die sich aus den militärischen Interventionen in Afghanistan ergaben.

Bereits während der Napoleonischen Kriege kamen britscherseits erstmals Befürchtungen auf, das Zarenreich könne mithilfe Frankreichs nach Indien vordringen. Als russische Truppen im ersten Drittel des 19. Jahrhunderts den Kaukasus unterwarfen und Persien den Status eines russischen Vasallenstaates aufzwangen, wurden die Befürchtungen der britischen Kolonialmacht zur Gewissheit. 1837 ermunterten russische Militärberater den persischen Schah, nach Afghanistan vorzudringen, und im gleichen Jahr bereits belagerten persische Truppen die Stadt Herat im Westen des heutigen Afghanistan. Sie ließen von der Stadt erst ab, als die britische Kolonialverwaltung in Indien mit einer militärischen Intervention drohte. Damit aber war die Gefahr für die britische Regierung nicht gebannt. Zwischen 1864 und 1884 unterwarfen russische Truppen große Teile Zentralasiens. Auf dem Weg nach Süden kamen sie der heutigen afghanischen Grenze immer näher, bis sie am Ende nur noch wenige hundert Kilometer vom britischen Einflussbereich trennten. Als das russische Expeditionskorps 1884 die Oase Merw im heutigen Turkmenistan eroberte und den Versuch unternahm, weiter nach Afghanistan auszugreifen, gerieten Großbritannien und Russland an den Rand eines Krieges.

Kriegsschauplatz Afghanistan

Der absurde Wettbewerb um Einfluss und Macht, den die beiden Kolonialmächte führten, wurde auch von englischer Seite vorangetrieben. Schon 1836 hatte Lord Palmerston den britischen Statthalter in Indien, George Eden Earl of Auckland, ermächtigt, nach eigenem Ermessen zu entscheiden, auf welche Weise der russischen Bedrohung zu begegnen sei. Es gab für ihn keinen Zweifel, dass Russlands Vormarsch nur abgewehrt werden könne, wenn Afghanistan unter britische Kontrolle käme.

I. Historische Entwicklungen

Durand-Linie und »Paschtunistan-Frage«

Bei der Durand-Linie handelt es sich um eine ca. 2400 km lange, im 19. Jahrhundert zwischen Afghanistan und Britisch-Indien festgelegte Demarkationslinie, die bis heute die Grenze zwischen Afghanistan und Pakistan bildet. Ihren Namen erhielt sie nach dem damaligen Außenminister der indischen Verwaltung, Sir Henry Mortimer Durand, der den Grenzverlauf 1893 in einem Vertrag mit Emir Abdurrachman festschrieb. Dieser stimmte wohl vor allem in der Hoffnung auf Subsidienzahlungen sowie Waffenlieferungen des Empires zu. Britische und afghanische Kartografen vermaßen die Demarkationslinie nach Vertragsabschluss und waren dabei immer wieder den Angriffen paschtunischer Stämme ausgesetzt. Die Grenze wurde bewusst durch deren Siedlungsgebiete gezogen, um diese besser kontrollieren zu können.

Als 1947 der Staat Pakistan entstand, erklärte eine afghanische Loya Dschirga die Durand-Linie für ungültig. Vor allem einzelne paschtunische Führer bestehen bis heute auf der Rückgabe paschtunischen Siedlungsgebietes und auf einer Grenzrevision. Die meisten Paschtunen ignorieren die Staatsgrenze als bedeutungslos. Wichtig sind für sie vielmehr die Siedlungsgebiete, unabhängig davon, ob diese auf afghanischem oder pakistanischem Territorium liegen.

Die Unabhängigkeitsbestrebungen der Paschtunen führten im 20. Jahrhundert zur kurzzeitigen Existenz eines selbstständigen paschtunischen Staates (Paschtunistan). Spannungen zwischen Pakistan und Afghanistan eskalierten mehrfach bis hin zu militärischen Auseinandersetzungen. Die Flucht islamischer Oppositioneller von Afghanistan nach Pakistan in den 1970er-Jahren legte den Grundstein für die Anwerbung islamischer Extremisten durch den pakistanischen Geheimdienst Inter-Services Intelligence (ISI). *(bc)*

Im Dezember 1838 rückte schließlich ein 20 000 Mann zählendes britisches Expeditionsheer in den Süden Afghanistans vor, nachdem der afghanische Herrscher Dost Mohammed die Forderung des britischen Statthalters in Indien abgelehnt hatte, die persischen und russischen Gesandten auszuweisen. Der Feldzug endete in einem Desaster, denn überall erhoben sich die Stämme gegen die fremden Eroberer. Schließlich wurden die britischen

Britische und russische Fremdherrschaft

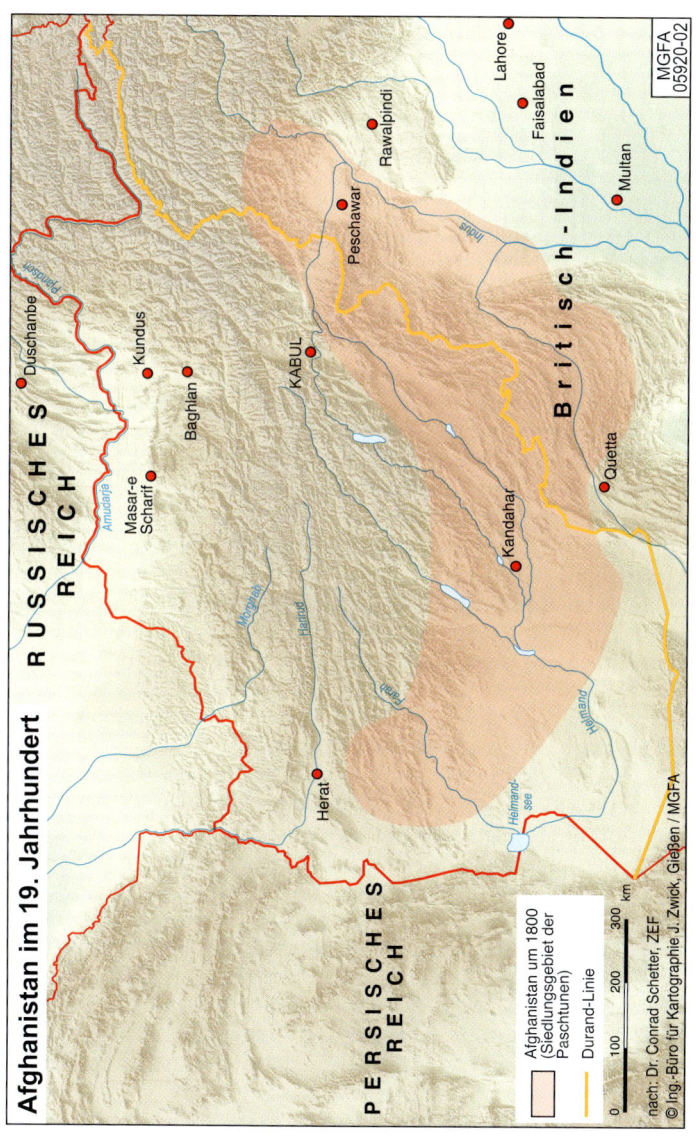

I. Historische Entwicklungen

Interventionstruppen zermürbt und aufgerieben. Daran konnte auch eine Strafexpedition nichts mehr ändern, in deren Verlauf 1842 in Istalef, nördlich von Kabul, ein Massaker an Zivilisten verübt wurde. Während der Kriege gegen aufständische Sikhs im Norden Indiens annektierten die Briten in den 1850er-Jahren das gesamte Territorium südlich der heutigen afghanischen Grenze. Afghanistan verwandelte sich in eine Pufferzone, die sich zwischen dem Russischen und dem Britischen Imperium erstreckte. In den 1860er- und 1870er-Jahren, als die Armeen des Zarenreichs der afghanischen Grenze durch Eroberungen in Zentralasien näher kamen und in Kabul russische Gesandte versuchten, Einfluss auf den afghanischen Hof zu nehmen, fasste die britische Regierung in London den Entschluss, Afghanistan endgültig zu unterwerfen. Lord Edward Lytton, der Statthalter der Krone in Indien, setzte ein Interventionsheer in Marsch, das die Abdankung des afghanischen Herrschers erzwang. Die Außenpolitik Afghanistans sollte nunmehr ein britischer Militärgouverneur in Kabul vertreten.

Stammeskriege und Aufstände jedoch setzten der britischen Herrschaft – 1879 wurde Afghanistan zu einem halbautonomen Protektorat Britisch-Indiens – deutliche Grenzen. Daran konnten auch die äußerst grausamen Strafexpeditionen der Kolonialarmee nichts ändern. Am Ende gab sich die Regierung in London mit der Neutralität des afghanischen Herrschers Emir Abdurrachman zufrieden, der 1880 aus dem Exil in Taschkent nach Kabul zurückgekehrt war. Der britische Premierminister William Gladstone berief den Vizekönig, Lord Lytton, aus Indien ab, und im April 1881 verließen die letzten britischen Truppen Afghanistan. Fortan stützten sich die afghanischen Herrscher auf britischen Beistand und Subsidien. Die britisch-russischen Beziehungen entspannten sich Mitte der 1880er-Jahre, und beide Seiten kamen schließlich zu einer Übereinkunft, in der sie die endgültigen Grenzen Afghanistans im Norden und Süden festlegten. 1907 bestätigte die Regierung des Zaren, dass Afghanistan außerhalb der russischen Interessensphäre liege. Großbritannien versicherte daraufhin der russischen Regierung, sich zukünftig nicht mehr in die inneren Angelegenheiten Afghanistans einzumischen.

Der Weg in die Unabhängigkeit

Es mag paradox erscheinen, doch es waren Großbritannien und Russland, die eine Staatswerdung und Unabhängigkeit Afghanistans überhaupt erst ermöglichten. Die afghanischen Herrscher Dost Mohammed und Scher Ali, vor allem aber Emir Abdurrachman, nutzten die äußere Bedrohung für ihre Zwecke aus. Im Kampf gegen die Fremden verbündeten sich am Ende sogar verfeindete Stämme miteinander. So kam es, dass die Anglo-Afghanischen Kriege eine Einheit begründeten, die unter anderen Umständen niemals zustande gekommen wäre. Zwar zerbrachen die Bündnisse zwischen den Stämmen wieder, sobald die äußere Gefahr verschwand. Aber es gelang den afghanischen Herrschern mithilfe britischer Unterstützung, ein stehendes Heer aufzubauen, dessen Loyalität dem König und nicht den Stämmen galt. Emir Abdurrachman band die Stammesführer an den Hof, damit sie die Kontrolle über ihre Heimatregionen verlieren sollten, und er setzte sein Militär rücksichtslos gegen illoyale und rebellische Stämme ein. Die britische Kolonialverwaltung in Indien erfüllte den afghanischen Potentaten jeden Wunsch und rüstete ihre Herrschaft systematisch auf, weil es ihr vor allem darauf ankam, den Einfluss Russlands in der Region zurückzudrängen. Der afghanische Staat war also ein Produkt des britischen Imperialismus.

Afghanistan erlangte seine Unabhängigkeit erst nach dem Ersten Weltkrieg. Zuvor jedoch rangen die afghanischen Herrscher den britischen und russischen Regierungen zumindest die Zusicherung ab, dass diese keine Gesandten, Ingenieure und Lehrer nach Afghanistan schicken würden. Ausländern begegneten sie nach den Erfahrungen mit der britischen Kolonialmacht mit Misstrauen und Ablehnung. Emir Abdurrachman lehnte es sogar ab, Eisenbahnstrecken bauen und Telegrafenleitungen verlegen zu lassen. Er fürchtete, fremde Mächte könnten sie dazu missbrauchen, in Afghanistan einzufallen. So paradox dies auch klingen mag: Die Unabhängigkeit Afghanistans von den europäischen Kolonialmächten war zugleich eine Ursache für seine Rückständigkeit.

Jörg Baberowski

Die Entwicklung Afghanistans war spätestens seit dem 19. Jahrhundert geprägt durch den Gegensatz zwischen Zentrum und Peripherie, Stadt und Land. Von Kabul aus versuchten einander ablösende Herrscher, Afghanistan nach wechselnden, meist europäischen Vorbildern zu einem modernen Staat zu gestalten. Sie riefen damit Widerstand in den Provinzen hervor, deren Bewohner entsprechende Bemühungen als Bedrohung traditioneller Lebensweise, Kultur und Religion empfanden oder als Versuch bekämpften, die lokale, historisch gewachsene Machtverteilung zu verändern. Die Abbildung zeigt den afghanischen König Mohammed Sahir Schah (Amtszeit 1933–1973) bei der Ankunft zu einem Staatsbesuch in Deutschland am 6. August 1963. Rechts auf dem Roten Teppich steht Bundespräsident Heinrich Lübke, Bundeskanzler Konrad Adenauer links neben dem Monarchen.

Sahir Schah kehrte nach vielen Jahren des Exils in Rom im April 2002 nach Afghanistan zurück. Der »Vater der Nation«, der auf das Amt des Staatsoberhauptes verzichtete, begleitete als entschiedener Gegner der Taliban den Prozess des Wiederaufbaus im Lande. Viele Afghanen nahmen ihn als Integrationsfigur wahr. Am 23. Juli 2007 starb Sahir Schah in Kabul.

Afghanistan als Staat im 20. Jahrhundert

Im September 1901 starb in Kabul Emir Abdurrachman, der Schöpfer des modernen afghanischen Staates. Er hatte in pausenlosen Feldzügen jene Völkerschaften unterworfen oder durch Verhandlungen an sich gebunden, die das von ihm beherrschte Gebiet bewohnten. Mithilfe der Armee und eines landesweiten Steuerwesens gelang es ihm, aus einem lockeren Verband von Stämmen, Fürstentümern und regionalen Herrschaften einen halbwegs zentral organisierten Staat, das »Emirat Afghanistan«, zu errichten. Die Leistung Abdurrachmans war die Grundlage dafür, dass das Land am Hindukusch zu einem Zeitpunkt unabhängig blieb, als Großbritannien und Russland Zentralasien unter sich aufteilten.

Die Souveränität Afghanistans wies allerdings beträchtliche Schwächen auf. Die Grenzen des Emirats waren von den Kolonialmächten nach strategischen Gesichtspunkten gezogen worden; sie durchschnitten die Siedlungsgebiete der lokalen Völkerschaften, insbesondere jene der Paschtunen. Großbritannien behielt die Außenpolitik des Emirats in seiner Hand, und überdies waren Hof und Kriegführung Abdurrachmans von den Hilfsgeldern der britischen Verwaltung in Indien abhängig. Letztlich konnte Afghanistan als unabhängiger Staat nur deshalb überleben, weil beide Kolonialmächte, Russland und Großbritannien, einen militärischen Konflikt scheuten und stattdessen den Status Quo beibehielten. Afghanistan nahm zwar für sich in Anspruch, ein offiziell unabhängiges Land zu sein. In Wahrheit jedoch war es ein britisches Protektorat.

Abdurrachmans Enkel Amanullah (1919–1929) hatte den Ehrgeiz, das Werk seines Vorvorgängers zu vollenden. Er wollte das Land unabhängig machen und ihm eine moderne Gestalt geben. Das erste Ziel erreichte er. 1919 ließ Amanullah Truppen an der Grenze zu Britisch-Indien aufmarschieren. Diese Demonstration der Kriegsbereitschaft zeigte Wirkung: Die militärisch überlegenen, aber kriegsmüden Briten gaben nach und gestanden Afghanistan im August des Jahres volle Souveränität zu.

Mit dem Versuch, das Land zu modernisieren, scheiterte Amanullah jedoch. Er hatte sich den türkischen Präsidenten Kemal Atatürk zum Vorbild genommen. Wie dieser wollte er Religion und Staat trennen, die traditionelle Rolle der Frauen ändern, die Schulpflicht für Jungen und Mädchen einführen und in einer Verfassung allen Bürgern, ungeachtet ihrer Religion und Herkunft, gleiche Rechte geben. Diese Neuerungen lösten erbitterte Proteste aus. Paschtunische Stämme rebellierten, tadschikische Milizen drangen in Kabul ein, und ihr Anführer, ein Analphabet, ließ sich zum König Habibullah II. ausrufen. Amanullah floh zunächst nach Kandahar, bald darauf ins Exil nach Rom. Erst nach schweren Kämpfen gelang es General Nadir Khan, Abkömmling eines Nebenzweigs der Königsfamilie, den Aufstand niederzuschlagen und als Nadir Schah 1930 selbst den Thron zu besteigen.

Der damalige Versuch, eines der rückständigsten Länder Asiens wenigstens ein Stück weit in die Gegenwart zu führen, konnte nicht gelingen. Amanullah orientierte sich an fremden Vorbildern. Doch im Gegensatz zu ihnen gab es in Afghanistan keine bürgerliche Gesellschaftsschicht, die intellektuell, kulturell und finanziell die Reformen hätte tragen können. Die Neuerungen entsprangen dem Willen des Herrschers und weniger Intellektueller in seiner Umgebung. Die Bevölkerung lehnte sie ab; sie betrachtete sie als Angriff auf Religion und angestammte Lebensweise, insbesondere auf die Unantastbarkeit der Familie. Die Menschen sahen keine Notwendigkeit, irgendetwas zu ändern. Zum ersten Mal wurde deutlich, dass die Hauptstadt sich nur in ruhigen Zeiten gegenüber den Stämmen und örtlichen Herrschaften durchsetzen konnte. Bei schweren Krisen, wie zum Beispiel unter Amanullah oder 60 Jahre später im Bürgerkrieg, erwies sich die Provinz als überlegen.

Afghanische Reformwege

Die Nachfolger Amanullahs, König Nadir Schah (1930–1933) und König Sahir Schah (1933–1973), beherzigten diese Erfahrungen. Unter Nadir Schah wurden die meisten Reformen aufgehoben, die Befugnisse der örtlichen und geistlichen Führer wieder

Afghanistan als Staat im 20. Jahrhundert

Schlaglichter deutsch-afghanischer Zusammenarbeit
bis zum sowjetischen Einmarsch

24.1.1916: Abschluss eines Freundschafts- und Handelsvertrages; Hilfe beim Neuaufbau der afghanischen Armee.

1924: Einrichtung der deutschen Amani-Schule in Kabul; deutsche Ingenieure bauen Staudämme und Straßen; Architekten und Künstler helfen bei der Errichtung und Ausstattung des Königspalastes in Darulaman.

1928: Staatsbesuch des afghanischen Königs in Berlin; deutsche Kreditzusage.

1936: Weiterer Kredit zur Finanzierung von Warenaustausch und Rüstungshilfe; Aufbau einer »Musterdivision« sowie der afghanischen Luftwaffe; Ausbildungshilfe für die Polizeischule in Kabul; Realisierung großer Industrieobjekte (u.a. Bau von Textil-, Zement- und Zuckerrübenfabriken) sowie Bau zweier Kraftwerke; Hilfe bei der Elektrifizierung des Landes; Minenkonzessionen.

18.10.1937: Verwaltungsabkommen über die Entsendung deutscher Ingenieure nach Afghanistan und afghanischer Studenten zum Studium in Deutschland; Ausbau der Straße Termes–Kabul.

1.8.1938: Einrichtung der Fluglinie Berlin-Kabul durch die Lufthansa.

3.8.1939: Kreditabkommen; Afghanistan erklärt seine Neutralität im Zweiten Weltkrieg.

Oktober 1941: Ausweisung der deutschen Berater und Fachleute, die deutsche Gesandtschaft in Kabul bleibt jedoch bestehen.

31.1.1958: Vertrag über technische Zusammenarbeit.

17.6.1962: Wirtschafts- und Kreditabkommen. Bis zum Einmarsch der Roten Armee wird Afghanistan erneut zu einem Schwerpunkt deutscher Entwicklungshilfe und die Bundesrepublik zum wichtigsten Geberland nach der Sowjetunion und den USA. Zu den größten Projekten zählen Ausbildung und Beratung der afghanischen Polizei, sowie Zusammenarbeit im Bildungs- und Wissenschaftsbereich, die Einrichtung eines modernen Berufsschulsystems sowie eines geologischen und wasserwirtschaftlichen Dienstes; forst- und landwirtschaftliche Entwicklung der Provinz Paktia.

I. Historische Entwicklungen

hergestellt. Einige wenige Veränderungen behielt Nadir Schah bei, zum Beispiel die Gleichheit aller Bürger vor dem – religiösen – Gesetz und die Schulpflicht wenigstens für Jungen; die paschtunischen Stämme blieben allerdings davon befreit. In den vier großen Gymnasien, die Amanullah gegründet und für die er ausländische Partner gefunden hatte, durfte weiterhin unterrichtet werden. Eine dieser Schulen war die zum Teil deutschsprachige Amani-Oberrealschule.

Nach und nach gelang es auch, die staatlichen Strukturen des Landes zu stärken. Kabul ernannte Gouverneure und Bürgermeister, baute einfache Überlandstraßen und begann, wenigstens in den größeren Orten Schulen zu errichten. Jedoch änderte sich an der Rückständigkeit des Landes wenig: Afghanistan blieb bitter arm. Die Infrastruktur war unzureichend entwickelt, Industrien fehlten und die Mehrheit der Bevölkerung konnte weder lesen noch schreiben.

In den 1930er-Jahren wurde die Außenpolitik Afghanistans selbstbewusster. Kabul suchte engere Beziehungen zu Deutschland, Italien, Japan und den USA. Nach dem Zweiten Weltkrieg widerstand die afghanische Regierung, im Gegensatz zu den Nachbarn Pakistan und Iran, dem Druck der Vereinigten Staaten, dem Bagdad-Pakt, einem Bestandteil des westlichen Bündnissystems, beizutreten. Stattdessen schloss sich Afghanistan der Bewegung der »Blockfreien« an. Als Pakistan 1947 ein souveräner Staat wurde, forderte Kabul Unabhängigkeit für die paschtunischen Gebiete im Westen Pakistans (»Paschtunistan-Frage«). Aus dieser Forderung erwuchs ein jahrelanger Konflikt zwischen den beiden Ländern, unter dem das Binnenland Afghanistan mehr zu leiden hatte als sein östlicher Nachbar. Pakistan sperrte einfach die Grenzübergänge.

Vom Ost-West-Konflikt allerdings profitierte Afghanistan. Die Regierung lavierte lange Zeit so geschickt zwischen den Blöcken, dass beide Seiten großzügige Entwicklungshilfe leisteten. Die USA und Deutschland bauten Straßen, Kraftwerke und Berufsschulen und statteten Fabriken aus. Die Sowjetunion konzentrierte sich auf die materielle und personelle Modernisierung der Streitkräfte sowie auf Überlandstraßen und Erdgasvorkommen. Auf der Grundlage ausländischer Hilfe begann eine Periode, die als die »Goldenen Jahre« bezeichnet wurde; zumindest waren es goldene Jahre für Ausländer und die Bewohner Kabuls. Die gesamtwirtschaftliche Situation verbesserte sich. Es gab neue Lern- und Erwerbsmöglichkeiten. Das Land war 1959 so stabil, dass die Aufhebung des Schleierzwangs für Frauen kaum Widerstand auslöste.

Die Amani-Oberrealschule in Kabul, gegründet 1924 (Aufnahme vom Januar 1978). Hier unterrichteten bis in die achtziger Jahre deutsche Lehrer.

In dieser Zeit wurden jedoch bereits die Grundlagen der späteren unheilvollen Entwicklung gelegt. Die Hilfe des Auslands nützte Afghanistan zwar, machte es aber auch abhängig. Die fremden Geldgeber finanzierten etwa 40 Prozent der öffentlichen Ausgaben. Ihre Projekte sollten eigentlich Erträge abwerfen; die meisten mussten indes aus dem afghanischen Staatshaushalt unterhalten werden. Ein Teil der Hilfe – selbst die sowjetische Militärhilfe – bestand aus günstigen Krediten, die zurückzuzahlen waren. Beamte, Lehrer, Bauern, Tagelöhner und kleine Händler profitierten so gut wie nicht von der ausländischen Präsenz. Am Ende der 1960er-Jahre begann die Wirtschaft zu stagnieren, der Staatshaushalt schrumpfte.

Schließlich geriet auch die politische Stabilität ins Wanken. 1964 hatte König Sahir Schah wichtige Schritte unternommen, um Afghanistan politisch zu entwickeln. Er erließ eine Verfassung, die den Anspruch erhob, demokratisch und liberal zu sein. Alle Männer waren aktiv und passiv wahlberechtigt. Zum ersten Mal wurde ein Bürgerlicher Ministerpräsident. Aber Sahir Schah behielt die Zügel in der Hand. Nur er konnte Minister ernennen und absetzen, ihm waren Streitkräfte und Zivilverwaltung unterstellt.

Einen entscheidenden Fehler beging Sahir Schah, schlecht beraten von seiner Familie, indem er es versäumte, ein Parteiengesetz zu erlassen, das die politischen Energien des Landes kanalisiert und ihre unterschiedlichen Tendenzen dem Votum der Bevölkerung ausgesetzt hätte. Die Provinzen nahmen an den politischen Entwicklungen kaum teil; die Abgeordneten kämpften hauptsächlich für ihre eigenen Interessen. Die kleinlichen Auseinandersetzungen im Parlament gingen an den Problemen der Menschen vorbei. Dies war mitverantwortlich dafür, dass der Prozess, der Afghanistan politisch modernisieren sollte, ins Stocken geriet.

Parteien waren zwar verboten, doch außerhalb der Legalität bildeten sich in der Hauptstadt politische Gruppierungen: die Kommunisten auf der linken, islamistische Gruppen auf der rechten Seite des politischen Spektrums. Ihr Kern bestand aus jeweils nicht mehr als einigen hundert Intellektuellen, die, zum Teil aus der Provinz stammend, in Kabul Schule und Universität besuchen konnten. Im Zeichen der neuen Freiheit wollten sie das Land nach ihren Vorstellungen und mit ausländischer Hilfe aus der Rückständigkeit befreien. Die Kommunisten erhielten Schutz und Förderung durch die sowjetische Botschaft, die Islamisten standen in Kontakt mit Pakistan und Saudi-Arabien.

Destabilisierung und kommunistische Machtergreifung

Die »Goldenen Jahre« endeten düster. Unter den Intellektuellen Kabuls wuchs die Kritik an Korruption und Vetternwirtschaft und an den überteuerten, unrentablen Großprojekten fremder Firmen. Der Finanzstrom aus dem Ausland ebbte merklich ab,

Afghanistan als Staat im 20. Jahrhundert

Dandys, Blumenkinder und Thrill-Seeker
Die Wahl Afghanistans als Reiseziel mutet aus heutiger Sicht reichlich bizarr an, und auch das Auswärtige Amt rät vom Urlaub in der Region ab. Dies war nicht immer so. Das Gebiet am Hindukusch galt vielmehr als exotisches Ziel abseits ausgetrampelter Pfade des Massentourismus. Schon der »Vater aller Historiker«, der griechische Persienreisende Herodot, beschrieb die Einwohner des heutigen Kandahars im 6. Jh. vor unserer Zeitrechnung als »die kriegerischten aller Inder«. An dieser Sicht sollte sich im Laufe der Geschichte nicht viel ändern, und so war die Zahl der europäischen Reisenden in die Region überschaubar. Einen Anfang machte in den 30-er Jahren des 20. Jahrhunderts der exzentrische britische Dandy Robert Byron, dessen Reisebericht »Road to Oxiana« – benannt nach dem antiken Namen des Amudarja – noch immer als Meilenstein des Genres gilt. Ihm folgten die Schweizer Schriftstellerinnen Annemarie Schwarzenbacher und Ella Maillart, die am Vorabend des Zweiten Weltkrieges die Region mit dem Auto erkundeten. Der abenteuerliche Trip der beiden wurde 2001 unter dem Titel »Die Reise nach Kafiristan« verfilmt.

Ganz anders sah es ein Vierteljahrhundert später aus: »Camping in Kabul«, so hieß das Motto der von 1968 bis 1978 jährlich über 40 000 auf dem Hippie-Trail nach Indien durchreisenden Blumenkinder, die auf der Suche nach Selbstverwirklichung und getrieben von Zivilisationsmüdigkeit und Abenteuerlust die Länder am Hindukusch bevölkerten. Die Gastfreundschaft der Einheimischen, die Unberührtheit der Landschaft sowie das billige und qualitativ hochwertige Haschisch machten Kabul, die seinerzeit liberalste Stadt der islamischen Welt, zu einem attraktiven Reiseziel. Dort gaben sich Uschi Obermaier, die Stilikone der Drop-Outs, oder Michael »Bommi« Baumann, einer der Gründer der Stadtguerilla-Truppe »Bewegung 2. Juni« und auf der Flucht vor dem BKA, die Klinke in die Hand. »Die Stadt war voll von Langhaarigen, die Dope geraucht haben«, schildert er Kabul in seinen Memoiren. Auch der bekannte Weltenbummler Bruce Chatwin machte hier 1970 Stippvisite. Spätestens nach der »Saur-Revolution« 1978 war mit dem bunten Treiben im Lande allerdings Schluss.

Während sowjetischer Besatzung und Bürgerkrieg kamen Reisen nach Afghanistan völlig zum Erliegen. Der derzeitige afghanische Minister für Transport und Zivilreisen steht vor der schwierigen Aufgabe,

I. Historische Entwicklungen

Die während der Taliban-Herrschaft geschlossene Badeanstalt in Kabul 2003.

Touristen aus aller Welt in seine Heimat zu locken. Zwar befinden sich gegenwärtig mehrere Tausende nicht-afghanische Zivilisten vor Ort, aber die Mitarbeiter internationaler Hilfsorganisationen schotten sich aufgrund der prekären Sicherheitslage überwiegend hinter Stacheldraht und meterhohen Betonmauern ab.

Dennoch gibt es einige Unerschrockene, welche die Region erkunden, und auch Reiseveranstalter haben den Nischenmarkt wieder für sich entdeckt und bieten Trekking-Touren im Hindukusch und Kajakfahrten auf dem Pandschir-Fluss an. Selbst für Pauschaltouristen gibt es die eintägige »Kabul City Tour«. Da die westlichen Rucksacktouristen allgemein als Wegbereiter des Massentourismus gelten, mag es ein hoffnungsvolles Zeichen sein, dass 2007 die Backpacker-Bibel »Lonely Planet« für Afghanistan nach dreißigjähriger Zwangspause eine Neuauflage erfuhr. Ein Golfplatz ist in Kabul zumindest schon vorhanden. *(kn)*

die Preise stiegen. Die Abhängigkeit des Landes von der Sowjetunion nahm stetig zu. Schließlich beschädigte das dilettantische Krisenmanagement im Umgang mit einer jahrelangen Dürre (1969–1971) nachhaltig das Ansehen der Staatsführung. Trotz großzügiger ausländischer Hilfe verhungerten viele Tausend

Menschen. Zum ersten Mal machte die Bevölkerung den König selbst verantwortlich.

Am 17. Juli 1973 putschte Prinz Da'ud, ein Vetter und Schwager des Königs. Er schaffte die Monarchie ab und ließ sich zum Präsidenten der »Republik Afghanistan« ausrufen. Dabei stützte er sich auf in der Sowjetunion ausgebildete Offiziere und Mitglieder der kommunistischen Partei. Der Versuch, mit einer Landreform das Eigentumsrecht anzutasten und neue Ideen in die Dörfer zu tragen, stieß die alte Oberschicht vor den Kopf und löste bei der Landbevölkerung erbitterten Widerstand aus. Die Dorfbewohner erschlugen Beamte und Lehrer, die frisch von der Universität zu ihnen gekommen waren, um die Kinder zu unterrichten und den Fortschritt zu predigen.

1978 glaubten die kommunistischen Helfer, das Staatsschiff allein lenken zu können. In letzter Minute wollte Da'ud die Kommunisten ausmanövrieren und seine Macht mit einem prowestlichen Schwenk retten, doch dazu war es zu spät. Revolutionäre Truppen stürmten den Präsidentenpalast, ermordeten Da'ud und machten im April den Kommunisten Mohammed Taraki zum Staatschef. Die »Saur-Revolution« erschütterte das Land. In ganz Afghanistan brachen blutige Kämpfe zwischen islamischen Kräften und den Truppen der kommunistischen Regierung aus. Die religiösen Milizen konnten sich auf die Bevölkerung stützen und gewannen immer mehr an Boden. Flügelkämpfe schwächten die kommunistische Partei, Präsident Taraki wurde ermordet. Der neue Präsident, Hafisullah Amin, plante, ähnlich wie Präsident Da'ud zwei Jahre zuvor, einen politischen Kurswechsel und nahm Kontakt mit den Vereinigten Staaten und Pakistan auf.

Nun entschloss sich die Sowjetunion einzugreifen. Während der Weihnachtsfeiertage 1979 landeten sowjetische Fallschirmjäger auf dem Flugplatz von Kabul. Eine Spezialeinheit ermordete Präsident Amin, Panzertruppen überschritten die Grenze und besetzten Durchgangsstraßen und Städte. Afghanistan hatte aufgehört, ein freies Land zu sein.

Die USA unterstellten damals, die Sowjetunion wolle sich endlich den Zugang zu den eisfreien Häfen am Indischen Ozean sichern. Heute weiß man, dass die Regierung in Moskau nur widerwillig die Entscheidung traf, Truppen zu entsenden, und nicht auf Dauer in Afghanistan bleiben wollte. Ihre Absicht war

I. Historische Entwicklungen

es vor allem, zu verhindern, dass ein kommunistisch geführtes Land zurück in die Hände »reaktionärer Kräfte« fiel (Breschnjew-Doktrin). Angesichts der Islamischen Revolution im Iran (Anfang 1979) befürchtete die sowjetische Führung auch, dass sich in unmittelbarer Nachbarschaft der Sowjetunion ein Gürtel radikalislamischer Staaten bilden und eine »islamische« Revolution auch ihre zentralasiatischen Provinzen in Brand setzen könnte (vgl. den Beitrag von Bernhard Chiari zum sowjetischen Einmarsch).

Insgesamt dauerte die sowjetische Besatzung etwas mehr als neun Jahre. Der Krieg kostete Afghanistan, damals ein Land von etwa 15 Millionen Einwohnern, eine Million Tote und Tausende zerstörter Dörfer. Fast die Hälfte der Bevölkerung floh in die Nachbarländer oder in die Städte. Gleichzeitig schuf das gemeinsame Schicksal von Vertreibung und Freiheitskampf in der Bevölkerung ein starkes Gefühl der Zusammengehörigkeit. Es wurde zum wichtigsten Element des nationalen Zusammenhalts, als Afghanistan während des Bürgerkriegs zu zerbrechen drohte.

Am 15. Februar 1989 verließ schließlich der letzte sowjetische Soldat Afghanistan. Der von Moskau eingesetzte Präsident Mohammed Nadschibullah Achmadsai konnte sich Dank militärischer und finanzieller Hilfe aus dem Norden noch drei Jahre in Kabul halten und den Schein einer legalen Regierung wahren. Nachdem Boris Jelzin Präsident geworden war, blieb die Hilfe aus. 1992 wurde Nadschibullah gestürzt. Zwar gelang ihm die Flucht in die Vertretung der UN, doch wurde er aber von den Taliban am 27. September 1996 hingerichtet.

Neue Ansätze von Staatlichkeit

In der Zwischenzeit hatten sieben Parteien des Widerstandes im pakistanischen Exil eine provisorische Regierung gebildet, die für sich die völkerrechtliche Anerkennung beanspruchte und diese auch erhielt. Ihre Präsidenten erlangten jedoch nie Bedeutung über den Kreis der Freiheitskämpfer hinaus. Der »Nationalen Regierung« fehlten Staatsgebiet und Staatsvolk. Schon vor dem Abzug der sowjetischen Streitkräfte hatte ein Machtkampf begonnen; die Minister der Exilregierung führten untereinander

Krieg um die Vorherrschaft im Land. 1992 begann der Kampf um die Hauptstadt; Kabul war das Symbol der staatlichen Einheit und der Macht über das führerlos gewordene Land. Fast vier Jahre lang rangen die ehemaligen Waffenbrüder erfolglos um den Besitz der Stadt. Afghanistan war zum gescheiterten Staat geworden.

Zwischen 1996 und 2001 errichteten die fundamentalistischen Taliban eine vorübergehende Ordnung, die erst 2001 zerbrach, nachdem die Vereinigten Staaten aufgrund der Ereignisse vom 11. September im Rahmen der Operation »Enduring Freedom« ihrer Herrschaft ein Ende setzten.

Voraussichtlich wäre Afghanistan nach dem Ende des Taliban-Regimes erneut zerfallen, hätte man das Land sich selbst überlassen, wie es 1989 nach dem Abzug der Sowjetunion geschehen war. Aus diesem Grund und infolge der Ereignisse des 11. September 2001 trat eine internationale Konferenz zusammen, um dem Land eine friedliche Zukunft zu sichern. Die Vereinten Nationen und die großen Industriestaaten entwarfen Ende November 2001 gemeinsam mit den afghanischen Gruppen auf dem Petersberg bei Bonn Institutionen und Verfahren für den Bau eines neuen Staates. Ihr Fahrplan – Übergangsregierung, Große Ratsversammlung (Loya Dschirga), Wahl des Staatsoberhaupts und Schaffung einer Verfassung – wurde in den folgenden Jahren eingehalten. Da es keinen überzeugenden, auf eigene Macht gestützten Führer gab, verhinderten aber nur die fortdauernde Anwesenheit der Streitkräfte der Vereinten Nationen und die Finanzierung des Wiederaufbaus durch die Internationale Gemeinschaft, dass die Rivalitäten der Kriegsfürsten und Völkerschaften erneut offen ausbrachen.

Reinhard Schlagintweit

Oskar Ritter von Niedermayer (1885–1948) war bayerischer Offizier und nahm an beiden Weltkriegen teil. Seine schillernde Biografie brachte ihn im Verlauf mehrerer Geheimmissionen nach Persien und Afghanistan. Der passionierte Wissenschaftler leitete 1915 eine deutsche Militärexpedition nach Kabul und war nach dem Ersten Weltkrieg Verbindungsmann der Reichswehr in Moskau. Im Zweiten Weltkrieg kommandierte er die 162. (Turk.) Infanteriedivision der Wehrmacht und starb 1948 in sowjetischer Haft.

Das Foto zeigt Niedermayer (rechts) und den deutschen Diplomaten Werner Otto von Hentig (1886–1984). Hentig war von 1915 bis 1916 ebenfalls in Kabul im Einsatz und hatte dort im Auftrag des Auswärtigen Amtes den indischen Revolutionär Radscha Mahendra Pratap (Bildmitte) zu unterstützen, um durch einen Aufstand in Indien das Britische Empire zu schwächen.

Niedermayer und Hentig stehen für die in der Zwischenkriegszeit und auch nach dem Zweiten Weltkrieg guten deutsch-afghanischen Beziehungen. Diese umfassten neben militärischem Abenteurertum substanzielles deutsches Engagement in den Bereichen Kultur, Bildung und Wirtschaft.

Afghanistan als militärisches Ziel deutscher Außenpolitik im Zeitalter der Weltkriege

Noch Ende des 19. Jahrhunderts war das heutige Afghanistan für die meisten Deutschen nur ein »weißer Fleck«auf der Weltkarte. Für sie schienen die Afghanen eine Art »Indianer« Zentralasiens zu sein, die den Briten an der Nordgrenze Indiens immer wieder Probleme bereiteten. Nachdem sich 1907 Moskau und London überraschend über eine Aufteilung der Einflusssphären in Tibet, Afghanistan und Persien verständigt hatten, begriff man dies in Berlin als Bedrohung der eigenen Interessen, denn das Kaiserreich hatte inzwischen selbst Kolonien auch im Pazifik und an der chinesischen Küste erworben.

Der bayerische Oberleutnant Oskar Ritter von Niedermayer führte 1913/14 geologische und kartografische Studien in Ostpersien durch, die ihn bis an die Grenze von Afghanistan brachten. Bei seiner Rückkehr weckte er großes Interesse an der alten Kultur dieser Region. Insgeheim indes stand hinter den gewonnenen Erkenntnissen auch die Hoffnung, im Kriegsfalle mit dem Einsatz geringer Kräfte und der Unterstützung des Osmanischen Reiches einen »Schwerthieb« durch den Orient führen zu können.

Erster Weltkrieg und Zwischenkriegszeit

Nach dem Ausbruch des Ersten Weltkrieges wollte der Kaiser die islamische Welt zum »wilden Aufstande« aufstacheln. Doch den Gedanken, die afghanischen Stämme zu einem Angriff auf Britisch-Indien zu verleiten, um die Initialzündung zu einer allgemeinen Erhebung gegen die britischen Kolonialherren auszulösen und um schließlich dem mächtigen Britischen Empire das kostbarste Juwel – Indien – zu entreißen, konnte man nie ernsthaft in Erwägung ziehen. Die zweite, nunmehr militärische Expedition Niedermayers führte bis Kabul und verband sich mit weitreichenden Ambitionen. Niedermayer ließ sich sogar zum Kriegsminister einer indischen Exilregierung ernennen und hoff-

I. Historische Entwicklungen

te, die afghanische Armee mit ihren rund 42 000 Mann gegen die Briten einsetzen zu können. Bis zu einer halben Million Mann sollte der afghanische Emir Habibullah I. mobilisieren, verstärkt durch mehr als hundert aus russischer Kriegsgefangenschaft geflohene deutsche und österreichische Soldaten.

Der Emir, gewohnt die Rivalitäten der Großmächte Russland und Großbritannien zu nutzen, um seinem Land als Pufferstaat eine Existenz zu sichern, taktierte hinhaltend und klug. Interne Zwistigkeiten zwischen Diplomaten, Gelehrten, Abenteurern und Offizieren schwächten die deutsche Delegation. Auch die türkische Unterstützung erwies sich als unzuverlässig. So brachte der am 24. Januar 1916 ausgehandelte deutsch-afghanische Vertrag dem Emir einen wichtigen politischen Vorteil – die Anerkennung der Unabhängigkeit seines Landes durch eine europäische Großmacht –, ohne ihn zum Kriegseintritt zu verpflichten. Der heutige Präsident Afghanistans, Hamid Karsai, hat deshalb davon gesprochen, dass die deutsch-afghanische Freundschaft »mit dem Aufkreuzen der Niedermayer-Mission in Kabul« begonnen habe.

Das Zarenreich war in den Revolutionswirren zerbrochen, und im Herbst 1918 erreichten deutsche Truppen bereits Georgien. Im November desselben Jahres war freilich auch das Deutsche Kaiserreich am Ende seiner Kraft. Erst jetzt zeigte die Aufstachelung der afghanischen Führungselite Wirkung, als nach einem Staatsstreich Amanullah, Sohn Emir Habibullahs I., 1919 zum »Heiligen Krieg« gegen die Briten aufrief. London akzeptierte in der Folge die Unabhängigkeit des Landes.

Die Führung der militärischen Kräfte der jungen deutschen Weimarer Republik, der Reichswehr, lag Anfang der 1920er-Jahre in den Händen von Hans v. Seeckt, einst der letzte Generalstabschef des türkischen Heeres. Nach dem verlorenen Weltkrieg wollte er die Sicherheit des Reiches auf ein geheimes Bündnis mit dem Nachfolgestaat des Zarenreiches, der Sowjetunion, und dessen Führer Lenin abstützen. Seeckts Vertreter in Moskau wurde Niedermayer, der Kabul empfahl, sich ebenfalls enger an die Sowjetunion anzulehnen. Das Aufbegehren in Indien unter Mahatma Gandhi verhieß einen Zusammenbruch der angelsächsischen Vorherrschaft in Asien, der vielleicht Deutschland die Chance eröffnen würde, den Kampf um eine Weltmachtposi-

Afghanistan als militärisches Ziel deutscher Außenpolitik

tion wieder aufzunehmen. Die demokratischen Regierungen der Weimarer Republik teilten zwar nicht solche Illusionen, doch blieb Berlin durchaus daran interessiert, die Beziehungen zu Afghanistan weiter auszubauen.

Als König zeigte sich Amanullah entschlossen, selbst gegen heftigen Widerstand die Modernisierung seines Landes voranzutreiben. Deutsche Berater und Experten unterstützten ihn dabei. Historisch bedeutsam wurde 1924 die Einrichtung der deutschen Amani-Schule in Kabul (vgl. Foto auf S. 41), welche die künftige afghanische Führungselite prägen sollte. Zu dieser Zeit stieg Deutsch in Afghanistan zu der am meisten verbreiteten Fremdsprache auf, und bis heute trägt dieses Engagement für Bildung und Ausbildung reiche Früchte. Deutsche Ingenieure bauten Staudämme und Straßen, deutsche Architekten und Künstler errichteten den prunkvollen Königspalast in Darulaman.

Wenn die Afghanen damals die kulturelle, technische und wissenschaftliche Leistungsfähigkeit Deutschlands zu schätzen lernten, verband sich damit der Stolz auf die Unabhängigkeit von britischer Dominanz. Trotz der Niederlage im Ersten Weltkrieg galt die deutsche Armee als tüchtig und vorbildlich. Manche verbanden die kriegerische Tradition Afghanistans gar mit dem Mythos Preußen. Afghanische Studenten brachten aus Deutschland auch Auffassungen mit, die eine gemeinsame rassische Grundlage vermuten ließen. Noch heute begegnet man in Afghanistan der Behauptung »arischer« Verwandtschaft, die sich an der hellen Haut und den blauen Augen festmacht. Hintergrund bildet die Zugehörigkeit des Großteils der afghanischen Sprachen (Paschto, Dari, Tadschikisch, Nuristanisch) zur indoeuropäischen Sprachfamilie, die sich von altaischen (Usbekisch, Turkmenisch) und südindischen Sprachen (Brahui, Tamilisch) unterscheidet (vgl. den Infokasten auf S. 124).

Während die Briten als Kolonialherren verhasst waren und als Bedrohung des Landes angesehen wurden, fühlte man sich von den Deutschen respektiert und geachtet. Dass deren Auftreten keineswegs ganz uneigennützig gewesen ist, ließ sich leicht verdrängen. Vor allem in den städtischen Eliten fanden die Deutschen Wertschätzung. Freilich erfasste diese nicht unbedingt alle Stämme und Regionen gleichermaßen. Während die britische

I. Historische Entwicklungen

Einflussnahme darauf zielte, die Gegensätze im Lande für sich auszunutzen, war die deutsche Politik daran interessiert, die Zentralmacht in Kabul zu stärken, weil nur ein starkes Afghanistan zu einem Faktor im »Großen Spiel« werden konnte. Den Aufbau einer afghanischen Armee und einer eigenen Rüstungsindustrie zu unterstützen, fehlte es den Deutschen in den 1920er-Jahren jedoch an Mitteln.

Mit seinem glanzvollen Besuch im Frühjahr 1928 in Berlin unterstrich der afghanische König Amanullah seinen Wunsch nach einem Ausbau der bilateralen Beziehungen. Die Haltung in deutschen Regierungskreisen und in der Reichswehr blieb hingegen schwankend und uneinheitlich. Es gab kein Konzept für eine langfristige deutsche Afghanistan-Politik. Mit einer Kreditzusage über lediglich sechs Millionen Reichsmark wurde der König erst einmal abgespeist.

Im völligen Gegensatz zur Außen- und Sicherheitspolitik der Weimarer Republik hatte inzwischen Adolf Hitler ein weit über

König Amanullah und Reichspräsident Paul von Hindenburg beim Abschreiten der Ehrenfront.

die deutschen Grenzen hinausreichendes Programm für den Aufstieg Deutschlands zum Weltreich entworfen. In der Schrift »Mein Kampf« lehnte Hitler geheime Kabinetts- und Realpolitik rundweg ab. Er sah Deutschlands Zukunft bekanntlich in der Eroberung von »Lebensraum im Osten«, und zwar möglichst im Bündnis mit Großbritannien. In seiner rassenideologischen Sicht war es geradezu die Berufung der Briten, die Herrschaft der »weißen Rasse« über Indien und den Orient auszuüben. Sein »Indien« sah Hitler in der Ukraine. Für das Afghanistan-Interesse in nationalkonservativen Führungskreisen hatte er daher kein Verständnis.

Nach dem überraschenden Sturz Amanullahs Anfang 1929 stellte auch Außenminister Gustav Stresemann resigniert fest, dass Deutschland in Afghanistan »keine politischen Interessen« mehr habe. Auch wirtschaftlich sei »auf absehbare Zeit nichts zu holen«. Der neuen Regierung in Kabul, die sich weiterhin an einer engen Zusammenarbeit interessiert zeigte, erlaubte man immerhin, für den restlichen Kredit 5000 alte polnische Gewehre und acht Millionen Patronen in Deutschland zu kaufen.

Die unklare Situation veränderte sich nicht wesentlich, als Hitler 1933 zum Reichskanzler ernannt wurde. Korrekturen in der Außen- und Rüstungspolitik wurden zunächst vorsichtig und schrittweise vollzogen. Zu den ersten Maßnahmen gehörte die Beendigung der geheimen Zusammenarbeit von Reichswehr und Roter Armee. Niedermayer wurde Professor für »Wehrpolitik« an der Berliner Universität und fand mit seinen Schriften Unterstützung sowohl in Parteikreisen als auch innerhalb der militärischen Führung. In Sachen Afghanistan blieb alles offen. Der deutsche Gesandte in Kabul, Dr. Kurt Ziemke, warb mühsam für einen Ausbau des deutschen Industrieexports. Verständlicherweise scheute die deutsche Wirtschaft das Engagement in dem politisch instabilen und bitterarmen Staat, dessen Ausfuhr überwiegend aus Pelzen und Teppichen bestand. Es waren Basargeschäfte eines finanzschwachen Entwicklungslandes.

Deutsche militärische Ambitionen

Erst 1936 gewährte Berlin einen neuen Kredit über 15 Millionen Reichsmark. Doch statt notwendige Entwicklungshilfe zu leisten, verpflichtete sich Deutschland zur Lieferung von Rüstungsmaterial zur Ausstattung einer afghanischen »Musterdivision«. Außerdem versprach man Hilfe bei der Entwicklung von Luftstreitkräften. Abgesehen von der Tätigkeit deutscher Berater und Experten sowie der Einrichtung einer Fluglinie der Lufthansa über Kabul nach Schanghai blieb das deutsche Engagement ein Luftschloss, das durch die britische Blockade nach Kriegsausbruch schnell zerstob. Gerade noch rechtzeitig konnte ein Teil der bestellten Geschütze über Karatschi und den Khaiber-Pass nach Kabul geschafft werden. In Berlin hoffte man nach dem Abschluss des Hitler-Stalin-Paktes, die Transitwege über die UdSSR nutzen zu können. Doch Moskau achtete argwöhnisch darauf, dass die Eisenbahn nicht für Waffentransporte verwendet wurde.

Der Pakt mit Josef Stalin wurde in deutschen Führungskreisen von manchem als Signal für die Rückkehr zur Politik Seeckts missverstanden, zumal Hitler seine wahren Absichten nur schrittweise enthüllte. Niedermayer propagierte die alte globale Strategie, deren Ziel es sein müsse, durch »raumgreifende« Operationen im Orient Großbritannien in die Knie zu zwingen. Seine Ideen fanden im Oberkommando der Wehrmacht und im Auswärtigen Amt große Zustimmung. Der deutsche Botschafter in Moskau erkundete mehrfach die Bereitschaft Stalins, gemeinsam aus dem Kaukasus heraus die Ölquellen im Nordirak zu besetzen und die britisch-französischen Positionen im Nahen Osten aufzurollen. Er deutete auch deutsche Pläne an, aus Afghanistan und Tibet Aktionen gegen Indien zu führen. Der sowjetische Diktator hielt sich bedeckt und an das Naheliegende: Die Okkupation jener Gebiete in Ost- und Südosteuropa, die Hitler ihm versprochen hatte.

Bis zum Beginn des West-Feldzuges im April/Mai 1940 wurde mehrfach an einer deutschen Orientstrategie gearbeitet. Das deutsche Auswärtige Amt etwa wollte gemeinsam mit der militärischen Abwehr des Admirals Wilhelm Canaris die Regierung in Kabul stürzen, um den deutschlandfreundlichen

Afghanistan als militärisches Ziel deutscher Außenpolitik

Deutsche militärische Präsenz während des Zweiten Weltkriegs

Das neutrale Afghanistan wurde während des Zweiten Weltkriegs nicht von deutschen Truppen betreten. Dennoch war das Land Ziel geheimdienstlicher Operationen. Im April 1941 entsandte das Amt Ausland/Abwehr des OKW einen Offizier der Kommando-Einheit »Brandenburg« nach Kabul, der in der dortigen deutschen Gesandtschaft einen Stützpunkt der Abwehr einrichtete. Von hier aus versuchten die Angehörigen eines kleinen Kommandos zunächst in Verbindung mit Mirza Ali Khan zu treten. Der »Fakir von Ipi« versuchte von Nordwasiristan aus, den »Heiligen Krieg« (Dschihad, vgl. Infokasten auf S. 80) gegen die britische Kolonialherrschaft zu organisieren. In Berlin glaubte man, mit dem paschtunischen Stammesführer einen idealen Partner für die Destabilisierung des englischen Machtbereichs gefunden zu haben. Der Versuch, den »Fakir« für die deutschen Interessen zu instrumentalisieren, misslang. Im Juli 1941 fiel der Kommandosoldat Manfred Oberdörffer bei dem Unternehmen, von Kabul aus Nordwasiristan zu erreichen. Sein Grab auf dem europäischen Friedhof in Kabul existiert noch heute.

Freiwillige der »Legion Freies Indien« 1942.

Im Falle eines Vorstoßes der Wehrmacht über den Kaukasus nach Indien wäre dem Abwehrstützpunkt in Kabul die Rolle eines Brückenkopfes zugefallen. Durch das Scheitern der deutschen Offensive im Kaukasus, der im Sommer 1942 angelaufenen »Operation Blau«, verlor er jedoch an Bedeutung, da der militärische Griff nach Indien in weite Ferne rückte. Hingegen gelang es von Kabul aus, Verbindung mit dem anti-britischen Untergrund in Indien zu knüpfen. Der

I. Historische Entwicklungen

indische Nationalistenführer Subhas Chandra Bose war bereit, mit den Achsenmächten zusammenzuarbeiten, um die Engländer notfalls mit Gewalt aus dem Land zu vertreiben. Im Januar 1941 kamen Bose und sein Vertrauter Rahmat Khan von Kalkutta nach Kabul, im April gelangte Bose mithilfe der deutschen Gesandtschaft nach Berlin. Er erhielt Unterstützung vom Sonderreferat Indien des Auswärtigen Amtes sowie von der Wehrmacht. Indische Kriegsgefangene formierten eine »Legion Freies Indien« (Infanterie-Regiment [ind.] 950) mit bis zu 2600 Mann, die ihren Eid auf Bose und Adolf Hitler ablegten. In dieser Situation hielt die Gesandtschaft in Kabul die Verbindung zwischen Bose in Deutschland und dem anti-britischen Untergrund auf dem Subkontinent. Rahmat Khan, der als Kurier zwischen Kabul und Indien fungierte, unterhielt übrigens – dies belegen alliierte Dokumente – neben seinen Verbindungen zur deutschen Seite auch solche mit der Sowjetunion, dem traditionellen Gegenspieler Englands in der Region. Bose selbst hielt sich seit dem Frühjahr 1943 in Ostasien auf. Ein Funker der »Brandenburger« blieb bis zum 8. Mai 1945 in Kabul auf Posten, die übrigen Angehörigen der Kommandotruppe verließen Afghanistan bereits im September 1943. *(bc)*

König Amanullah wieder zu installieren und gemeinsam mit der Sowjetunion gegen Indien vorgehen zu können.

Bei einem Besuch im November 1940 erhielt der sowjetische Außenminister Wjatscheslaw Molotow verlockende Angebote zur Bildung eines »Kontinentalblocks« und zur Aufteilung des Britischen Empire. Mit diesem Angebot wollte Adolf Hitler Stalin in die Falle locken, denn dahinter stand letztlich die Absicht, den sowjetischen Expansionsdrang über Afghanistan in Richtung Indien zu lenken, um die Voraussetzungen für das geplante »Unternehmen Barbarossa« zu verbessern.

Adolf Hitlers Hauptziel war es, durch den Überfall auf die UdSSR und ihre erwartete Niederlage Deutschland zu einer Weltmacht aufsteigen zu lassen. Um diesen Anspruch zusätzlich zu unterstreichen, wäre es sicherlich von Vorteil gewesen, über Afghanistan die Briten in Indien unter Druck zu setzen. Doch Hitler war so auf den Weg über Moskau fixiert, dass er keine

Afghanistan als militärisches Ziel deutscher Außenpolitik

Aus Anlass der Gründung der provisorischen indischen Nationalregierung fand am 15. November 1943 im Berliner Hotel Kaiserhof ein Empfang statt. Am Rednerpult spricht der Chef der »Zentrale Freies Indien«, A.C.N. Nambiar, flankiert von Soldaten der Indischen Legion. Das Foto im Hintergrund zeigt Subhas Chandra Bose.

Anstrengungen unternahm, wie im Ersten Weltkrieg auch die Türkei erneut ins deutsche Fahrwasser zu ziehen.

Nach Beginn des Russlandfeldzuges am 22. Juni 1941 mussten Pläne für einen Zugriff auf den Kaukasus zunächst verschoben werden. Erst mit der zweiten großen Offensive im Sommer 1942 setzte Hitler ganz auf den Schwerpunkt Kaukasus. Erwin Rommel sollte von Nordafrika aus eine zweite Zange gegen die britische Nahostposition bilden. Wieder versuchte man von deutscher Seite, mithilfe afghanischer Paschtunen deren Stammesbrüder in Indien aufzuwiegeln (vgl. den Infokasten auf S. 55 f.). Schon ließ London am Khaiber-Pass Befestigungen vorbereiten. Bereits zuvor hatten Briten und Russen den afghanischen König Sahir Schah gedrängt, die Angehörigen der deutschen Kolonie aus dem Lande zu verjagen, doch die vom König einberufene Stammesversammlung der Loya Dschirga beharrte auf den ehernen Gesetzen der Gastfreundschaft und setzte zumindest ein freies Geleit für die Deutschen durch. Unabhängig davon konnte die deutsche Gesandtschaft in Kabul ihre Arbeit bis zum 8. Mai 1945 fortsetzen – Afghanistan blieb als eines der wenigen Länder bis Kriegsende neutral.

Zu diesem Zeitpunkt hatte Oskar Niedermayer bereits seinen Lehrstuhl in Berlin geräumt, und schon Anfang 1942 verfasste er eine wichtige Studie über den Einsatz von Sonderverbänden, die vom iranischen Hochland aus Richtung Persischen Golf operieren sollten. Auf Veranlassung von Major i.G. Claus Schenk Graf Stauffenberg, dem späteren Hitler-Attentäter, übernahm er die Aufstellung einer Division aus Angehörigen verschiedener Turkvölker. Nach der Katastrophe von Stalingrad 1943 wurde sie aber in Jugoslawien zur Partisanenbekämpfung eingesetzt und ging schließlich in Italien unter.

Nachkriegsbeziehungen

Afghanistan blieb bis 1945 ein militärpolitisches und strategisches Phantom, und sicherlich gab es hier keine verpasste Chance deutscher Groß- und Weltmachtpolitik im Zeitalter der Weltkriege. Die Schrecknisse des Zweiten Weltkrieges und die NS-Ideologie hinterließen zumindest in dieser Weltregion keine negativen Spuren in den Beziehungen zu Deutschland, sodass in den 1950er-Jahren die Wiederherstellung von Handelsbeziehungen nicht schwer fiel. Anknüpfend an die guten Erfahrungen der zwanziger Jahre des 20. Jahrhunderts wurde Afghanistan erneut zu einem Schwerpunkt deutscher Entwicklungshilfe. Um die »Blockfreiheit« seines Landes zu unterstreichen, vertraute König Sahir Schah die Ausbildung der Armee dem nördlichen Nachbarn UdSSR an, die Schulung der Polizei übernahm die Bundesrepublik.

Nach dem Putsch 1973 in Kabul und dem Einmarsch der Roten Armee 1979 verschwand Afghanistan dann für viele Jahre aus dem Blickwinkel der westdeutschen Politik. In einigen Bereichen unterstützte zwar die DDR das Land und setzte so in gewisser Weise die Tradition deutsch-afghanischer Beziehungen fort, doch erst mit dem Sturz des Taliban-Regimes konnte eine neue und zukunftsweisende Basis der gegenseitigen Zusammenarbeit geschaffen werden. Das positive Bild des Deutschen in der afghanischen Gesellschaft gründet sich auf historische Erfahrungen und heutige Erwartungen: wirkungsvolle Unterstützung bei der Wahrung der Unabhängigkeit des Landes sowie seiner kulturellen und wirtschaftlichen Entwicklung.

Rolf-Dieter Müller

Die sowjetische Armee stand von 1979 bis 1989 mit bis zu 120 000 Mann in Afghanistan. Die Besetzung des Landes rief einen »Heiligen Krieg« (Dschihad) hervor, den die Truppen der UdSSR und die Verbände der kommunistischen afghanischen Regierung in Kabul gegen das Heer der Mudschaheddin nicht gewinnen konnten. Die Erfahrung von Überfällen, Hinterhalten und einem gnadenlosen Kampf Mann gegen Mann wurde für die Soldaten der Roten Armee und für die gesamte Bevölkerung der Sowjetunion zum Trauma. Die Hauptlast des Krieges hatten jedoch die Afghanen zu tragen. 1,3 Millionen Menschen starben, ein erheblicher Teil der Einwohner floh ins Ausland. 15 000 Sowjetsoldaten, die meisten von ihnen junge Wehrpflichtige, fielen in Afghanistan.

Sowohl in der UdSSR und ihren Nachfolgestaaten als auch in Afghanistan selbst hinterließ die Zeit der Besetzung tiefe Narben. Die Erinnerung an mehr als neun Jahre Krieg und Kampf reicht bis in unsere Tage: So versuchen die Oppositionellen Militanten Kräfte (OMF) in Afghanistan, in ihren Informationskampagnen die derzeitige Präsenz der Internationalen Gemeinschaft mit der sowjetischen Fremdherrschaft auf eine Stufe zu stellen.

Der sowjetische Einmarsch in Afghanistan und die Besatzung von 1979 bis 1989

Während in Westeuropa und in den Vereinigten Staaten die Familien Weihnachten feierten, landeten in der Nacht vom 25. auf den 26. Dezember 1979 die ersten von 7000 sowjetischen Elitesoldaten der 103. Luftlandedivision aus dem weißrussischen Witebsk in Kabul. Sie nahmen zunächst den Flughafen und wenig später die zentralen Punkte der Hauptstadt in Besitz. Unter dem Decknamen »Schtorm (Sturm) – 333« erreichten Teile einer insgesamt 650 Mann starken Sondereinheit des KGB (Speznas, Truppen besonderer Bestimmung) am 27. Dezember den Regierungspalast nahe der Stadt. Spezialkräfte in afghanischen Uniformen liquidierten den afghanischen Präsidenten und Führer der regierenden Demokratischen Volkspartei Afghanistans (DVPA), Hafisullah Amin. Als seinen Nachfolger setzte die sowjetische Führung Babrak Karmal ein, wie Amin Gründungsmitglied der DVPA.

Kurz nach den erfolgreichen Operationen in Kabul und der Besetzung mehrerer kleinerer Flugfelder im Land überschritten Verbände der 5. und 108. Motorisierten Schützendivisionen den Fluss Amudarja, die südliche Grenze der UdSSR zu Afghanistan. Im weiteren Verlauf stießen mechanisierte Bodentruppen unter Nutzung der Ringstraße vor. Der Angriff gehörte zu den größten militärischen Operationen, die sowjetische Streitkräfte in der Nachkriegszeit außerhalb der UdSSR durchgeführt haben. Der sowjetische Vormarsch traf in einigen Städten zwar auf den Widerstand afghanischer Truppen, doch gelang es der Führung in Moskau bis zum Januar 1980 nahezu ungehindert, im Landmarsch sowie im Lufttransport 80 000 Mann nach Afghanistan zu verlegen. Widerstand gegen eine derartige Streitmacht erschien chancenlos.

Die Besetzung des Landes war der Auftakt für einen mehr als neun Jahre währenden Krieg zwischen den sowjetischen Truppen und der Armee einer neu installierten kommunistischen Regierung in Kabul auf der einen sowie einer Streitmacht von Stammeskriegern auf der anderen Seite. Die sowjetische Intervention rief einen »Heiligen Krieg« (Dschihad) hervor, den die

Mudschaheddin aus den unzugänglichen Gebirgsregionen Afghanistans oder von Pakistan aus führten. Dabei wurden sie immer wirksamer mit Material und Logistik von den Geheimdiensten der USA und Chinas unterstützt.

Trotz der erheblichen technischen Überlegenheit gelang es den Besatzern nicht, die ausufernden Kämpfe im Land siegreich zu beenden. Im Verlauf der militärischen Auseinandersetzungen mussten etwa 15 000 sowjetische Soldaten ihr Leben lassen. Erst die Veränderung der geopolitischen Lage durch Glasnost und Perestroika sowie das internationale Genfer Afghanistan-Abkommen von 1988 schufen die Voraussetzungen für den Abzug der letzten sowjetischen Truppen am 15. Februar 1989.

Kommunismus afghanischer Prägung

Der sowjetische Einmarsch im Dezember 1979 traf ein Land, das bereits seit April 1978 nominell unter kommunistischer Führung stand. In der »Saur-Revolution« hatte sich damals die DVPA Nur Mohammed Tarakis an die Macht geputscht, die autoritäre Regierung von Mohammed Da'ud gestürzt und in Afghanistan ein volksdemokratisches System eingeführt. Dieses litt allerdings auch unter neuem Namen unter altbekannten Machtkämpfen und innergesellschaftlichen Spannungen. Innerhalb der DVPA tobten Konflikte zwischen der Fraktion der »Chalk« (Volk) unter dem Ghilsai-Paschtunen Taraki, seit April 1978 afghanischer Präsident, und Hafisullah Amin einerseits sowie den Anhängern der »Parcham« (Banner) unter Babrak Karmal andererseits. Taraki, Amin, Karmal und weitere Führer der DVPA verband ein komplexes, in Jahrzehnten gewachsenes Konkurrenzverhältnis, überlagert durch bestehende Stammes-, Familien- und Freundschaftsbeziehungen.

Mit wenig Begeisterung beobachtete die sowjetische Führung von Moskau aus, dass die afghanischen Kommunisten neben weltanschaulichen Fragen vor allem die Sicherung individueller Machtpositionen und die Ausschaltung von Gegnern umtrieb. Viele Führer der DVPA verstanden ihre Ämter und Funktionen als Pfründe, die man an verdiente Gefolgsleute vergeben konnte. Insbesondere Tarakis Konkurrent Hafisullah Amin bereicherte sich

Die sowjetische Besatzung

als Chef der Geheimpolizei am Besitz des Exkönigs Sahir Schah und Da'uds oder verteilte diesen großzügig an eigene Günstlinge. Taraki ließ er schließlich im Oktober 1979 ermorden und beerbte ihn als afghanisches Staatsoberhaupt, während ihr gemeinsamer Gegner Babrak Karmal als Botschafter ins Ausland abgeschoben wurde. Als die sowjetische Führung Karmal Ende 1979 aus dem erzwungenen Exil zurückholte und an die Spitze der afghanischen Kommunisten stellte, tat sie dies im Bewusstsein, mit Hafisullah Amin ein unberechenbares Risiko für die sowjetische Vormachtstellung in Afghanistan beseitigen zu müssen.

In den afghanischen Provinzen hatten die Menschen die kommunistische »Saur-Revolution« mehrheitlich als einen Kampf der Clans und Ethnien um die Macht verstanden. Die Herrschaft der in sich zerstrittenen DVPA hatte der sowjetischen Regierung vor Augen geführt, dass sich eine zentral gesteuerte Umgestaltung des Landes nur unter größten Schwierigkeiten und gegen den Widerstand der Masse der ländlichen Bevölkerung erreichen ließ. Die DVPA hatte seit 1978 den Anspruch erhoben, die afghanische Gesellschaft nach sowjetischen Vorstellungen zu modernisieren und umzuformen. Die überwiegend paschtunisch geführte »Chalk«, die zum Zeitpunkt ihrer Machtergreifung nicht mehr als 10 000 Mitglieder gezählt hatte, scheiterte

Der afghanische Staatschef Nadschibullah (Bildmitte) bei der Verabschiedung sowjetischer Truppen, Kundus 1986.

I. Historische Entwicklungen

mit dem Versuch einer rabiaten Landreform und anderer tief greifender Veränderungen.

Wiederholt hatten sowjetische Diplomaten der Regierung in Kabul empfohlen, bei der Sowjetisierung einen behutsamen Kurs einzuschlagen, auf die regionalen und lokalen Machtverhältnisse Rücksicht zu nehmen und selbst der Religionsausübung zunächst keine Hindernisse in den Weg zu legen. Die Moskauer Führung bevorzugte für Afghanistan Modelle aus der Frühphase der UdSSR, als der noch schwache Zentralstaat versuchte, den sowjetischen Nationalitäten sozialistische Inhalte zu vermitteln, ohne dabei gleich deren gewachsene Kulturen zu zerstören. Bezüglich der Erfolgsaussichten der Umbaubestrebungen sowie mit Blick auf die Zuverlässigkeit der afghanischen Genossen hegte die Führung der UdSSR gravierende Bedenken. Trotzdem unterstützte der Kreml den »sozialistischen Bruderstaat« mit Waffen und Beratern.

Freilich stieß die DVPA in Afghanistan nicht nur auf Widerstand. Ihre Repräsentanten begriffen sich als Kämpfer für den Fortschritt und lehnten die traditionelle afghanische Gesellschaftsordnung ebenso wie die Herrschaft lokaler Stammesführer als rückwärtsgewandt und perspektivlos ab. Das Projekt des Sozialismus dagegen sicherte in den Augen der DVPA breiten Bevölkerungsschichten den Zugang zu Bildung und Kultur. Afghanistan öffnete sich der (sozialistischen) Welt. Erstmals verließen Menschen in größerer Zahl das Land für Zwecke der Ausbildung oder der Erholung. Die neue Zeit brachte insbesondere in der Hauptstadt Kabul eine neue Generation von Schriftstellern, Filmemachern und Künstlern hervor, allerdings um den Preis der Emigration, Verhaftung oder Liquidierung jener Intellektuellen, die sich dem Sozialismus entgegenstellten (vgl. Literatur- und Filmtipps im Anhang).

Die afghanischen Konfliktparteien ließen sich nicht einfach ideologischen Lagern zuordnen, wie sich dies die sowjetische Führung 1978 vorgestellt haben mochte. Die Führer der DVPA – die übrigens mit dem Kommunismus häufig erst im Verlauf ihrer Ausbildung an Universitäten der USA in Berührung gekommen waren – blieben trotz politischer Bekenntnisse doch immer auch Akteure im traditionellen afghanischen Kampf um die Macht. Sie sahen sich einer Gesellschaft gegenüber, die zu großen Teilen den Kommunismus als Bedrohung der eigenen, althergebrachten Kultur ablehnte. Präsident Karmal musste ebenso wie ab 1986 sein Nachfolger, der ehemalige Chef der afghanischen Geheimpolizei, Mohammed Nadschibullah, mehr und mehr den Ausgleich mit regionalen Machthabern, religiösen Führern und selbst mit den Mudschaheddin suchen. Es ist von symbolischer Bedeutung, dass der Kommunist Karmal die traditionelle Landesfahne in Schwarz-Rot-Grün wieder einführte, die sein Vorgänger Taraki durch ein rotes Banner hatte ersetzen lassen. Bezeichnenderweise brach auch die Regierung Nadschibullahs nicht mit dem sowjetischen Abzug von 1989 zusammen. Sie überstand 1990 den Putschversuch des Verteidigungsministers Schahnawas Tanai und verlor erst 1992 ihre Macht an die Mudschaheddin.

Gründe für den sowjetischen Einmarsch

Zeitgenössische Beobachter interpretierten die sowjetische Intervention meist als einen folgerichtigen Schritt der Supermacht beim »Aufmarsch am Indischen Ozean«. Afghanistan und »die Afghanen« spielten nach dieser Sicht die Rolle passiver Opfer im Kampf der UdSSR und der Vereinigten Staaten als neue Spieler im »Great Game«. Daher wurden der »Heilige Krieg« der Mudschaheddin gegen die Aggressoren und ihr Kampf um Freiheit und Selbstbestimmung im Westen meist glorifiziert. In der Rückschau erscheinen die Ereignisse komplizierter und vielschichtiger. Die UdSSR ließ sich in Afghanistan in einen Konflikt hineinziehen, der Züge einer schweren staatlichen und gesellschaftlichen Krise zeigte.

Bis kurz vor dem Einmarsch lehnten sowohl eine Mehrheit im sowjetischen Politbüro als auch die meisten der Spitzenmilitärs das Abenteuer einer Truppenentsendung ab. Der KGB empfahl eine Vermittlung innerhalb der DVPA und die indirekte Unterstützung der afghanischen Führung beim Kampf um die Macht im Land. Die angespannte Lage in Afghanistan war zuletzt am 15. März 1979 offenbar geworden, als in Herat ein Aufstand losbrach. Bewohner der Stadt, Guerillakämpfer und Soldaten der örtlichen Garnison lieferten sich vier Tage lang blutige Gefechte mit afghanischen Regierungstruppen. Die Märzunruhen in

I. Historische Entwicklungen

Herat forderten 5000 Tote, darunter 50 sowjetische Militärberater und ihre Familienangehörigen. Sie waren der Auftakt für schwere Kämpfe, in deren Verlauf Teile der Provinzen Kunar und Paktia und selbst einzelne Stadtviertel von Kabul an aufständische Milizen verloren gingen.

Hatte die Führung der »Chalk« es noch verstanden, ihre Rivalen innerhalb der DVPA auszuschalten, so erwies sie sich nun mit der militärischen Bedrohung überfordert. Amin wurden Verbindungen zum amerikanischen Geheimdienst CIA, zur Regierung Pakistans und zu islamistischen Führern nachgesagt. Nach einem erfolglosen Attentat gegen ihn ging Amin gewaltsam gegen die Anhänger Tarakis vor und ließ diesen am 9. Oktober 1979 ermorden. In den Wochen vor dem sowjetischen Einmarsch versuchte Amin in völliger Verkennung der eigenen Lage seine Position gegenüber der sowjetischen Führung zu stärken, indem er demonstrativ die Kontakte zu den USA ausbaute. Für die sowjetische Führung wurde er endgültig untragbar.

Letztlich dürfte für die Intervention – in Übereinstimmung mit der Breschnjew-Doktrin und der Angst vor einer unsicheren Südflanke – ausschlaggebend gewesen sein, dass Moskau das Erstarken eines militanten Islams befürchtete. Dies war aus sowjetischer Sicht eine erhebliche Bedrohung der eigenen Interessen. Mit der DVPA, deren Führer annahmen, sie könnten die UdSSR für

Mudschaheddin

Das Wort Mudschaheddin (Singular: Mudschahed, Mudschahid, Mujahid, Moudjahid und weitere Schreibweisen) stammt aus dem Persischen und bezeichnet jemanden, der den »Heiligen Krieg« (Dschihad) zu seiner eigenen Sache macht und damit den Islam verbreitet oder schützt. Der Begriff wurde während der sowjetischen Besatzung Afghanistans von 1979 bis 1989 gebräuchlich und ist seitdem als Selbstbezeichnung für die Angehörigen islamistischer Guerilla-Gruppen verbreitet. Mudschaheddin kämpften ebenso während des Balkankrieges auf der Seite der bosnisch-muslimischen Truppen sowie im Algerischen Bürgerkrieg, in Kaschmir und im Irak. Aktuell ist zu beobachten, dass auch die Taliban ihre Kämpfer immer wieder als »Mudschaheddin« bezeichnen.

Die sowjetische Besatzung

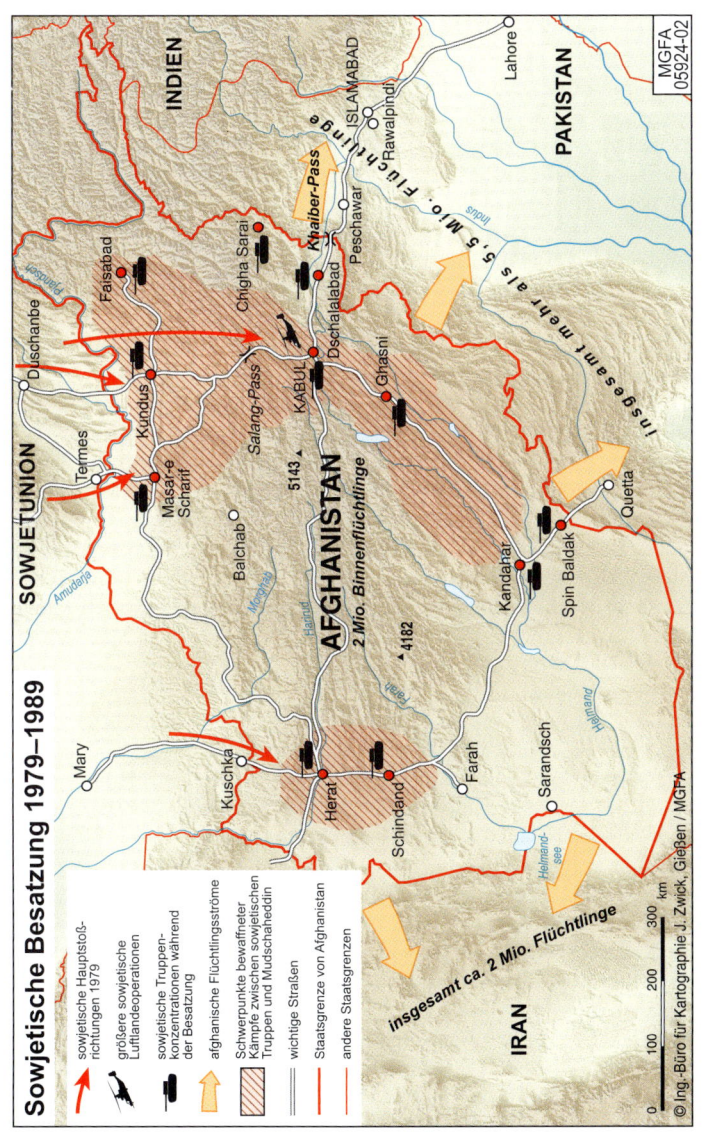

ihre eigenen Ziele instrumentalisieren, erschien eine erfolgreiche Bekämpfung dieser Gefahr unmöglich. Die Invasion diente in erster Linie dem Zweck, die ungeliebte Regierung Hafisullah Amin zu ersetzen, nachdem dies zuvor mit anderen Mitteln gescheitert war. Trotz gewichtiger Bedenken entschloss sich die sowjetische Führung Ende des Jahres 1979 schließlich zum Einmarsch in Afghanistan.

Besatzung und Widerstand

Sowjetische Truppen nahmen zunächst die großen Städte und Garnisonen in Besitz und sicherten die wichtigsten Verkehrsverbindungen und Kommunikationslinien. Die sowjetische Führung richtete sieben Militärkommandos ein, in denen sowjetische Generäle mithilfe ihrer eigenen Verbände und der Truppen der neuen afghanischen Zentralregierung für Ruhe und Ordnung im Land sorgen sollten. Den Afghanen kam dabei vor allem die Aufgabe zu, die Provinzen zu sichern, doch zeigten sie sich mit diesem Auftrag rasch überfordert. Schon wenige Monate nach der Invasion wurden aus den meisten Regionen sowie

Genfer Afghanistan-Abkommen

Am 14. April 1988 unterzeichneten in Genf die Außenminister der USA, der Sowjetunion, Pakistans und Afghanistans das Abkommen zur Lösung des Afghanistan-Konfliktes. Das Dokument sah den vollständigen Abzug der sowjetischen Truppen bis zum 15. Februar 1989 sowie die Rückkehr von mehr als fünf Millionen Flüchtlingen vor. Die afghanischen Widerstandsgruppen waren in die Verhandlungen nicht eingebunden. Sowohl die UdSSR als auch die Vereinigten Staaten traten als Garantiemächte auf, nahmen aber weiterhin Partei in den andauernden Kämpfen. Die Beibehaltung sowjetischer Militärhilfe an die Regierung in Kabul begründete die Moskauer Führung mit den Freundschafts- und Beistandsverträgen von 1921 und 1978. Die USA wiederum weigerten sich, ihre Waffenlieferungen an die Mudschaheddin einzustellen. Die internationale Diplomatie fand hierfür den beschönigenden Ausdruck »positive Symmetrie«.

Die sowjetische Besatzung

aus Kabul Kämpfe unterschiedlicher Intensität gemeldet. Die Städte Dschalalabad und Herat gerieten zeitweise unter die Kontrolle der Mudschadeddin. Bereits im März 1980 begann eine erste sowjetische Großoffensive gegen die Provinz Badachschan sowie gegen die östlichen, hauptsächlich von Paschtunen besiedelten Gebiete an der Grenze zu Pakistan.

Von der westpakistanischen Stadt Peschawar aus formierte sich der afghanische Widerstand. Dort errichteten muslimische Freischärler unterschiedlicher Ausrichtung ihre Versorgungsbasen, unterstützt und teilweise finanziert durch den pakistanischen Geheimdienst Inter-Services Intelligence (ISI). Die Parteien, Stämme und Gruppen des Widerstandes verbanden rasch wechselnde Allianzen, doch

Mudschaheddin in den afghanischen Bergen, Aufnahme von 1985.

verfügten sie über keine gemeinsame Vision für die Zukunft. Vielmehr vereinte sie die Ablehnung einer fremden, nicht-muslimischen Armee im eigenen Land, die Bekämpfung der kommunistischen Zentralregierung in Kabul, die mit Unterstützung der Sowjetunion die Idee eines modernen Zentralstaates auf ihre Fahnen schrieb, sowie nicht zuletzt die Verteidigung traditioneller Lebensweise und Kultur. Die Mudschaheddin verhandelten jedoch sowohl mit afghanischen Kommunisten in Kabul als auch mit sowjetischen Truppenführern, wenn sie sich hiervon Vorteile versprachen. Selbst der »Löwe von Pandschir«, Achmad Schah Massud, bildete diesbezüglich keine Ausnahme (vgl. den Beitrag von Karl Ernst Graf Strachwitz).

Die Mudschaheddin verfügten weder über moderne und schwere Bewaffnung noch über zentrale Kommando- und Kommunikationsstrukturen. Seit 1986 erhielten sie von den USA tragbare Luftabwehrsysteme vom Typ »Stinger«. Vielen Beobachtern galt die Lieferung der »Stinger« als Wendepunkt in diesem Konflikt, der entscheidend zum Rückzug der Sowjets beigetragen habe. Doch ist auch bekannt, dass amerikanische Waffenlieferungen innerhalb der sowjetischen Führung die Position der »Falken« nachhaltig stärkten. Unter Generalsekretär Michail Gorbatschow und den Bedingungen der beginnenden Perestroika diskutierte die sowjetische Führung bereits 1986 intensiv über eine politische Lösung des Afghanistan-Problems. Das Engagement des Auslandes zugunsten Afghanistans verzögerte daher eher den Entschluss zum Truppenabzug – übrigens ganz im Sinne der CIA, die das Engagement der UdSSR in Afghanistan vor allem unter dem Aspekt einer fortlaufenden Schwächung der gegnerischen Supermacht bewertete.

Die technische Unterlegenheit der Mudschaheddin machte gleichzeitig ihre Stärke gegenüber einer modernen Besatzungsarmee aus. Ortskenntnisse und die Unterstützung durch die Bevölkerung erwiesen sich der sowjetischen Luftaufklärung als überlegen. In einem Land fast ohne Fernmelde-Infrastruktur erbrachte ein archaisch anmutendes Netz von Spähern und Boten verlässlichere Informationen als die elektronische Kampfführung oder sowjetische V-Leute. Es ist bezeichnend, dass in der Roten Armee für die Mudschaheddin die Bezeichnung »Duchy«

Abziehende sowjetische Soldaten. Auf dem Spruchband steht:
»Sei gegrüßt, Heimat!«

(Geister) verbreitet war: Die afghanischen Krieger entzogen sich sowjetischem Artilleriefeuer und selbst den intensiven Bombardements aus der Luft, um dann wenig später wie aus dem Nichts aufzutauchen und im Kampf Mann gegen Mann Angst und Schrecken zu verbreiten. Die Schläge der Besatzungsarmee hingegen gingen häufig ins Leere.

Die sowjetischen Soldaten wurden im Verlauf der folgenden neun Jahre Teil eines ausufernden Krieges, an dessen Ende 1,3 Millionen tote afghanische Zivilisten und Kämpfer sowie mehr als fünf Millionen (und damit ein Drittel der Vorkriegsbevölkerung) Flüchtlinge und weitere zwei Millionen Binnenflüchtlinge standen, die teils bis heute nicht in ihre angestammten Siedlungsgebiete zurückgekehrt sind.

Auswirkungen des Krieges

Die sowjetische Armee durchlief in Afghanistan einen schmerzlichen Lernprozess. Schon bald wurde deutlich, dass mit den klassischen, im Kalten Krieg für den westeuropäischen Kriegsschauplatz entwickelten Einsatzgrundsätzen keine Erfolge zu erzielen waren. Vor allem in den Luftlande- und Luftunterstützungsverbänden, in erster Linie aber in den Spezialtruppen, trug man dieser Erkenntnis rasch Rechnung. Für das Gros der sowjetischen Mot.-Schützen-Verbände experimentierte die Rote Armee mit neuen Gliederungen und gemischten Kampfgruppen, doch wirkten sich Veränderungen in Ausrüstung und Ausbildung hier nur sehr langsam aus. Eine zentrale Rolle im Kampf gegen die Mudschaheddin spielten die zunächst praktisch unangreifbaren Hubschrauber, allen voran die schwer bewaffnete und für alle Afghanistan-Kämpfer legendäre Mi-24 (im NATO-Sprachgebrauch: Hind).

Alle angestrebten Veränderungen bei Taktik und Ausrüstung konnten ein wesentliches Ziel der Besatzungsarmee nicht erreichen: Die dauerhafte Sicherung von Versorgungs- und Kommunikationslinien. Die sowjetischen Truppen beherrschten zwar die größeren Städte sowie zentrale Punkte. Den Mudschaheddin hingegen gelang es, immer größere Teile der ländlichen Gebiete unter ihre Kontrolle zu bringen, und abgelegene Regionen wie

I. Historische Entwicklungen

das Pandschir-Tal konnten von den sowjetischen Streitkräften während des gesamten Krieges hindurch nicht eingenommen werden. In Afghanistan dienten nie mehr als 120 000 Rotarmisten gleichzeitig, während die Vereinigten Staaten in Vietnam, das etwa ein Fünftel der Fläche Afghanistans ausmachte, zeitweise eine halbe Million Soldaten stationiert hatten. Sowjetische Kommandeure mussten für große Operationen Regimentsäquivalente aus verschiedenen Bereichen »zusammenborgen«.

Die Sowjetarmee bestand nicht nur aus Elitesoldaten, sondern vor allem aus jungen Wehrpflichtigen. Diese stammten zu Beginn des Krieges häufig aus sowjetischen Unionsrepubliken mit muslimischer Prägung wie Usbekistan, Kasachstan und Turkmenistan. Im Verlauf der Besatzung wurden vermehrt Slawischstämmige oder Männer aus den baltischen Republiken eingezogen, um unerwünschte Kontakte zur Bevölkerung und vor allem zu den Mudschaheddin zu verhindern. Neben der Brutalität ihres Einsatzes machte den Besatzungssoldaten der Gedanke an die Rechtmäßigkeit und Sinnhaftigkeit ihres Dienstes zu schaffen und untergrub die Moral, während unter den Mudschaheddin Selbstbewusstsein und Siegeszuversicht wuchsen. Von 642 000 sowjetischen Soldaten, die bis zum Rückzug in Afghanistan dienten, wurden mehr als 70 Prozent verwundet oder erkrankten ernsthaft, etwa 150 000 Mann alleine an Hepatitis und Typhus. Die Erfahrung des jahrelangen Krieges wurde für viele zum lebenslangen Trauma, und bis heute stehen die zurückgekehrten »Afganzy«, viele von ihnen versehrt an Körper und Geist, am Rand der Gesellschaft.

Sowohl aufseiten der Regierungstruppen und Sicherheitskräfte als auch unter den Mudschaheddin und der Sowjetarmee ereigneten sich Übergriffe und Verbrechen in erheblichem Ausmaß. Zudem desertierten die afghanischen Soldaten in Scharen. Umfasste die Armee vor 1978 noch 100 000 Mann, schwand ihre Zahl nach einem Jahr sowjetischer Besatzung auf nicht mehr als 30 000. Die meisten waren demoralisiert, schlecht ausgebildet und wenig motiviert, in einen Kampf gegen die zu allem entschlossenen Mudschaheddin zu ziehen. Viele schlossen sich den Milizen der Warlords an und setzten den Krieg auf eigene Rechnung fort.

Die sowjetische Besatzung

Neben dem militärischen Gegner wurde vor allem die Zivilbevölkerung zum Opfer der Kämpfe. Im Verlauf von Militäroperationen gegen die Mudschaheddin zerstörten die Sowjets systematisch Dörfer und Landstriche. Mord, Raub und Plünderungen waren weit verbreitet. Afghanische Widerstandskämpfer zogen durch gezielte Angriffe das sowjetische Artilleriefeuer auf zivile Siedlungspunkte, deren Bewohner am Verlassen ihrer Dörfer gehindert wurden. Durch den sowjetischen Beschuss getötete Zivilisten wurden dann den Medien als unschuldige Opfer präsentiert. Demoralisierte sowjetische Truppenführer verkauften Waffen und Gerät an den Gegner. Alkoholismus und Drogenkonsum verstärkten bestehende Probleme der Menschenführung. An Straßensperren wurden Zivilisten ausgeraubt und dann oft als angebliche oder tatsächliche Mudschaheddin erschossen. In den sowjetischen Streitkräften war für dieses Verfahren der Begriff »jemanden nach Kabul bringen« verbreitet.

Afghanistan erlebte während der Besatzung – entgegen den Verheißungen des Sozialismus – eine weitgehende Zerstörung und Fragmentierung. Die Intervention von 1979 schuf die Rahmenbedingungen für die Fortsetzung und Radikalisierung des Bürgerkriegs, statt ihn zu beenden. In Afghanistan rief sie den internationalen islamischen Fundamentalismus auf den Plan, der heute eine weltweite Bedrohung der Sicherheit darstellt. Vor allem aber machte die Sowjetherrschaft deutlich, dass der Einsatz militärischer Mittel allein in einem komplexen Umfeld wie Afghanistan nicht ausreicht, um von Kabul aus einen stabilen Zentralstaat zu etablieren.

Bernhard Chiari

Nach sechsjährigen Verhandlungen in Genf unterzeichneten die Regierungen Afghanistans und Pakistans sowie der UdSSR und der Vereinigten Staaten am 14. April 1988 einen Friedensvertrag (Geneva Accord). 1989 verließen die sowjetischen Truppen das Land. Nun versank Afghanistan vollends in Anarchie, zumal die Widerstandsgruppen weder in die Gespräche noch in das Abkommen von Genf eingebunden waren. Die gemäßigten Gruppierungen der Islamisten wurden weiter an den Rand gedrängt. Der sowjetischen Besatzung folgte ein Bürgerkrieg, der die Opferbilanz weiter in die Höhe trieb und in Afghanistan viele neue Gräber entstehen ließ. Die Aufnahme vom März 1996 zeigt eine Frau in Kabul, die ihren getöteten Mann betrauert.

Der afghanische Bürgerkrieg

Der Abzug der sowjetischen Truppen aus Afghanistan bedeutete keineswegs das Ende der Kampfhandlungen. Noch drei Jahre lang konnte sich das kommunistische DVPA-Regime unter Nadschibullah durch die Unterstützung privater Milizen und sowjetischer Militär- und Nahrungsmittelhilfen an der Macht halten. Erst nachdem sich die USA und die Sowjetunion 1991 darauf verständigt hatten, sämtliche Unterstützung für Afghanistan zum 1. Januar 1992 einzustellen – ein Zeitpunkt, der dann kurioserweise mit der Auflösung der Sowjetunion zusammenfiel –, wechselten die bis dato regierungstreuen Milizen auf die Seite der Widerstandsparteien.

Aus heutiger Perspektive mutet es verblüffend an, dass die Mudschaheddin weder für den Fall des sowjetischen Truppenabzugs noch für den des Regierungssturzes eine erkennbare Strategie zur politischen Neugestaltung Afghanistans parat hatten und es nicht verstanden, aus diesen Ereignissen politisches Kapital zu schlagen. Ein Blick zurück in die 1980er-Jahre offenbart jedoch den Grund für die fehlende Organisationskraft: Unter den Widerstandsparteien gab es erhebliche interne Differenzen, die seit Mitte der 1980er-Jahre häufig in offene Kämpfe mündeten. Machtpolitische Interessen und die persönliche Rivalität zwischen Achmad Schah Massud und Gulbuddin Hekmatyar bestimmten die Regierungsübernahme der Widerstandsparteien am 28. April 1992 (auf den Tag genau 14 Jahre nach der »Saur-Revolution«) wie auch den Verlauf des kurz darauf beginnenden Bürgerkriegs.

Machtverteilung unter Siegern

Trotz der Übereinkünfte von Peschawar (27. April 1992) und Islamabad (7. März 1993) zwischen Vertretern der Widerstandsparteien, die mehr oder weniger detaillierte »Fahrpläne« für die Regierungsbildung bis zu unabhängigen Wahlen vorsahen, waren die ehemaligen Mudschaheddin nicht in der Lage, ihre Macht zu konsolidieren. Den Abkommen mangelte es an Legi-

I. Historische Entwicklungen

timität, weil wichtige politische Akteure wie der usbekische General Raschid Dostum und Vertreter schiitischer Gruppen nicht in die Verhandlungen einbezogen worden waren. Hekmatyar trug man zweimal die Position des Premierministers an. Er be-

Private Milizen

In den 1980er-Jahren formierten sich in allen Teilen Afghanistans lokale, nach Stämmen und teilweise Ethnien organisierte Kampfeinheiten. Aufgrund der Schwäche der afghanischen Armee baute die Regierung aktiv und systematisch eigenständige (»private«) Milizverbände auf, um gegen die Mudschaheddin vorzugehen. Ein berühmtes Beispiel dafür ist die multi-ethnische Dschusdschan-Miliz (benannt nach der Herkunftsprovinz Dschusdschan im Norden Afghanistans) des Usbeken Raschid Dostum. Die ursprünglich zur Verteidigung der im Norden erschlossenen Gasfelder organisierte Miliz erwies sich mit ihrem äußerst brutalen Vorgehen gegen Zivilisten und Regimegegner als sehr effektives Instrument der Regierung. Belohnt wurde dies nicht nur mit Geld, über welches das Regime aufgrund ausländischer Unterstützung verfügte, sondern auch symbolisch: Viele Milizen erhielten den Status regulärer Armeeeinheiten. So wurde die Dschusdschan-Miliz 1990 zur 53. Division.

Nach dem Abzug der sowjetischen Truppen weiteten die Milizen ihre Kontrolle in den von ihnen beherrschten Gebieten auf Geheimdiensteinheiten, Polizei und administrative Strukturen aus. So etablierte Dostum in Nordafghanistan einen vom Zentrum weitgehend unabhängigen Quasi-Staat, der neben Auslandsvertretungen in sieben Ländern auch über Kriegstechnik und jederzeit mobilisierbare Kämpfer im Umfang von 80 000 bis zu 200 000 Mann verfügte, die einzelnen Kommandeuren unterstanden. Ihre Loyalität gegenüber Dostum beruhte auf der von ihm gewährten Teilhabe an Einkommen aus der Kriegsökonomie und Geldern aus dem Ausland. Darüber hinaus legte er bereits in der ersten Hälfte der 1990er-Jahre mit der strategischen Integration der Dschusdschan-Miliz in die neu gegründete Dschumbesch-Partei (Partei der Nationalen Islamischen Bewegung) den Grundstein zur Absicherung seiner Verwaltungs- und Machtstrukturen nach dem Ende der Talibanherrschaft. Heute stellt die Dschumbesch einen wichtigen Akteur in der politischen Landschaft Afghanistans dar und steht exemplarisch für die formale Umwandlung eigenständiger Milizverbände in Parteistrukturen.

gann noch vor Amtsantritt der ersten Übergangsregierung, diese und alle folgenden Regierungen unter Präsident Burhanuddin Rabbani, in denen Massud als Verteidigungsminister fungierte, aktiv zu bekämpfen. Hekmatyar war vom pakistanischen Geheimdienst Inter-Services Intelligence (ISI) aufgebaut worden und sollte die Macht in Kabul möglichst allein übernehmen, um die wirtschaftlichen Interessen des Nachbarstaates – Bau einer Erdgas-Pipeline von Turkmenistan über Afghanistan nach Pakistan – abzusichern.

Neben Pakistan verfolgten auch weitere Nachbarn und Regionalmächte (z.B. Saudi-Arabien) ihre eigenen Partikularinteressen, indem sie bestimmte Parteien und Persönlichkeiten massiv förderten und damit eine innerafghanische Einigung erschwerten. Dem Afghanistan-Konflikt fehlte nach dem Rückzug der USA und der Sowjetunion somit zwar die weltpolitische Dimension des Kalten Krieges, er verkörperte aber auf regionaler Ebene die rivalisierenden Vorstellungen der unterschiedlichen Nachbarstaaten zum Aufbau des afghanischen Staates. Die Koalitionsparteien der Regierung unter Rabbani wurden von Indien, Russland und Saudi-Arabien unterstützt, teilweise um dem Einfluss Pakistans und der USA entgegenzuwirken. Die von der Regierungsbildung ausgeschlossenen Fraktionen, Dostum mit seiner mehrheitlich usbekischen Dschusdschan-Miliz oder auch schiitische Gruppen, suchten gleichwohl ausländische Unterstützung und fanden sie in Usbekistan und im Iran.

Zusätzlich zu den bewaffneten Auseinandersetzungen zwischen den zwei bedeutendsten islamistischen Parteien, der Hisb-e Islami (Islamische Partei Afghanistans) Hekmatyars und der Dschamiat-e Islami (Islamische Gesellschaft) des Tadschiken Rabbani, brach ab Anfang Juni 1992 der Konflikt zwischen der vom Iran unterstützten schiitischen Hisb-e Wahdat (Einheitspartei) und der von Saudi-Arabien finanzierten Etehad-e Islami (Islamische Union für die Befreiung Afghanistans) von Rasul Sayyaf auf. Innerhalb von zwei Monaten nach Machtübernahme der Mudschaheddin in Kabul zerfielen die Hauptstadt sowie das gesamte Land in Einflussbereiche verschiedener bewaffneter Konfliktparteien unter der Führung charismatischer Kommandeure.

Auf nationaler Ebene waren dies die schiitische Hisb-e Wahdat unter Abdul Ali Masari in den zentralen Provinzen, Dostum

I. Historische Entwicklungen

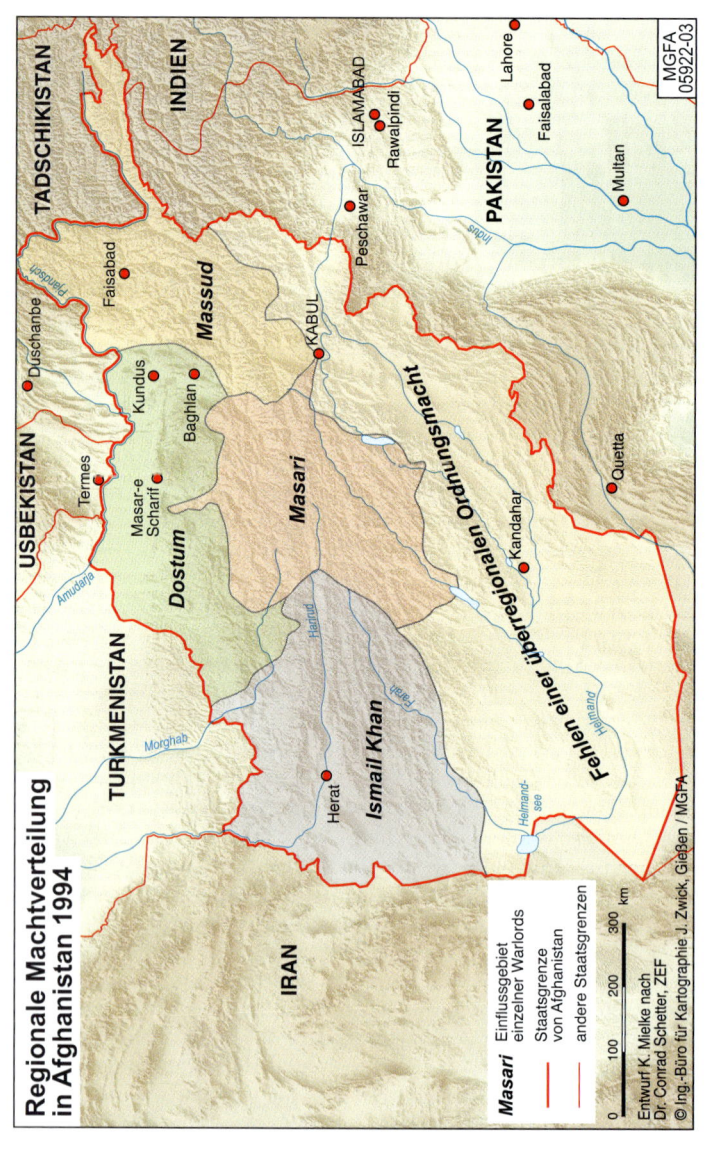

im Norden, Massud im Nordosten, paschtunische Koalitionen im Süden und Südosten sowie Ismail Khan im Westen. Alle diese regionalen Fraktionen wiesen im ökonomischen Bereich eine weitaus engere Verflechtung mit den an ihren Einflussbereich grenzenden Nachbarstaaten auf als mit anderen Landesteilen Afghanistans. Der politische Zerfall des Landes in regionale Herrschaftsbereiche resultierte in erster Linie aus dem Unvermögen der Rabbani-Regierung, das Gewaltmonopol über Teile Kabuls hinaus durchzusetzen. Während Führer wie Dostum von Masar-e Scharif aus und Ismail Khan in Herat autonome, halbstaatliche Strukturen mit eigenen, relativ gut funktionierenden Ordnungssystemen etablieren konnten, wurde der Kampf um die zentrale Macht in Kabul ausgetragen. In der Hauptstadt waren seit Begründung des afghanischen Zentralstaats alle Regierungseinrichtungen ansässig. Dies erklärt, warum Kabul als Symbol des Staates heftig umkämpft wurde: In der Wahrnehmung der Konfliktparteien bedeutete die Kontrolle über die Hauptstadt gleichzeitig die Herrschaft über das gesamte Land.

Terror unter der Zivilbevölkerung

Die Folgen des einsetzenden Kampfes für die Bevölkerung waren verheerend. Nachdem die Stadt und ihre Einwohner unter der sowjetischen Besatzung weitgehend verschont geblieben waren, forderten die permanente Bombardierung und Gefechte zwischen den Konfliktparteien eine dramatisch hohe Zahl an Opfern. Von den rund zwei Millionen Bewohnern vor Beginn des Bürgerkriegs kamen 60 000 bis 80 000 Menschen infolge der Kriegshandlungen um, eine halbe Million floh innerhalb des ersten Kriegsjahres 1992. Weitere Fluchtwellen folgten, bevor sich die Kampfhandlungen 1994 zunehmend über die Hauptstadt hinaus in die Provinzen ausdehnten. Verschiedenen Angaben zufolge lebten 1996, zum Zeitpunkt der Machtübernahme der Taliban in Kabul, nur noch 300 000 bis 600 000 Menschen in der Stadt.

Den Verlauf des Bürgerkriegs prägten häufig wechselnde Allianzen der in sich heterogenen Konfliktparteien. Deren militärische Verbände setzten sich aus Einheiten untereinander kon-

I. Historische Entwicklungen

Der Dschihad

Der Dschihad (arab. *jihad*, wörtlich aus dem Arabischen: sich bemühen) bildet neben den fünf klassischen Säulen (Glaubensbekenntnis, Gebet, Fasten, Almosen, Pilgerfahrt) ein weiteres wichtiges Prinzip des Islams. Die klassische juristisch-moralische Lehre des Islams unterscheidet zwei Formen des Dschihad. Der »große Dschihad« meint das Streben, die eigenen Schwächen und Laster zu überwinden, ein gottgefälliges Leben zu führen und den islamischen Glauben durch Wort und vorbildhaftes Verhalten zu verbreiten. Der »kleine Dschihad« verlangt von den Gläubigen das Gebiet des Islams zu verteidigen und auszudehnen, wenn nicht anders, dann auch durch Gewaltanwendung innerhalb der von den muslimischen Juristen gesetzten Grenzen. Ein Koranvers, der oft als Grundlage der kriegerischen Form des Dschihad herangezogen wird, lautet: »Kämpft gegen diejenigen, die nicht an Allah und an den Jüngsten Tag glauben, und die das nicht für verboten erklären, was Allah und Sein Gesandter für verboten erklärt haben, und die nicht dem wahren Glauben folgen – von denen, die die Schrift erhalten haben, bis sie eigenhändig den Tribut in voller Unterwerfung entrichten.« (Sure 9, 29)

kurrierender Kommandeure zusammen, die relativ autonom agierten und deshalb ihre Kampfkraft meistbietend verkaufen konnten. Ideologische Motive allein, auf die beispielsweise im »Heiligen Krieg« (Dschihad) gegen die sowjetische Besatzung zurückgegriffen wurde – »Islam« gegen »Kommunismus« –, können das Verhalten der Akteure nicht erklären. Der bewaffnete Konflikt entwickelte vielmehr vor dem Hintergrund des Zerfalls des politischen Systems und der Schwäche staatlicher Strukturen eine Eigendynamik. Der Kriegszustand eröffnete eine breite Spanne von Einkommensmöglichkeiten für lokale Kommandeure, angefangen vom Waffenhandel über die Besteuerung grenzüberschreitender Güter und Transporte bis hin zum Opiumanbau oder dem Ausverkauf von natürlichen Ressourcen. Die Verdienstmöglichkeiten wiederum mögen zum Teil das Interesse der beteiligten Kriegsfürsten und Milizen an der Aufrechterhaltung des staatlichen Schwächezustands erklären. Diese Situation trug wesentlich dazu bei, dass es die Mudschaheddin-

Der afghanische Bürgerkrieg

Kriegszerstörungen: Fahrradfahrer in Kabul.

Koalitionen im Verlauf der 1990er-Jahre nicht geschafft haben, Frieden herzustellen oder ein repräsentatives Regierungssystem auf der Grundlage institutioneller Verfahren aufzubauen. Der gewaltsame Machterhalt, Rivalitäten und das persönliche Gewinnstreben vieler Kriegsakteure auf Kosten der Bevölkerung bereiteten einen fruchtbaren Boden für das erfolgreiche Vordringen der Taliban seit 1994; denn mit ihnen verbanden viele Afghanen die Hoffnung auf einen dauerhaften Frieden.

Katja Mielke

Im Kabuler Vorort Darulaman ließ König Amanullah in den 20er-Jahren des 20. Jahrhunderts einen Palast errichten und ihn durch eine Allee mit der Stadt verbinden. Der deutsche Architekt Walter Horten hatte an diesem Projekt, das den Aufbau eines modernen afghanischen Staates symbolisierte, als königlicher Baumeister entscheidenden Anteil. Für die Entwicklung des neuen Stadtteils nahm er Planungen der Stadt Karlsruhe aus dem 19. Jahrhundert zum Vorbild.

Der Palast war Schauplatz der Liquidierung von Präsident Amin durch sowjetische Spezialkräfte 1979. Im Bürgerkrieg nach 1989 zerstörte Artilleriebeschuss das Gebäude weitgehend. Ende 2004 konstituierte sich in Düsseldorf eine Stiftung, die als Vision neben der Wiederherstellung des Palastes als Parlamentssitz die Neuentwicklung des gesamten Stadtteils zum Diplomatenviertel verfolgt. Die Zukunft von Bauwerk und Projekt ist allerdings unsicher.

Trotz der Beendigung des fundamentalistischen Taliban-Regimes 2001 ist Afghanistan von Frieden und Stabilität weiterhin weit entfernt. Während sich westliche Modelle von Staatsbildung und Modernisierung teilweise als untauglich erweisen, erleben die Taliban im Süden des Landes eine Renaissance und bedrohen das Engagement der Internationalen Gemeinschaft.

Die Taliban und die Neuordnung Afghanistans

Als im November 2001 Luftangriffe der Coalition Forces das Regime der Taliban binnen weniger Tage hinwegfegten, gingen Analysten davon aus, dass deren Herrschaft nun Geschichte sei. Die einhellige Meinung war damals, dass es sich bei den Taliban um eine künstliche, von Pakistan geschaffene militant-islamistische Bewegung handle, die kaum Rückhalt in der Bevölkerung genieße. Wenige Jahre später stellt sich die Situation anders da. Die Taliban kontrollieren weite Teile Süd- und Südostafghanistans und haben die Truppen der Koalition in die Defensive gedrängt.

Die Taliban (Singular talib, eigentlich Koranschüler in der Ausbildung zum Mullah) traten das erste Mal im Spätsommer 1994 in Südafghanistan auf. Ihr rasches Ausgreifen begünstigte der einfache Umstand, dass sich ihnen kein ernst zu nehmender Gegner in den Weg stellte. Die wenigen widerspenstigen Kriegsfürsten machten sich die islamistischen Krieger Allahs durch finanzielle Zuwendungen gefügig. Nach der Einnahme Herats im Oktober 1995 marschierten die Taliban im September 1996 in Kabul ein. Am Tag, als die Hauptstadt fiel, wurde der ehemalige Präsident Nadschibullah, der sich seit 1992 in UN-Gewahrsam befand, hingerichtet. Pakistan und Saudi-Arabien erkannten die Taliban umgehend als neue Regierung an.

Besonders Pakistan galt stets als starke Kraft hinter der aufstrebenden Organisation. Der pakistanische Geheimdienst förderte die Bewegung in substanzieller Weise. Auch die USA waren anfangs an den Taliban interessiert, da sie sich von ihrer Herrschaft die notwendige Stabilität erhofften, um von der amerikanischen Firma UNOCAL eine Erdgas-Pipeline zwischen Turkmenistan und Pakistan bauen zu lassen. Allerdings distanzierte sich Washington seit 1996 von den Taliban, da die amerikanische Öffentlichkeit diese zunehmend negativ beurteilte.

Die Einnahme Kabuls veranlasste die Parteien, die sich bis 1996 bis aufs Blut bekämpft hatten (vgl. den Beitrag von Katja Mielke zum Bürgerkrieg), sich zur »Allianz für die Rettung des Vaterlands« – im Volksmund Nordallianz – zusammenzuschließen. Das Bündnis geriet in den folgenden Jahren immer stärker

I. Historische Entwicklungen

unter den Druck der Taliban. Letztere nahmen 1998 Masar-e Scharif ein und brachten auch Nord- und Zentralafghanistan unter ihre Kontrolle. Allein Massud, der Badachschan und das Pandschir-Tal kontrollierte, blieb für sie ein ernst zu nehmender Gegner. Zwei Tage vor dem 11. September 2001 kam er bei einem Attentat ums Leben (vgl. den Beitrag von Karl Ernst Graf Strachwitz zu Achmad Schah Massud).

Die Taliban rekrutierten sich anfangs überwiegend aus den Koranschulen (Medressen) in Afghanistan und Pakistan, die hier seit den 1980er-Jahren im Zuge des Dschihad gegen die Sowjets entstanden waren. Die Koranschüler stammen bis heute meist aus sozial einfachen Verhältnissen und haben ihre Wurzeln in den afghanischen Flüchtlingslagern. Wenngleich es unter den Taliban auch recht viele Mudschaheddin gab, distanzierten sie sich öffentlich von den Mudschaheddin-Parteien, die durch Gräueltaten spätestens seit 1992 ihren Ruf als »Heilige Krieger« verspielt hatten. Die anfängliche Akzeptanz der Taliban in der Bevölkerung ist vor allem darauf zurückzuführen, dass deren Kämpfer durch die Entwaffnung von Milizen und die Einführung harter Strafen in dem vom Krieg geschüttelten Land die öffentliche Sicherheit wieder herstellten. Kriminalität und Wegelagerei wurden durch ihr strenges Regime drastisch eingedämmt.

Ziel der Taliban ist es bis heute, Afghanistan in einen »Gottesstaat« nach dem Vorbild der islamischen Frühzeit zu verwandeln. 1996 wurde aus der »Islamischen Republik« das »Islamische Emirat Afghanistan«. Die Gesetze der Scharia mit abschreckenden Strafen für bestimmte Vergehen (z.B. Steinigung bei Ehebruch) wandten die Taliban rigoros an. Verbote gegen das Rasieren, Tanzen oder Musikhören, gegen Fotoporträts und Fernseher entsprachen einer eigenwilligen Interpretation der religiösen Schriften. Leidtragende dieser Politik waren vor allem Frauen: Die Taliban verbannten sie durch die Pflicht des Ganzkörperschleiers (Burka), ein generelles Arbeitsverbot für Frauen und die Schließung der Mädchenschulen aus dem öffentlichen Leben.

Allerdings war die Sittenstrenge der Taliban weniger von den Moralvorstellungen der Scharia als vielmehr vom Ehrbegriff des paschtunischen Verhaltenskodex (Paschtunwali) geleitet. Die Verdrängung der Frau aus dem öffentlichen Leben, die Steinigung »befleckter« Frauen und die Aufnahme der Blutrache in den gültigen Rechtskanon entsprachen Stammesvorstellungen und liefen teilweise sogar der Auslegung der Scharia zuwider. Unter den Taliban stieg der »Islam paschtunischer Prägung«, der für die Flüchtlingslager typisch war, zur dominierenden Vorstellung auf. Insbesondere der seit dem sowjetischen Krieg einäugige Taliban-Führer Mullah Omar symbolisiert diese Verbindung stammesbasierter und religiöser Vorstellungen: Mullah Omar entstammte den Hotak-Ghilsai und rückte damit in verwandtschaftliche Nähe zu Mir Wais, dem Gründer des ersten paschtunischen Reichs Anfang des 18. Jahrhunderts. In Anlehnung an den zweiten Kalifen, der Anfang des 8. Jahrhunderts gelebt hatte, bezeichnete er sich auch als »zweiter Omar« und nahm den Titel Amir al-Muminin (»Herrscher der Gläubigen«) an.

Während die ländlichen paschtunischen Gebiete von den Anordnungen der Taliban weitgehend verschont blieben, gerieten besonders Herat und Kabul unter die Aufsicht strenger Sittenwächter. Ein Grund hierfür dürfte der sprachliche und ethnische Gegensatz zwischen den paschtosprachigen Taliban und der persischsprachigen, überwiegend tadschikischen Bevölkerung dieser Städte gewesen sein. Auch hegten die Taliban eine generelle Abneigung gegenüber dem urbanen Milieu, in dem ihre ländlichen Werte nicht griffen. Schließlich galt Kabul auch als Sündenbabel und verhasster Hort des Kommunismus.

Der 11. September 2001

Der radikale Islamismus der Taliban bedingte ihr schlechtes Verhältnis zu den Vereinten Nationen und anderen internationalen Organisationen. Afghanistan entwickelte sich zur Drehscheibe eines globalisierten Netzwerks militanter Islamisten, was in der Entstehung von Al-Kaida unter Führung Osama Bin Ladens mündete. So wurden die Anschläge auf die US-Botschaften in Daressalam und Nairobi im August 1998 Osama Bin Laden zugeschrieben. Am 19. Dezember 2000 beschlossen die UN auf Druck der USA Sanktionen gegen die Taliban, da diese sich weigerten, Osama Bin Laden auszuliefern. Die Antwort des Regimes ließ nicht lange auf sich warten: Am 10. März 2001 ließ Mullah Omar die Statuen von Bamian zerstören, die zum Weltkulturerbe der

I. Historische Entwicklungen

UNESCO zählen. Am 5. August 2001 verhafteten seine Krieger Mitarbeiter der Hilfsorganisation »Shelter Now« mit dem Vorwurf, sie betrieben im Land christliche Missionierung.

Die Anschläge des 11. September verdeutlichten in erschreckender Weise die Bedeutung Afghanistans als Rückzugsraum für militante Islamisten. Am 20. September forderten die USA erneut die Auslieferung Osama Bin Ladens von der Regierung in Kabul. Diese reagierte mit einer Schaukel- und Verzögerungspolitik, kam jedoch dem Ultimatum nicht nach. Währenddessen bauten die USA mit der »Coalition against Terrorism« ein Bündnis auf, das nicht allein die NATO-Mitglieder und Russland umfasste, sondern auch den Taliban nahe stehende Länder wie Saudi-Arabien und Pakistan.

Am 7. Oktober begann die US-Luftwaffe im Rahmen der Operation »Enduring Freedom« Stellungen der Taliban zu bombardieren. Gleichzeitig versuchte die Nordallianz, mit logistischer Unterstützung der USA und Großbritanniens von Norden her die Kampflinien der Taliban zu durchbrechen. Anfang November brach deren Widerstand zusammen: Am 8. November nahm die Nordallianz Masar-e Scharif ein. Keine fünf Tage später, in der Nacht vom 12. auf den 13. November, zogen sich die Taliban aus Kabul zurück und überließen die Stadt der Nordallianz. Mit Kundus fiel am 25. November kampflos die letzte Taliban-Hochburg in Nordafghanistan. Tausende ihrer Kämpfer, denen man freies Geleit nach Südafghanistan versprochen hatte, kamen nach der Einnahme der Stadt unter ungeklärten Umständen ums Leben. Am 8. Dezember 2001 verloren die Taliban mit Kandahar ihre letzte wichtige Bastion und zogen sich in die paschtunischen Stammesgebiete in der unzugänglichen Grenzregion zu Pakistan und im südlichen Zentralafghanistan zurück.

Wiederaufbau im Rahmen des Petersberger Prozesses

Nach dem Fall der Taliban galt es, ein Machtvakuum in Kabul zu verhindern. Lakhdar Brahimi, den die Vereinten Nationen zum Sonderbotschafter für Afghanistan ernannt hatten, rief ver-

Die Taliban und die Neuordnung Afghanistans

Die Buddha-Statuen von Bamian

Die Stadt Bamian liegt 230 Kilometer nordwestlich von Kabul in Zentralafghanistan. Hier befanden sich bis zur Herrschaft der Taliban zwei weltberühmte, 35 und 53 Meter hohe, direkt in die rötlichen Sandsteinwände gehauene Buddha-Statuen. Die Statuen von Bamian, geschaffen wahrscheinlich zwischen 500 und 550 n.Chr., beschrieben chinesische Pilger schon im 7. nachchristlichen Jahrhundert und rühmten außer deren Größe auch die damals noch vorhandenen Malereien und Vergoldungen, die den Götterbildern insgesamt eine gewaltige Ausstrahlung verliehen haben müssen. Bamian war in vorislamischer Zeit ein wichtiger Handelsplatz und Sitz eines großen buddhistischen Klosters, von dem heute noch etwa 900 Wohnhöhlen im Fels zeugen. Die Stadt Bamian erlebte im 13. Jahrhundert die weitgehende Zerstörung durch Dschingis Khan und war Kampfgebiet im Ersten Anglo-Afghanischen Krieg 1838–1842. Noch während der sowjetischen Besatzung war Bamian einer der wichtigsten archäologischen Ausgrabungsorte in Afghanistan und ein beliebtes Ziel für Besucher. Mullah Mohammed Omar ließ die beiden Statuen am 12. März 2001 sprengen, nachdem zuvor der fast einen Monat dauernde Beschuss mit Panzern und Artillerie ohne Wirkung geblieben war. Trotz weltweiter Proteste fielen den Taliban außer den Statuen von Bamian auch die meisten buddhistischen Ausstellungsstücke des Museums in Kabul zum Opfer. *(bc)*

schiedene afghanische Gruppierungen zu Verhandlungen auf dem Petersberg bei Bonn (27. November bis 5. Dezember 2001) zusammen. Nach zähen Verhandlungen und unter massivem Druck der Vereinten Nationen und der USA einigten sich die Gesprächspartner auf einen Zeitplan für den politischen Wiederaufbau sowie auf eine Übergangsregierung. Als Übergangspräsident wurde Hamid Karsai auserkoren. Am 22. Dezember nahm die neue afghanische Regierung ihre Arbeit auf. Ihren Schutz hatte die International Security Assistance Force (ISAF) zu gewährleisten. Diese war mit einem UN-Mandat ausgestattet und umfasste zunächst 5000 Männer und Frauen, darunter ca. 2000 deutsche Soldaten.

In den folgenden vier Jahren konnten wichtige Ziele des Petersberger Abkommens – wenn auch mit zeitlicher Verzögerung – erreicht werden. So bestätigte eine Emergency Loya Dschirga im Juni 2002 Hamid Karsai als Präsidenten der Übergangsregierung. Hinter den Kulissen hatte der damalige US-Sondergesandte für Afghanistan, Zalmay Khalilzad, den ehemaligen Präsidenten Burhanuddin Rabbani und den ehemaligen König Sahir Schah dazu gedrängt, ihre Ambitionen auf ein staatstragendes Amt aufzugeben. Am 4. Januar 2004 verabschiedete eine »Constitutional Loya Jirga« die neue Verfassung des Landes. Diese strebte danach, Vorstellungen einflussreicher Gruppierungen, vor allem der Mudschaheddin, zu befriedigen, aber auch internationalen Standards gerecht zu werden: Afghanistan wurde zu einer Islamischen Republik, in der alle Verfassungsinhalte in Einklang mit dem Islam stehen müssen (Art. 3). Gleichzeitig legte die Verfassung demokratische Prinzipien als Grundlage der politischen Ordnung und die Gleichstellung von Mann und Frau (Art. 22) fest. Obgleich beide Loya Dschirgas bemüht waren, durch die Einbindung der traditionellen wie modernen Eliten den jeweiligen Veranstaltungen den Charakter allgemeiner politischer Teilhabe zu geben, fielen die Entscheidungen in Wahrheit jedoch nicht im Plenum, sondern hinter verschlossenen Türen. Zudem verkündete Karsai die Verabschiedung der neuen Verfassung, ohne dass über diese abgestimmt worden war. Die »Constitutional Loya Jirga« verdeutlichte, dass die realen Machtverhältnisse die Entscheidungsfindung in Afghanistan weit mehr beeinflussten als demokratische Spielregeln.

Die Taliban und die Neuordnung Afghanistans

In den beiden folgenden Jahren fanden Präsidentschafts- und Parlamentswahlen statt. Bei den Präsidentschaftswahlen am 9. Oktober 2004 setzte sich Hamid Karsai mit 55,5 Prozent gegen seine Konkurrenten Junus Kanuni (16,3 Prozent), Mohammed Mohaqqeq (11,6 Prozent) und Raschid Dostum (10,0 Prozent) durch. Die Letztgenannten erlangten die Mehrheit der Stimmen besonders in jenen Provinzen, in denen Tadschiken, Usbeken beziehungsweise Hasaras dominierten, was die ethnische Fragmentierung Afghanistans vertiefte. Die Wahlbeteiligung war mit acht Millionen sehr hoch, und der Anteil der Frauen lag bei 41 Prozent. Obgleich es bei der Vorbereitung der Präsidentschaftswahlen immer wieder zu Attentaten auf Wahlbüros und Wahlhelfer kam, blieb am Stichtag die befürchtete Welle der Gewalt aus.

Die Parlamentswahlen, die am 18. September 2005 abgehalten wurden, fanden hingegen trotz eines enormen logistischen Aufwands bei der Bevölkerung nur wenig Anklang. Die Wahlbeteiligung lag unter 50 Prozent. Der Enthusiasmus über die Einführung demokratischer Prinzipien war einer breiten Ernüchterung gewichen. Beide Abstimmungen konnten zudem kaum als fair und frei bezeichnet werden, da Gewaltandrohungen die Regel und Wahlfälschung weit verbreitet waren. Viele der Kandidaten – nicht selten selbst in Kriegsverbrechen und Organisierte Kriminalität verstrickt – verstanden den Begriff »Wahlkampf« im wörtlichen Sinn.

Mit den Parlamentswahlen war der Petersberger Prozess abgeschlossen. Wenn dies auch auf dem Papier als ein Erfolg gewertet werden konnte, war das Land von Frieden und Stabilität doch noch weit entfernt. Daher einigte sich die Internationale Gemeinschaft am 31. Januar 2006 in London im »Afghanistan Compact« darauf, ihr Engagement im Land fortzuführen. Der Sturz der Taliban hatte nicht das Ende des Afghanistankriegs eingeläutet, sondern nur eine neue Runde der Konfliktaustragung: Die starken Einzelinteressen örtlicher Machthaber, eine blühende Drogenökonomie sowie verbreitete Korruption und Patronage behinderten den Wiederaufbau, und Süd- und Südostafghanistan wurden zum Schlachtfeld eines neuen Krieges – diesmal unter Beteiligung der USA und der NATO (vgl. den folgenden Beitrag von Bernhard Chiari).

I. Historische Entwicklungen

Der Bürgermeister von Kabul

Obgleich Hamid Karsai als Regierungsoberhaupt bestätigt wurde, blieb er ein schwacher Präsident. Den Spielraum der Regierung schränkte zudem ein, dass ihr einerseits nur ein geringes Budget ausländischer Gelder zustand, sie aber andererseits selbst nicht über die Mittel verfügte, Zölle oder Steuern einzutreiben. Zudem waren die Trägerstrukturen innerhalb der staatlichen Verwaltungen schwach ausgebildet. Das niedrige Niveau der Gehälter bedingte ein permanentes Abwandern qualifizierter Kräfte zu gut zahlenden internationalen Organisationen. Die Rekrutierung staatlicher Mitarbeiter folgte einem traditionellen Verständnis von persönlichen Netzwerken; Seilschaften und Günstlingswirtschaft kamen zum Zuge. Korruption beherrschte die Verwaltung und delegitimierte die Regierung in den Augen vieler Afghanen.

Eine weitere Ursache für die Schwächung des Staats war, dass Kriegsfürsten wie Raschid Dostum und Ismail Khan, der »Emir von Herat«, die einst der Nordallianz angehörten, unmittelbar nach Vertreibung der Taliban das Land unter sich aufteilten, ohne sich um den neuen Zentralstaat zu kümmern. Der Aktionsradius der Übergangsregierung reichte daher kaum über die Stadtgrenze Kabuls hinaus. Allein die Präsenz der internationalen Kontingente sorgte dafür, dass die Hauptstadt nicht Schauplatz gewaltsamer Kämpfe zwischen rivalisierenden Kriegsfürsten wurde. In den Provinzen waren Überfälle, Enteignungen und willkürliche Gewaltanwendung durch Machthaber, Milizen und marodierende Banden an der Tagesordnung. Immer wieder flackerten Kämpfe auf. Die Regierung funktionierte zudem nicht als Gegenpol zu den partikularen Kräften im Land, da sich gerade unter den Gouverneuren und Polizeichefs der Provinzen viele Kriegsfürsten finden. Warlords wie Mohammed Fahim oder Raschid Dostum und Islamisten wie Rasul Sayyaf und Burhanuddin Rabbani, die sich als Sprachrohr der Mudschaheddin profilierten, übten zudem von Anfang an gehörigen Einfluss auf die Politik Hamid Karsais aus. Schließlich bildete sich 2007 mit der Nationalen Front eine politische Bewegung der Unzufriedenen, der sich sowohl Mudschaheddin-Führer, wie Kommunisten, Kriegsfürsten und sogar Royalisten anschlossen. Gerade die

Die Taliban und die Neuordnung Afghanistans

Politische Kontrahenten: Hamid Karsai und Junus Kanuni

Die fast gleichaltrigen Politiker Hamid Karsai (*1956) und Junus Kanuni (*1957) sind die prominentesten politischen Führer der Post-2001-Ära. Beide treten im Kampf um die zentrale Macht in Afghanistan als Kontrahenten auf. Der Popalsai-Paschtune Karsai entstammt einer Nebenlinie des Königshauses. Als Sohn eines prominenten Politikers lebte er während des Krieges überwiegend in Indien und den USA. Der Tadschike Junus Kanuni dagegen kommt aus dem Pandschir-Tal. Zur Zeit der sowjetischen Invasion kämpfte er in Afghanistan und stieg zur rechten Hand Achmad Schah Massuds auf. Kanuni gilt als der Intellektuelle unter den Pandschiris. Er vertritt islamistische Positionen und führte die Delegation der Nordallianz bei den Friedensverhandlungen auf dem Petersberg bei Bonn an. Demgegenüber steht Hamid Karsai eher für das traditionelle Establishment. Wenngleich er Kanuni 2002 zunächst als Innenminister und dann als Erziehungsminister in sein Kabinett berief, offenbarten sich bald die Rivalitäten zwischen beiden Politikern. Bei den Präsidentschaftswahlen 2004 zog Kanuni deutlich den Kürzeren. Karsai verfügt vor allem in den paschtunischen Siedlungsgebieten über beträchtliche Unterstützung, während Kanuni im tadschikischen Nordosten seine Hochburg hat. Gegenwärtig ist Kanuni Sprecher des neu gewählten Parlaments und bleibt damit schärfster Kritiker Karsais. Beim Ringen um die Präsidentschaft dürfte Kanunis tadschikische Herkunft auch zukünftig sein größtes Handicap bleiben. *(cs)*

Der damalige Innenminister Junus Kanuni (Bildmitte) unterzeichnete im Januar 2002 im Beisein von Außenminister Abdullah Abdullah (links) und Verteidigungsminister Kasim Fahim (rechts) den Vertrag zur Stationierung ausländischer Streitkräfte auf dem Gebiet Afghanistans.

I. Historische Entwicklungen

politische Unbestimmtheit dieser Bewegung verdeutlicht, dass die gegenwärtige Regierung nur über eine geringe Akzeptanz unter den politischen Eliten verfügt.

Dem Aufblühen der geschilderten Gewaltstrukturen standen die zunächst zaghaften und schleppenden Bemühungen der Internationalen Gemeinschaft gegenüber, durch den Aufbau afghanischer Sicherheitskräfte und eine Entwaffnung der Milizen ein staatliches Gewaltmonopol herzustellen. Im Herbst 2002 schlugen die USA einen neuen Weg ein, indem sie in größeren Städten Provincial Reconstruction Teams (PRTs) etablierten, die sich aus ungefähr 50 bis 400 Militärs und Entwicklungshelfern zusammensetzten und teilweise unter ISAF-Mandat standen. Die Bundeswehr übernahm die PRTs in Kundus (im November 2003) und in Faisabad (September 2004). Seit 2006 gehört ganz Nordafghanistan zum deutschen militärischen Verantwortungsbereich. Das Bundeswehr-Kontingent der ISAF mit bis zu 4500 Mann, dessen Mandat der Deutsche Bundestag zuletzt im Oktober 2008 um 14 Monate verlängerte, hat seine operative Zentrale in Masar-e Scharif. Im Gegenzug zum Engagement im Norden zog Deutschland das Gros seiner Truppen aus der Hauptstadt Kabul ab.

Obgleich Hamid Karsai das Problem des Kriegsfürstentums nicht aus der Welt schaffen konnte, gelangen ihm kurzzeitig Achtungserfolge. So bemühte er sich, die Provinzgouverneure, unter denen der Anteil der Warlords besonders hoch war, von Verwaltungsbezirk zu Verwaltungsbezirk rotieren zu lassen, um eine Verfestigung ihrer Macht zu verhindern. Schließlich versuchte die Regierung, aus Auseinandersetzungen zwischen einzelnen Akteuren Profit zu schlagen: Als Ismail Khan durch Kämpfe mit konkurrierenden Kriegsfürsten geschwächt war, nutzte Hamid Karsai die Gelegenheit, um ihn im September 2004 als Gouverneur von Herat abzusetzen und als Minister für Energie in die Hauptstadt Kabul zu beordern. Der Präsident unterwarf ihn damit zumindest zum Teil zentralstaatlicher Kontrolle. Jedoch ist seit 2007 zu beobachten, dass Karsai immer seltener seinen Willen durchsetzen kann. Ein um das andere Mal scheiterte er mit der Wahl seiner Kandidaten an der Opposition lokaler Eliten, die drohen, die angespannte Sicherheitslage eskalieren zu lassen.

Renaissance der Taliban

Die internationale militärische Intervention in Afghanistan zeichnete sich von Anfang an durch ihre große Komplexität aus. So liefen zunächst zwei unterschiedliche Operationen parallel: Die Operation »Enduring Freedom« verfolgte das Ziel, die Taliban und Al-Kaida zu vernichten. Gleichzeitig hatte ISAF den Auftrag, ein sicheres Umfeld für den Wiederaufbau im Land zu schaffen. Aufgrund der zunehmenden Bindung der amerikanischen Truppen im Irak übernahm die NATO im Sommer 2003 die ISAF-Führung in Afghanistan. In den folgenden Jahren wurde der Verantwortungsbereich von ISAF erheblich ausgeweitet. Ihr unterstanden nun auch zunehmend militärische Verbände, die im Rahmen der Operation »Enduring Freedom« gekämpft hatten, seit Sommer 2006 auch das Gros der Truppen im umkämpften Süden und Südosten Afghanistans. Insgesamt stieg die Personalstärke der internationalen Kontingente kontinuierlich bis auf 71 500 Mann – und liegt damit trotzdem nur knapp über der Hälfte der sowjetischen Kräfte, die bis 1989 im Land stationiert waren.

Bereits mit dem Rückzug der Taliban offenbarte sich, dass die internationalen Truppen diese mit herkömmlichen Mitteln kaum schlagen konnten: Die Bombardierung von Tora Bora im Dezember 2001 sowie ein halbes Dutzend großangelegter Militäroperationen zeitigten kaum Erfolge. Auch gelang es nicht, Führer wie Osama Bin Laden oder Mullah Omar ausfindig zu machen. Im Gegenzug brachten die Taliban durch gezielte Anschläge und zunehmend auch Selbstmordattentate den Wiederaufbau in Süd- und Südostafghanistan zum Erliegen. Mehr noch waren sie seit 2005 in der Lage, die Internationale Gemeinschaft auch militärisch immer wieder herauszufordern. Bereits 2006 starben weit über 4000 Menschen bei Auseinandersetzungen zwischen NATO-Soldaten und den Taliban. Letzteren gelang es, im Sommer 2006 Kandahar mit einigen Tausend Kämpfern zu umzingeln und kurzfristig von Kabul abzuschneiden. Im Herbst 2006 zogen sich britische Einheiten gar aus einigen von den Taliban kontrollierten Distrikten vollends zurück. Da die NATO zunehmend in die Defensive geriet, stockte das Bündnis im Winter 2006/07 seine Kräfte auf. Der Afghanistan-Einsatz wurde immer stärker zur Zerreißprobe: Während NATO-Kontingente einzelner Mitgliedstaaten unter hohen Verlusten in Südafghanistan kämpfen, sorgen andere im Rest des Landes in einem vergleichsweise sicheren Umfeld für Stabilität. So nahm die Forderung der USA und anderer Bündnispartner, die die Hauptlast im Krieg gegen die Taliban tragen, vehement zu, Staaten wie Deutschland sollten sich stärker militärisch engagieren. 2007 sagte die Bundesregierung auf Anfrage der NATO die Entsendung von Aufklärungs-Tornados der Luftwaffe zu und verlegte diese Anfang April 2007 in das Krisengebiet. 2008 übernahm Deutschland zudem von Norwegen den Auftrag für die Quick Reaction Force (QRF) für Nordafghanistan und stellt damit echte Kampfeinheiten.

Die Taliban avancierten seit 2001 zum Sammelbecken derjenigen Kräfte, die mit der herrschenden Situation unzufrieden waren. So schloss sich Gulbuddin Hekmatyar, der im Frühjahr 2002 aus dem Iran nach Afghanistan zurückgekehrt war, den Taliban an, um die afghanische Regierung und die »ausländischen Kreuzritter« zu bekämpfen. Talib zu sein, avancierte nun im Unterschied zu den 1990er-Jahren zu einem Lifestyle, der sich jenseits ethnischer, religiöser oder sozialer Grenzen gegen jegliche Einmischung von außen richtete – ob durch militärische Prä-

Koranschule in Afghanistan.

senz, durch die Vernichtung von Schlafmohnfeldern oder durch die Einrichtung von Mädchenschulen. Gerade das militärische Vorgehen der US- und NATO-Truppen, bei dem irrtümlich auch Hochzeitsgesellschaften, Moscheen und Dörfer unter Beschuss gerieten, brachte den Taliban Zulauf. So befinden sich neben religiösen Eiferern Stammeskrieger, Drogenhändler, Söldner und hoch motivierte Islamisten aus aller Welt in ihren Reihen. Entsprechend dieser Vielschichtigkeit der Anhängerschaft agieren die Taliban – ähnlich wie bereits die paschtunischen Stämme gegen die Moguln im 18. Jahrhundert, die Briten im 19. Jahrhundert und die Sowjets in den 1980er-Jahren – in kleinen, unabhängigen Verbänden, die nur locker mit den Zentralen der Taliban in Quetta, Wasiristan und Peschawar verbunden sind.

Mit der Intensivierung des Krieges im Süden gewinnt auch die von Afghanistan bis heute nicht anerkannte Durand-Linie wieder an Aufmerksamkeit (vgl. den Infokasten auf S. 32). So nutzen die Taliban das unwegsame Terrain im Grenzgebiet zu Pakistan, um sich den Anti-Terroroperationen immer wieder zu entziehen, neu zu sammeln und Gegenangriffe zu starten. Als Reaktion weiteten die USA ihre Militäroperationen 2008 in die Stammesgebiete auf pakistanischer Seite aus. Diese Gewalteskalation in der Grenzregion verschlechtert die ohnehin äußerst problematischen afghanisch-pakistanischen Beziehungen. So kommt es seit Sommer 2003 zu Schuldzuweisungen zwischen Kabul und Islamabad. Schlummernde, ungelöste Konflikte der Vergangenheit wirken bis heute fort.

Perspektiven für den staatlichen Aufbau

Unmittelbar nach dem Sturz der Taliban setzte der zivile Wiederaufbau Afghanistans ein. So sagte die Internationale Gemeinschaft auf Geberkonferenzen in Tokio (21. Januar 2002), Berlin (31. März 2004), London (31. Januar bis 1. Februar 2006) und Paris (12.–13. Juni 2008) Milliardenbeträge für diesen Zweck zu. Um die Schaffung einer neuen Infrastruktur ins Werk zu setzen, strömten weit über tausend Hilfs- und Entwicklungsorganisationen nach Afghanistan, wo sie sich vor allem in Kabul konzentrieren. Mit den internationalen Organisationen zog ein westlicher Lebensstil ein, der die Kluft zwischen der Hauptstadt und dem übrigen Land verstärkte. Die Einzelinteressen der internationalen Organisationen, Geberländer und Nicht-Regierungs-Organisationen (NGOs) ließen sich weder in ein Gesamtkonzept integrieren, noch war eine zufriedenstellende Koordination möglich. Schließlich offenbarte sich bald, dass für den Wiederaufbau notwendige gesellschaftliche Voraussetzungen und eine breitere Trägerschicht fehlten. Neben staatlichen Strukturen war auch eine Zivilgesellschaft kaum vorhanden.

Obgleich eine Fülle verdienstvoller und auch sichtbarer Projekte anlief, zeigen sich die Afghanen über den Wiederaufbau enttäuscht, nachdem 2001 die Erwartungen recht hoch gesteckt worden waren. Viele Afghanen verstanden unter Wiederaufbau ausschließlich Nothilfe und die Schaffung einer greifbaren Infrastruktur. Demgegenüber verfolgt die Internationale Gemeinschaft das Ziel einer Modernisierung gesellschaftlicher Institutionen, was sich in der Einführung bislang kaum verankerter Prinzipien wie Partizipation, Geschlechtergleichstellung und guter Regierungsführung (Good Governance) ausdrückte. Dies löste bei Teilen der Bevölkerung nicht nur Frustration über un-

Internet-Cafe in Kabul.

Die Taliban und die Neuordnung Afghanistans

erfüllte Erwartungen aus, sondern führte auch zu einer Abwehrhaltung. Viele Afghanen befürchteten die Beseitigung kultureller, vor allem islamischer Traditionen, sowie die Infragestellung lokaler Macht- und Entscheidungsstrukturen. Der Unmut über die ausländische Präsenz und den schleppenden Wiederaufbau entlud sich beispielsweise am 29. Mai 2006: Nachdem ein US-Militärfahrzeug in Kabul einen Unfall verursacht hatte, brachen gewaltsame Proteste aus, in deren Verlauf die Gebäude mehrerer Entwicklungsorganisationen in Flammen aufgingen.

Auch stellt der Wiederaufbau kaum eine lukrative Alternative zur Drogenökonomie dar. Bereits Mitte der 1990er-Jahre war Afghanistan unter den Taliban zum weltweit größten Heroinproduzenten aufgestiegen. Ganze Regionen im Süden und Südosten des Landes leben seitdem von der Drogenwirtschaft, in die nicht nur die Taliban, sondern auch Regierungsbeamte verstrickt sind. Mehr als zwölf Prozent der afghanischen Bevölkerung sind direkt in das Opiumgeschäft involviert, und die Drogenökonomie entspricht wohl in etwa der Hälfte des offiziellen afghanischen Bruttoinlandsprodukts (BIP). Da einfache Bauern mit dem Anbau von Mohn das Vielfache von dem verdienen, was sie mit Getreide einnehmen, sind die Kapseln der »Poppies« für sie die einzige Möglichkeit der Existenzsicherung (vgl. den Beitrag von Katja Mielke zur Drogenökonomie).

In Afghanistan etablierte sich eine Instabilität auf hohem Niveau, die ihre Ursache seit Jahrhunderten in den ökonomischen und gesellschaftlichen Strukturen hat. Der abweisende Naturraum, die Konflikte zwischen Stadt und Land, der extreme Partikularismus, die kulturelle Heterogenität wie auch die Einmischung von außen werden wohl auch zukünftig die Entwicklung des Landes beeinflussen.

So stellt sich – ungeachtet dessen, wie der Wiederaufbau und die Schaffung zentralstaatlicher Strukturen vorankommen – die Frage, ob Afghanistan jemals in der Lage sein wird, seine Bevölkerung zu ernähren. Das Land am Hindukusch zählt zu den ärmsten Gegenden der Welt; zudem hat sich seine Bevölkerung in den letzten 20 Jahren trotz Krieg verdoppelt und wächst rasant weiter. Dagegen sind die naturräumlichen Potenziale stark begrenzt. Afghanistan weist bei einer Analphabetenrate von über 60 Prozent kaum das Humankapital auf, um Arbeitsplätze außerhalb der Landwirtschaft zu schaffen. Mangels ökonomischer Alternativen bleibt daher für viele Bauern und Händler auch in Zukunft der Anbau und das Geschäft mit Drogen der einzig gangbare Weg oder die Migration in die Megastädte Pakistans und Irans.

Auch die Konflikte zwischen Stadt und Land werden weiter andauern. Nicht allein das ökonomische Ungleichgewicht, sondern auch die verschiedenen gesellschaftlichen Vorstellungen spalten die Gesellschaft. Die Durchsetzung von Menschenrechten, Demokratie und Gleichstellung der Frau kann den urban geprägten Stadtbewohnern nicht schnell genug gehen, während weite Teile der ländlichen Bevölkerung diese Grundsätze für anti-islamisch halten und durch sie die traditionelle Gesellschaftsordnung gefährdet sehen. Die Bewegung der Taliban kann gerade in den Distrikten Südafghanistans auf die Unterstützung von Menschen zählen, die sich ökonomisch vernachlässigt, ethnisch nicht richtig repräsentiert und in ihren Werten und Normen nicht ernst genommen fühlen.

Die Verfolgung von Einzelinteressen stellt eine weitere Herausforderung für den Wiederaufbau dar. Der Zerfall des Landes in viele kleine Kriegsfürstentümer verhindert nicht allein die Schaffung eines staatlichen Gewaltmonopols, sondern bringt insgesamt das Fehlen physischer Sicherheit mit sich. Diese Situation ist nicht individuellen Warlords anzulasten: Diese Gewaltstrukturen prägen in Afghanistan vielmehr eine ganze Gesellschaft und existieren unabhängig von großen Führungspersönlichkeiten weiter.

Auch die kulturelle Heterogenität des Landes bleibt ein wesentlicher Konfliktherd, obgleich ein gesamtafghanisches Selbstverständnis unter den Einwohnern so stark ausgeprägt ist wie niemals zuvor. Die größte Schwierigkeit besteht darin, staatliche Institutionen wie Regierung, Verwaltung und Armee zu schaffen, die ethnisch, konfessionell und regional ausbalanciert sind. Die Einführung demokratischer Prinzipien dürfte dieses Problem nicht verringern, sondern eher noch verstärken. Zu groß ist die Gefahr, dass sich die Staatsgewalt in den Händen einer ethnischen oder regionalen Gruppierung bzw. von Stammesverbänden und Clans konzentriert, und sich weite Teile der Bevölkerung nicht vertreten fühlen.

Schließlich sind die ausländischen Interessen zu nennen. Nach wie vor bemühen sich die Nachbarstaaten darum, ihren Einfluss in Afghanistan geltend zu machen. Aufgrund seiner geopolitischen Lage werden auch in Zukunft Konflikte auf das Land am Hindukusch ausstrahlen, die mit ihm direkt nur wenig zu tun haben, beispielsweise der Kaschmir-Konflikt zwischen Pakistan und Indien oder das problematische Konkurrenzverhältnis zwischen Saudi-Arabien und dem Iran. Zudem ist Afghanistan durch die Ereignisse des 11. September 2001 kaum noch von der Landkarte der internationalen Politik wegzudenken: hier muss sich beweisen, dass es die Internationale Gemeinschaft mit dem Krieg gegen den Terror ernst gemeint hat. Scheitert der Wiederaufbau Afghanistans, hat die Internationale Gemeinschaft als Anti-Terrorkoalition versagt.

Der eskalierende Krieg zwischen den Taliban und der NATO in Süd- und Südostafghanistan verdeutlicht, dass die ausländischen Kräfte, die 2001 in Afghanistan intervenierten, um dem Land Frieden zu bringen, sehr schnell Teil des laufenden Konfliktes wurden. So ist es nicht unwahrscheinlich, dass wie in den vergangenen Jahrhunderten auch weiterhin über die Zukunft Afghanistans nicht dort, sondern in den Schaltzentralen der Macht wie New York, Washington, Moskau, Teheran und Islamabad entschieden wird. Wenn auch die komplexe Konfliktsituation kaum eine Prognose für die Zukunft des Landes zulässt, so kann doch davon ausgegangen werden, dass Afghanistans Weg in den Frieden von vielen Rückschlägen begleitet sein und wohl eher Jahrzehnte als Jahre dauern wird.

Conrad Schetter

Mehr als sieben Jahre nach der Konferenz auf dem Petersberg bei Bonn ist Afghanistan weit entfernt von Sicherheit und Stabilität. Die Anzahl von Angriffen gegen ISAF, die Zentralregierung und die afghanischen Sicherheitskräfte stieg 2008 (Stand November) auf einen Spitzenwert von etwa 8000. Dazu zählten etwa drei Fünftel Feuergefechte und -überfälle sowie jeweils ca. ein Fünftel Raketen- oder Mörserangriffe sowie Attacken mit Improvised Explosive Devices (IED) und Minen. Die Zahl der Selbstmordanschläge – bis 2005 in Afghanistan eine praktisch unbekannte Bedrohung – dürfte zum Jahresende 2008 bei etwa 120 liegen und sich damit auf Höhe des Vorjahres bewegen. Mehr als 250 Soldaten der Internationalen Gemeinschaft fielen 2008 in Afghanistan. Insgesamt starben nach UN-Angaben 2007 über 8000 Menschen, die Mehrzahl unter ihnen bewaffnete Oppositionelle, aber auch eine größere Anzahl von Zivilpersonen.

Gegnerische Militante Kräfte (Opposing Militant Forces, OMF) gehen zielgerichtet und öffentlichkeitswirksam gegen die Internationale Gemeinschaft vor. Schwerpunkt der Übergriffe sind der Süden und Osten des Landes. In den Südprovinzen – etwa in Helmand – eskalieren die Zwischenfälle bis hin zu Kampfhandlungen in größerem Umfang. Auf den relativ ruhigen Norden des Landes im Verantwortungsbereich des Regional Command (RC) North hingegen entfallen nach wie vor nur wenige Prozent der sicherheitsrelevanten Vorfälle – im Bild das Wrack eines Autos, in dem am 13. September 2008 der Gouverneur der südlich von Kabul gelegenen Provinz Logar, Abdullah Wardak, durch einen Anschlag ums Leben kam.

Aspekte von Sicherheit: Die Lage in Afghanistan und den pakistanischen Grenzgebieten zum Jahresende 2008

Glaubt man westlichen Medien, die in Afghanistan einen bevorstehenden Sieg der Taliban befürchten, so geht deren Strategie auf, mithilfe gezielter Anschläge und immer professionellerer Propaganda den durch den Westen abgesicherten Wiederaufbau zum Scheitern zu bringen und damit die afghanische Regierung nachhaltig zu schwächen. Tatsächlich waren sowohl die Zentralregierung von Hamid Karsai als auch die militärische Präsenz der ISAF bislang nicht in der Lage, die gewaltbereite Opposition in Afghanistan zurückzudrängen.

In den Südprovinzen tobte 2008 ein regelrechter Krieg. Als Schreckgespenst für die NATO gilt seit dem Frühjahr 2007 das südafghanische Helmand. Große Teile der Provinz befanden sich bis zum Spätherbst 2007 unter Kontrolle der Taliban. Diese setzten militärische Schwerpunkte nach Belieben. Allein in den nördlichen Distrikten Naw Zad, Musa Kala, Kajaki und Sangin kamen vermutlich 2000 ihrer Kämpfer zum Einsatz. Als Ergebnis gewaltsamer Auseinandersetzungen flohen mehrere Tausende Menschen aus der Region. Der Einfluss der Regierung beschränkte sich lediglich auf den Großraum der Provinzhauptstadt Lashkar Gar sowie auf wenige Ortschaften mit internationaler Truppenpräsenz. Die Stammesältesten hatten kaum die Möglichkeit und vielfach nicht den Wunsch, den Gotteskriegern nachhaltigen Widerstand entgegenzusetzen.

2008 konnten die Taliban ihre spektakulären Operationen des Vorjahres nicht wiederholen. ISAF gelangen im Verbund mit afghanischen Sicherheitskräften in Helmand militärische Erfolge gegen deren mangelhaft koordinierten Einheiten. Dennoch blieb dort die Lage für die westlichen Kräfte – nun zunehmend mit asymmetrischen Bedrohungsszenarien konfrontiert – prekär.

In anderen Landesteilen – so beispielsweise in Kundus und im Westen des von Deutschland geführten Regional Command North – nahm 2008 die Gewalt sogar deutlich zu. Selbst und gerade in der Hauptstadt Kabul ereigneten sich weltweit beachtete Anschläge. Standen Anfang 2007 etwa 44 000 Soldaten unter dem Mandat von ISAF bzw. OEF (Operation »Enduring Freedom«) im Land, waren es Ende 2008 ca. 71 500 Mann, und für 2009 kündigte die neue US-Regierung unter Barak Obama eine weitere substanzielle Aufstockung um bis zu 30 000 Soldaten an.

Die Allgegenwart der Gewalt unterstrich auf dramatische Weise die Notwendigkeit einer Gesamtstrategie für Afghanistan. Die Entstehung eines funktionsfähigen afghanischen Zentralstaates, dessen Macht in alle Regionen reicht und der über verlässliche Sicherheitskräfte verfügen kann, liegt trotz Teilerfolgen in manchen Bereichen – so etwa beim Aufbau der mittlerweile etwa 45 000 Mann starken Afghan National Army (ANA) oder im Bildungs- und Gesundheitswesen (vgl. die Beiträge von Conrad Schetter zu Staatlichkeit und Wiederaufbau) – insgesamt noch in ferner Zukunft. Afghanistans staatliche Organe und seine Polizei leiden unter regionalen Machtkämpfen, Korruption, mangelnder Ausbildung und der Verstrickung ihrer Repräsentanten in die Strukturen der Organisierten Kriminalität. Fallweise schließt die Polizei lokale Abkommen mit militanten Gruppen, duldet deren Operationen oder verkauft sogar Waffen an ihre Gegner. Nach einer repräsentativen Umfrage der »Asia Foundation« vom Sommer 2008 benannte eine deutliche Mehrheit von 36 Prozent der Afghanen die Sicherheit als das zentrale Problem ihres Landes.

Nicht alle Afghanen nehmen den Kampf militanter Aufständischer ausschließlich als terroristische Bedrohung war. Über ethnische und soziale Grenzen hinweg gibt es Vorbehalte gegenüber einer westlich geprägten Politik des Wiederaufbaus, die als eine Gefahr für örtlich gewachsene Werte und traditionelle Vorstellungen empfunden wird. Einen modernen Zentralstaat lehnen manche Menschen ebenso als etwas von außen Aufgezwungenes, Fremdes ab, wie die Präsenz westlicher, nicht-muslimischer Soldaten. Bei dem Wunsch, die eigene, nach wie vor nach herkömmlichen Stammesgesetzen organisierte Kultur zu schützen, schwanken die Einstellungen regional, lokal oder individuell zwischen Unterstützung, Ablehnung und Bekämpfung. Die vorsichtige oder kritische Haltung gegenüber westlicher Präsenz kann dabei durchaus einhergehen mit einer positiven Bewertung konkreter und greifbarer Aufbauarbeit.

Zivile Opfer im Verlauf von Kampfeinsätzen schaffen Distanz und Ablehnung gegenüber der ISAF und der Internationalen Gemeinschaft. Die ungelöste Problematik des Drogenanbaus, fehlende wirtschaftliche Alternativen sowie – aufseiten der Aufbauhelfer – mangelndes Verständnis für die traditionellen Funktionsmechanismen der afghanischen Gesellschaft sowie die unzureichende Koordinierung des zivilen und militärischen Vorgehens verstärken die Spannung zwischen westlichen Vorstellungen von Staat und Gesellschaft einerseits und dem »Afghan Face« andererseits. Die Internationale Gemeinschaft hat sich die Beachtung kultureller Eigenheiten auf die Fahnen geschrieben, ohne die damit verbundenen Ansprüche in der Praxis immer einzulösen.

ISAF und die Internationale Gemeinschaft vor Ort sind Teil eines komplizierten Gesamtsystems, in dem die Machtverhältnisse ständig neu definiert werden. Noch 2005 herrschte ein instabiles politisches Gleichgewicht zwischen Zentralregierung und Provinzen. Durch die offensichtliche Schwäche Kabuls kontrollieren heute (Dezember 2008) wieder zunehmend regionale Machthaber und Warlords – nun legitimiert als Provinz- und Distriktgouverneure – sowie im Süden die Taliban das Geschehen. Der afghanischen Regierung und der ISAF gelingt es mancherorts nicht, dringend benötigte positive Signale im Sinne zunehmender Stabilität zu setzen. Staatschef Karsai und seine Gefolgsleute sehen mit Blick auf die von der Verfassung für das Frühjahr 2009 vorgeschriebenen Präsidentschaftswahlen – die möglicherweise allerdings erst im Herbst stattfinden werden – einer unsicheren politischen Zukunft entgegen. Währenddessen positionieren sich allmählich Karsais Konkurrenten, um zukünftig selbst an die Schaltstellen der Macht gelangen zu können.

Facetten des Widerstands

Landesweite Statistiken und globale Bewertungen der Sicherheitslage lenken ab von der großen Heterogenität Afghanistans. Spektakuläre Medienberichte lassen leicht in Vergessenheit geraten, wie ungleichmäßig sicherheitsrelevante Zwischenfälle verteilt sind. Intensität und Qualität des Widerstandes unterscheiden sich in verschiedenen Landesteilen grundlegend. Etwa 70 Prozent der bekannten Zwischenfälle entfallen auf nur zehn Prozent der insgesamt fast 400 afghanischen Distrikte. Schwerpunkte sind die Gebiete im südlichen und östlichen Verlauf der Ringstraße sowie anderer wichtiger Nachschubrouten. Nahm die Anzahl der Übergriffe im RC North in Kundus und Faryab zu, ging sie 2008 in anderen Provinzen des Nordens zurück. Dabei ist das individuelle Gefühl von »Sicherheit« oder »Unsicherheit« subjektiv, das Empfinden des Einzelnen kann sich deutlich von den Ergebnissen militärischer Analysen unterscheiden, und entsprechende Aussagen stehen stets auch im Zusammenhang mit Gesprächssituation und -partner: 76 Prozent der Afghanen, die Wissenschaftler der Freien Universität Berlin beispielsweise in Kundus, Tachar, Baghlan und Badachschan befragten, gaben an, die Sicherheitslage habe sich dort in den vergangenen zwei Jahren stark verbessert (Ergebnisse veröffentlicht im Februar 2008).

Die afghanische Regierung und die Internationale Gemeinschaft sehen sich nicht einem flächendeckend strukturierten, abgestimmt operierenden Gegner, sondern vielmehr einer Vielzahl sich permanent verändernder Interessengruppen gegenüber. Diese umfassen vielfältige soziale und (schatten-)wirtschaftliche Strukturen, Milieus und Akteure, die zeitweise und punktuell gemeinsame Interessen verfolgen, um sich wenig später gegenseitig zu bekämpfen (vgl. den Beitrag von Rainer Glassner zur Herrschaft in der Provinz).

Versucht man die gewaltbereite Opposition zu strukturieren, so speist sich der Widerstand aus zwei Bereichen. Im Sprachgebrauch der ISAF sind dies erstens die bewaffneten Aufständischen der OMF. Sie lehnen die Regierung in Kabul kategorisch ab und bekämpfen sie mit militärischen wie auch terroristischen Mitteln. Zweitens zählen zur Opposition Personen und Gruppen »illegaler Parallelstrukturen«, die zum Teil mit staatlichen Amtsträgern aber auch mit den OMF kooperieren. Die Existenz zumindest schwacher Staatlichkeit liegt allerdings in ihrem Interesse, weil das in Afghanistan bestehende administrative System insgesamt gute Rahmenbedingungen für die Verfolgung eigener Ziele bietet.

Hinter den »illegalen Parallelstrukturen«, die in Afghanistan selbst Regierung und staatliche Verwaltung durchdringen, stehen Akteure wie Stammes- und Clanchefs oder Dorfälteste.

Aspekte von Sicherheit

Sicherheit und Sicherheitsbedürfnisse
Die Wahrnehmung von Sicherheit und die Sicherheitsbedürfnisse von Menschen unterscheiden sich abhängig von der Perspektive des Betrachters und verändern sich in historischen Zusammenhängen. Steht für die neue afghanische Regierung seit 2002 die Herstellung staatlicher und militärischer Sicherheit im Vordergrund, so lebt eine Mehrheit der afghanischen Bevölkerung in Unsicherheit im Hinblick auf ihr tägliches Überleben. Für die in Afghanistan tätigen Ausländer wiederum bedeutet Sicherheit, dass sie ihre Arbeit geschützt vor Anschlägen und Entführungen durchführen können.

Die Sicherheitskonzepte von Nationalstaat und Militär begrenzen sich auf externe militärische Bedrohungen (so etwa die Sicherung der Staatsgrenzen) und interne Konflikte wie beispielsweise Terrorismus oder soziale Spannungen. Als Mittel zur Abwehr solcher Bedrohungen dienen nationale Armeen und Polizeikräfte. Nach dem Ende von Kriegen oder in fragilen Staaten wie Afghanistan soll die Stationierung internationaler Truppen zur Stabilisierung bzw. zur Friedensbildung und -sicherung beitragen.

Diesem Verständnis steht eine Vorstellung von menschlicher Sicherheit gegenüber, welche die Sicherheit des Individuums in den Mittelpunkt rückt. Grundvoraussetzungen bilden die Abwesenheit physischer Gewalt, die Befriedigung der Grundbedürfnisse, politische Sicherheit und die Wahrung der Menschenrechte. Diese mehrdimensionale Sicherheitsperspektive, die gesellschaftliche, wirtschaftliche, politische und rechtliche Elemente verbindet, ist aus der Erkenntnis hervorgegangen, dass weltweit mehr Menschen an vermeidbaren Krankheiten, an HIV/Aids, durch Umweltkatastrophen und interne Konflikte sterben als durch Kriege zwischen Staaten.

Für die große Mehrheit der Afghanen stellen nach dem Sturz der Taliban Armut, Krankheit, Dürreperioden und interne Konflikte größere Bedrohungen dar als das Risiko, durch kriegerische oder terroristische Attacken verletzt oder getötet zu werden. Deutlich machen dies Indikatoren, die den Gesundheitszustand der afghanischen Bevölkerung widerspiegeln. So stirbt durchschnittlich alle 30 Minuten eine Frau aufgrund von Komplikationen während Schwangerschaft oder Geburt. Die Hälfte der Kinder bis zum Alter von fünf Jahren gel-

I. Historische Entwicklungen

ten als chronisch unterernährt. Lediglich zwei von zehn ländlichen Haushalten verfügen über sauberes Trinkwasser, was wiederum dazu führt, dass 85 000 Kinder im Alter von weniger als fünf Jahren jährlich an den Folgen von Magen- und Darmerkrankungen sterben. Für die Mehrheit der auf dem Land lebenden Afghanen gibt es weder eine medizinische Grundversorgung noch Ernährungssicherung.

Spielende Kinder am Kabul-Fluss.

Konflikte um Land und Wasser stellen vielerorts die Hauptursache für gewalttätige Auseinandersetzungen dar, deren Beilegung bisher aufgrund mangelnder Rechtssicherheit in weiten Teilen des Landes scheiterte. Kaum ein Afghane besitzt die Möglichkeit, vor Gericht seine Ansprüche geltend zu machen, da der Aufbau eines funktionierenden Justizwesens noch in den Anfängen steckt. Stellvertretend für die internen Bedrohungen stehen Drogenbarone oder Warlords, die ihre ökonomischen und politischen Interessen auf regionaler und lokaler Ebene gegebenenfalls mit Gewalt durchsetzen.

Diese sich überlappenden Perspektiven von Sicherheit stehen in Beziehung zueinander und können sich gegenseitig verstärken. Zur Bekämpfung der politischen, ökonomischen und sozialen Unsicherheiten bedarf es eines umfassenden Wiederaufbaus von Gesellschaft und Staat. Voraussetzungen für den erfolgreichen Aufbau sozialer und technischer Infrastruktur sind jedoch Stabilität und funktionsfähige Institutionen des Staates, die wiederum militärische Sicherheit erfordern. *(ca)*

Für ihre Klientel garantieren sie als zentrale Ansprechpartner Sicherheit und ökonomisches Überleben. Während im Norden Afghanistans überwiegend die früheren Angehörigen der militärischen und administrativen Eliten dominieren, steht in den Süd-, Ost- und Westprovinzen eher der Einfluss der Stammesverbände und ihrer Führer im Vordergrund. Die Tätigkeit der Machthaber vollzieht sich zum Teil abseits legaler Sicherheits-, Verwaltungs- und Regierungsstrukturen. Neben der Nachhaltigkeit traditioneller Verhältnisse wirkt sich hier auch die Zerstörung der ohnehin schwach ausgeprägten Staatlichkeit in den Jahren der sowjetischen Besatzung und des Bürgerkriegs aus: Ihre Machtstellung haben die »Power Brokers« oft schon zu sowjetischen Zeiten als Mudschaheddin im Kampf erworben.

Der Reichtum lokaler Machthaber und damit ihre Fähigkeit, den eigenen Einflussbereich durch die Vergabe materieller Vergünstigungen und den Einsatz bewaffneter Gewalt nach außen wie innen zu sichern, basiert nach westlichem Verständnis überwiegend auf illegalen Machenschaften. Insbesondere in den Hochburgen von Mohnanbau und Opiumproduktion steht die Drogenwirtschaft im Vordergrund. Andere Felder der Organisierten Kriminalität wie Schmuggel und Waffenhandel treten hinzu. Selbst von den Operationen des bewaffneten Widerstandes versuchen die lokalen Machthaber zu profitieren, indem sie im Rahmen der Beschaffung von Waffen und Munition Anspruch auf »Zölle« oder einen Teil der Lieferungen erheben, die eigenes Gebiet passieren. Ein beliebtes Mittel, Gewinne abzuschöpfen, ist die Errichtung von Checkpoints an wichtigen Verkehrsverbindungen. Dort wird »Maut« erhoben und vor allem Einheimische ausgeraubt oder getötet. Die vergleichsweise niedrigen Gehälter innerhalb der staatlichen Behörden begünstigen die weit verbreitete Bestechung. Nicht selten üben stark kompromittierte Lokalpotentaten parallel zu ihren Geschäften selbst staatliche Ämter aus. Ein Beispiel für die schwer zu durchschauenden Verbindungen zwischen den OMF, der Organisierten Kriminalität und lokalen bzw. regionalen »Power Brokern« ist der RC North, wo häufig politisch motivierte Anschläge nicht von der in vielen Bereichen vorhandenen Alltagskriminalität zu unterscheiden sind.

Die angesprochenen Kräfte verfügen über ein erhebliches Gewaltpotenzial. Dieses setzen sie trotz anders lautender Erklärungen und Bekenntnisse gegebenenfalls kompromisslos ein. Zu den einschlägigen Verteilungskämpfen mit der größten Brisanz gehört jener um die im Land produzierten Drogen, die weiterhin an Bedeutung gewonnen haben und den überwiegenden Teil der afghanischen »Wirtschafts«leistung ausmachen (vgl. den Beitrag von Katja Mielke zur Drogenökonomie). Hier laufen ISAF und die Internationale Gemeinschaft Gefahr, im Zusammenhang mit ihrer erklärten Anti-Drogenpolitik direkt in die Auseinandersetzungen mit einbezogen zu werden. Stören internationale Kräfte das Umfeld lokaler Machthaber und gefährden damit deren Stellung und Verdienstmöglichkeiten, können oberflächliche Freundlichkeit und Akzeptanz jederzeit in offene Ablehnung bis hin zu gewaltsamen Angriffen umschlagen.

Auch die massenhafte Rückkehr von Flüchtlingen stellt ein Problem dar. Seit 2001 kamen insgesamt weit mehr als fünf Millionen Menschen in ihre angestammte Heimat zurück – etwa 45 Prozent ließen sich in den städtischen Zentren Kabul und Nangarhar nieder –, die heute etwa 20 Prozent der afghanischen Gesamtbevölkerung ausmachen. Die Heimkehrer fordern ihren oft schon seit Jahren durch ortsansässige Familien belegten Besitz zurück, vor allem das knappe landwirtschaftlich nutzbare Land sowie Rechte bei der Wasserverteilung. Diese Konkurrenzsituation führt einerseits dazu, dass Flüchtlinge der ISAF gegenüber als angebliche Kämpfer der Taliban oder Urheber von Anschlägen diskreditiert werden. Häufig soll dadurch von illegalen Handlungen der Ortsansässigen abgelenkt werden. Andererseits bilden die am Rande der Gesellschaft stehenden, benachteiligten Rückkehrer in der Tat ein ideales Rekrutierungspotenzial für radikale Gruppierungen: Viele von ihnen haben ihre Heimat schon vor mehr als 20 Jahren verlassen oder sind in den Flüchtlingslagern Pakistans oder Irans geboren und der afghanischen Gesellschaft weitgehend entfremdet.

Oppositionelle Militante Kräfte

Der Sammelbegriff für die zweite große Fraktion des Widerstandes, die OMF, umfasst seit dem Ende der Talibanherrschaft 2001 alle Gruppen, die mit asymmetrischen und terroristischen

Aspekte von Sicherheit

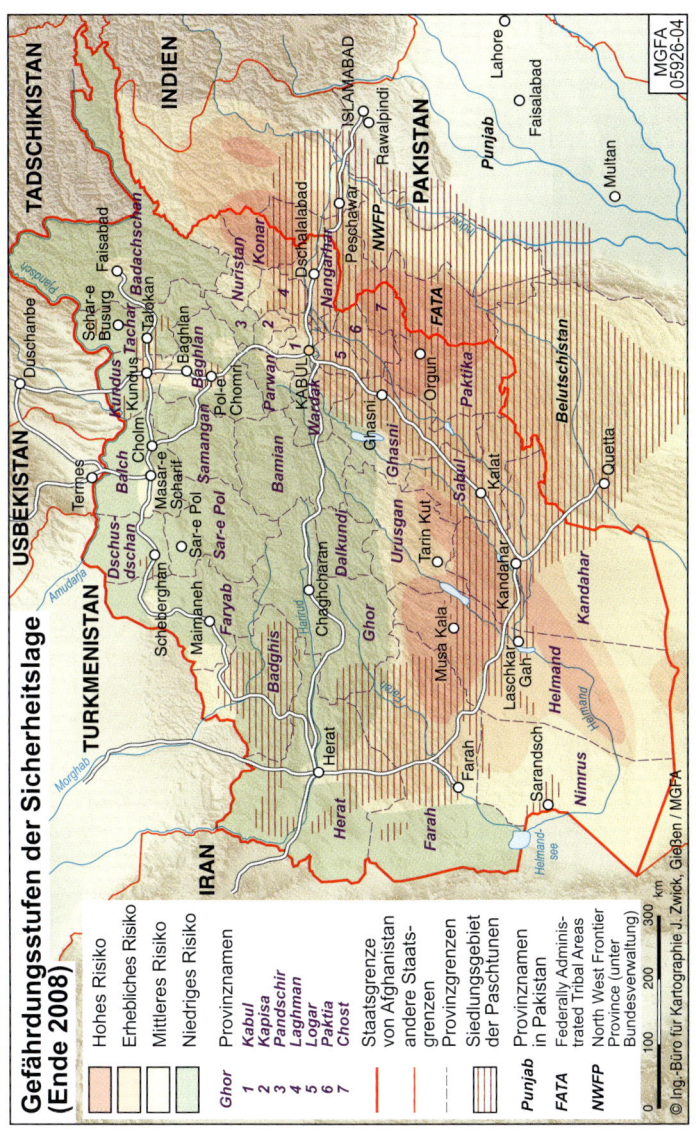

I. Historische Entwicklungen

Methoden bis hin zu offenen militärischen Angriffen gegen die Zentralregierung vorgehen. Westliche Einflüsse in Afghanistan lehnen sie ab. Sie verfolgen das Ziel, einen Staat zu errichten, der auf den Gesetzen des Islams basiert. Motivlage und Zusammensetzung sind jedoch selbst innerhalb einzelner Gruppierungen vielschichtig. Neben religiöse oder ideologische Überzeugungen treten positive Anreize wie Einfluss oder Geld, aber auch Zwangsmittel wie Druck und Einschüchterung. Eine trennscharfe Unterscheidung zwischen OMF und den bereits dargestellten »illegalen Parallelstrukturen« ist häufig nicht möglich.

Die paschtunischen Siedlungsgebiete in Süd- und Ostafghanistan sowie im Norden Pakistans gelten als Kernland der OMF. Den militärischen Widerstand gegen die Regierung Karsai organisiert eine verhältnismäßig kleine Gruppe überzeugter und kaum von außen beeinflussbarer Führer. Sympathisanten finden sie oft über die klassischen Rekrutierungspools der Flüchtlingslager und religiösen (Hoch)Schulen (Medressen) in Pakistan. Neben religiöser Überzeugung fördern die meist desolate wirtschaftliche und soziale Situation der Flüchtlinge, aber auch Verpflichtungen gegenüber Familie und Stamm oder persönliche Rachemotive den Zulauf. Alleine in Pakistan verzeichnen die Behörden immer noch offiziell 2,15 Millionen afghanische Flüchtlinge, während im zweitwichtigsten Aufnahmeland Iran noch 900 000 Flüchtlinge leben. In beiden Ländern dürfte jedoch die Dunkelziffer um einiges höher liegen, zumal sich Flüchtlinge und Arbeitsmigranten kaum mehr voneinander trennen lassen.

Zu den zentralen Organisationen der militanten Opposition zählen nach vereinfachter westlicher Darstellung Hezb-e Islami Gulbuddin (HIG), das Haqqani-Netzwerk sowie die Taliban. Die genannten Gruppierungen lassen sich Kerngebieten im Süden und Osten des Landes zuordnen. HIG und Taliban operieren landesweit, im Westen wie auch im nördlichen deutschen Verantwortungsbereich allerdings nur mit schwachen Strukturen.

Die HIG ist die älteste der militanten Gruppen im Land und mobilisiert derzeit wohl einige Hunderte Kämpfer. Die Wurzeln der HIG reichen bis in die Zeit der sowjetischen Besatzung zurück, ihr Kernland befindet sich im Raum Kabul und im östlichen Afghanistan. Das Netzwerk deckt jedoch auch die Nord-

Aspekte von Sicherheit

provinzen ab und bezieht hohe staatliche Ämter mit ein. Die Organisation basiert auf einem System von Zellen, ausgerichtet auf die zentrale Führungspersönlichkeit des Paschtunen Gulbuddin Hekmatyar. Die HIG spaltete sich 1976/77 von der zunächst einheitlichen Islamisten-Bewegung ab. Seitdem bestehen enge Kontakte zum pakistanischen Geheimdienst. Die Organisation kämpfte bis 2001 in der Allianz der Taliban-Gegner. Hekmatyar selbst galt als einer ihrer einflussreichsten Führer. Angesichts häufig wechselnder Bündnisse fällt heute die Verortung der HIG im innerafghanischen Machtpoker schwer.

Der Einfluss des Ghilsai-Paschtunen Jalaluddin Haqqani und seiner Familie zielt auf die Provinzen Chost, Paktika und Paktia, reicht aber fallweise bis nach Kabul und die umliegenden Provinzen. Haqqani, ehemals Lehrer an einer Koranschule, 1992 Justizminister der ersten Mudschaheddin-Regierung und in der Taliban-Ära unter anderem Minister für Stammesangelegenheiten und Gouverneur in Paktia, galt bis 2001 als einer der wichtigsten militärischen Führer der Taliban. Er unterhält ein gut ausgebildetes militantes Netzwerk, das vor allem in den drei oben genannten Provinzen gegen die ISAF vorgeht und eng mit den Taliban in Verbindung steht. Haqqani verfolgt trotz seiner Einbindung in das koordinierte Vorgehen der Taliban-Führung vor allem die Wiederherstellung und Festigung des regionalen Machtanspruchs für seinen Clan. Religiös-fundamentalistische Ambitionen treten demgegenüber in den Hintergrund.

Den militanten Widerstand dominieren die Taliban (Singular talib, eigentlich Koranschüler in der Ausbildung zum Mullah), die Afghanistan zwischen 1996 und 2001 mittels radikal-islamischer Gesetze beherrschten und heute erneut zu einer wichtigen Kraft vor allem im Süden und Osten des Landes geworden sind (vgl. den Beitrag von Conrad Schetter zum Wiederaufbau). Ihr Hauptoperationsgebiet umfasst die Provinzen Helmand, Kandahar, Urusgan und Sabul. Die Operation »Enduring Freedom« und der militärische Sieg der Nordallianz schwächten die Organisation zunächst empfindlich. Viele ihrer Führer kamen um. Von diesem Schlag erholten sich die Taliban jedoch weitgehend. Seit 2006 zeigt sich dies in einer steigenden Anzahl von Anschlägen gegen die Sicherheitskräfte bis hin zur Schaffung eigener Verwaltungsstrukturen jenseits der staatlichen Ordnung.

I. Historische Entwicklungen

Die aktuelle Aufstandsbewegung umfasst zum einen Anhänger des alten Taliban-Regimes. Zahlenmäßig weit stärker sind zum anderen Personen vertreten, welche die Gotteskrieger weniger aus religiösen und politischen, sondern eher aus wirtschaftlichen Gründen oder aus einer allgemein antiwestlichen Haltung heraus unterstützen. Finanzielle Zuwendungen radikal-islamistischer Kreise aus der ganzen Welt sowie die landesüblichen Einnahmen aus Mohnanbau und Drogenhandel ermöglichen den Taliban Waffenkäufe, die großzügige Besoldung von Kämpfern und auch die Einflussnahme im innerafghanischen Machtpoker.

Die Taliban besitzen die Fähigkeit, von Pakistan aus Operationen – einschließlich begleitender Informationskampagnen – in größerem Rahmen zielgerichtet zu planen. Hierfür steht ein System so genannter Schuras (Singular Schura, islamische Ratsversammlung) zur Verfügung, deren Arbeitsweise grob der Tätigkeit militärischer Kommandobehörden oder ziviler Ämter entspricht. Die Schuras (die wichtigsten angesiedelt im pakistanischen Quetta bzw. Peschawar) sind nicht mit dem westlichen Verständnis einer militärischen oder bürokratischen Aufbauorganisation zu begreifen, sondern spiegeln landestypische Formen von Problemlösung und Entscheidungsfindung wider. Ihre Beschlüsse weisen aber auf der Basis persönlicher Loyalitäten und Gefolgschaften einen hohen Grad an Verbindlichkeit und Durchschlagskraft auf.

In den zahlreichen Gefechten im Süden des Landes erlitten die Einheiten der Aufständischen 2008 erhebliche Verluste und verloren neben mehreren höheren Kommandeuren auch einen bedeutetenden Teil ihrer mittleren Führungsschicht: Die Zunahme direkter Zusammenstöße hat auch mit einer verstärkten Präsenz von ISAF und der afghanischen Sicherheitskräfte in der Fläche zu tun. Der erkennbare Übergang der OMF zu Methoden der asymmetrischen Kriegführung spiegelt nicht nur deren verstärkten Offensivwillen, sondern auch ihre Unterlegenheit in der offenen Auseinandersetzung mit regulärem Militär wider.

Anschläge, die sich gegen deutsche ISAF-Kräfte im Norden Afghanistans richten, sind eher Ausdruck der komplizierten Verteilungskämpfe und Konflikte innerhalb der Bevölkerung. Direkte Angriffe der OMF gegen die ISAF bilden hier bislang die Ausnahme. Lokal operierende Aufständische konzentrieren sich vor allem auf den Raum Kundus sowie das Grenzgebiet zum RC West. Sie sind bislang lediglich zur Durchführung einzelner punktueller Operationen fähig. Auch ist davon auszugehen, dass entsprechende Aktionen nur mit Wissen und Zustimmung der örtlichen Machthaber stattfinden können. Diese verbindet mit militanten Akteuren mitunter die Ablehnung der Regierung in Kabul sowie der Internationalen Gemeinschaft, doch werden beispielsweise nicht-paschtunische Akteure im RC North kaum zulassen, dass paschtunische Gruppen aus dem Westen oder Süden des Landes ihre eigene Handlungsfreiheit bzw. örtliche Macht- und Einflussbereiche einschränken. Minen und improvisierte Sprengfallen stellen im Norden die größte Gefahr dar. Bei ihrem Einsatz legen die OMF Flexibilität und Einfallsreichtum an den Tag. So reagierten sie 2008 auf den verstärkten Einsatz von in Fahrzeugen eingebauten »Jammern«, die die Funkfernauslösung von Bomben verhindern, mit einfachen, drahtausgelösten Sprengkörpern oder mit der Verlegung von Panzerminen, die auf Druck reagieren.

Die pakistanischen Grenzgebiete als »Safe Haven« der OMF

Die Sicherheit Afghanistans ist untrennbar mit der politischen Entwicklung des seit 1947 souveränen Nachbarn Pakistan verbunden. Spannungen des pakistanisch-afghanischen Verhältnisses rührten lange Jahre vor allem aus dem Anspruch Afghanistans, die Belange der pakistanischen Paschtunen zu vertreten. 1955, 1961 und 1977/78 standen beide Staaten am Rande eines Krieges. Während der sowjetischen Besatzung unterstützte Pakistan dann aktiv den »Heiligen Krieg« der Mudschaheddin gegen die Invasoren. Die Regierung in Islamabad änderte ihre Politik in der Paschtunistan-Frage und förderte, unterstützt durch die USA, den militärischen Kampf paschtunischer Gruppen und deren Einfluss in Afghanistan. Dabei ging die pakistanische Hilfe vor allem an »islamische« Parteien wie die HIG: Die Regierung hoffte darauf, mit der Schaffung einer islamischen Bewegung ethnische Probleme im eigenen Land zu entschärfen oder zu umgehen, und trug so entscheidend zur Entstehung und Ausbreitung gewaltbereiter Netzwerke bei. Hinter der Unterstützung paschtunischer Gruppen stand auch der pakistanische Wunsch, in Kabul eine von Islamabad aus beeinflussbare Regierung zu errichten und so die guten Verbindungen zwischen Afghanistan und dem pakistanischen Rivalen Indien zu unterbrechen. Als es nach dem Ende der sowjetischen Besatzung nicht gelang, die HIG als führende Kraft in Afghanistan zu etablieren, begann Pakistan mit der Unterstützung der Taliban (vgl. den entsprechenden Beitrag von Conrad Schetter), um der Willkürherrschaft der afghanischen Warlords Grenzen zu setzen. Die Erfolge der Taliban wären ohne die massive Hilfe durch die pakistanische Armee und den Geheimdienst ISI nicht möglich gewesen. Erst die Anschläge vom 11. September 2001 bewirkten eine Abkehr Pakistans von seiner interventionistischen Politik in Afghanistan, doch fühlt sich die afghanische Bevölkerung bis heute von Islamabad aus deutlich mehr bedroht als durch die Aktivitäten der Taliban.

Von Pakistan aus wirken zahlreiche innergesellschaftliche Konflikte sowie der Gegensatz mit Indien in der Kaschmir-Frage destabilisierend auf die gesamte Region. Religiöse und ethnische Auseinandersetzungen kennzeichnen das politische System der Atommacht Pakistan ebenso wie Verteilungs- und Machtkämpfe zwischen Parteien, Militärs und Feudalherren. Gewalt, Menschenrechtsverletzungen und weit verbreitete Bestechung lähmen den Aufbau eines leistungsfähigen und stabilen Staates. Über ethnische und politische Grenzen hinweg wirkt der Islam jedoch als verbindende Klammer der Gesellschaft. Die islamische Identität kommt beispielsweise im Anspruch auf das mehrheitlich von Moslems besiedelte Kaschmir zum Ausdruck sowie in der Einflussnahme auf die Entwicklung in Afghanistan.

Trotz formal demokratischer Regierungsformen putschte sich das pakistanische Militär immer wieder an die Macht im Land. Die Streitkräfte, die sich auch als Schutzmacht der Muslime im Land definieren, besetzen eine innenpolitische Schlüsselstellung. Wiederholt bediente sich die pakistanische Regierung trotz der erklärten Unterstützung des US-geführten Anti-Terrorkampfes der Kräfte des militanten Islamismus, um ihre Ziele bezüglich Kaschmir und Afghanistan zu verfolgen; sie sieht sich allerdings in jüngster Zeit selbst durch den Terror bedroht.

Aspekte von Sicherheit

Extremistische Gruppen planen ihre Operationen im pakistanisch-afghanischen Grenzgebiet und frischen in diesem Rückzugsraum ihre Kräfte auf. Die Eigenständigkeit der Grenzgebiete hat historische Gründe. Nach der Unabhängigkeit Indiens von Großbritannien hatten paschtunische Separatisten zunächst die Schaffung eines selbstständigen Staates gefordert. Wichtige paschtunische Siedlungsgebiete wurden dann jedoch als Nordwestgrenzprovinz (North West Frontier Province, NWFP) sowie als Stammesgebiete unter Bundesverwaltung (Federally Administrated Tribal Areas, FATA) dem pakistanischen Staat eingegliedert (vgl. die Karte auf S. 109). Die dort garantierte Autonomie der Stämme reicht bis in die Zeit der britischen Herrschaft zurück und sollte die Grenzregion zwischen dem damals noch ungeteilten Indien und Afghanistan stabilisieren. Den FATA kommt ein verfassungsmäßiger Sonderstatus zu; die pakistanische Regierung erkannte sie als Enklave an. Bis heute nehmen die pakistanische Polizei und die staatlichen Gerichte in den FATA faktisch keine hoheitlichen Aufgaben wahr. Die Streitkräfte operierten hier überhaupt erstmals 2002 im Rahmen des US-geführten Kampfes gegen den Terrorismus.

Trotz der guten Integration paschtunischer Eliten in Administration, Armee und Geheimdienst Pakistans – beispielsweise war der pakistanische Präsident von 1958 bis 1969, General Mohammed Ayub Khan, Paschtune – blieb die Frage paschtunischer Eigenständigkeit eine erhebliche Belastung für Pakistan wie Afghanistan. Die etwa 2600 Kilometer lange Grenze im Verlauf der Durand-Linie (vgl. den Infokasten auf S. 32) auf Höhen zwischen 600 und 7500 Meter spielt in der Wahrnehmung der Paschtunen kaum eine Rolle: Bis heute denken Stammeskrieger nicht in staatlichen Kategorien, sondern orientieren sich an ihren Siedlungsgebieten. Obwohl die pakistanischen Grenzgebiete immer wieder Schauplatz von Militäroperationen der pakistanischen Armee sowie in Einzelfällen der US-Streitkräfte waren, erfüllen sie für Taliban und Al-Kaida nach wie vor die Funktion eines »Safe Haven«. Faktisch entzieht sich das Grenzgebiet der Kontrolle durch den pakistanischen Staat, während grenzüberschreitende Operationen von afghanischem Territorium aus zu erheblichen diplomatischen Verwicklungen und Unmut in der ortsansässigen Bevölkerung führen.

I. Historische Entwicklungen

In den Grenzgebieten herrschen paschtunische Stämme, die in Pakistan nach den Pundschabis und den Sudhis die drittgrößte Bevölkerungsgruppe stellen. Eine große Zahl von Flüchtlingen sowie der Machtanspruch lokaler und regionaler Potentaten begrenzen die Einflussmöglichkeiten der pakistanischen Regierung zusätzlich. Die paschtunischen Stammesgesellschaften sind in Pakistan noch fester gefügt als auf afghanischer Seite, da hier die katastrophalen Auswirkungen von Jahrzehnten des Bürgerkriegs fehlen.

Viele Familien profitieren von der Drogenökonomie als einem der wenigen funktionierenden Erwerbszweige. In der Grenzregion liegt das Pro-Kopf-Einkommen nur etwa bei der Hälfte des pakistanischen Durchschnitts. Mangelnde Zukunftsperspektiven führen zu einer Landflucht der Bevölkerung. Dies vergrößert die sozialen Probleme in den Städten und lässt dort Slums entstehen, die ebenso wie die Flüchtlingslager ideale Rekrutierungsbasen für radikale Gruppierungen darstellen. Ohne finanzielle Unterstützung vor allem durch die USA, die keineswegs der Volkswirtschaft zugute kam, sondern in die Aufrüstung des Militärs floss, wäre Pakistan wohl bereits bankrott.

Ebenso wie auf afghanischer Seite kämpfen auch in den pakistanischen Stammesgebieten militante Extremisten und Stammeskrieger gegen den Zentralstaat und jedwede »Verwestlichung«, als deren Hauptrepräsentant die Vereinigten Staaten angesehen werden. Sie beabsichtigen die Einführung der Scharia und gehen gegen westliche Musik, Mädchenschulen oder moderne Kleidung vor. Spektakuläre Anschläge ereigneten sich zuletzt am 2. März 2008, als ein Selbstmordattentäter während einer Stammesversammlung in der Nordwestgrenzprovinz mehr als 40 Personen tötete, und in Islamabad, wo am 20. September bei einem Bombenanschlag auf das Marriott-Hotel mehr als 50 Menschen ums Leben kamen und fast 300 verletzt wurden.

Die meisten Militanten haben familiäre Bindungen in die Region, in der sie ihren bewaffneten Kampf durchführen. Lokale Gruppen in Pakistan operieren insgesamt überwiegend auf eigenem Territorium. Grenzüberschreitende Angriffe finden nur in Ausnahmefällen statt, doch planen Kommandeure der Taliban von Städten wie Peschawar und Quetta aus Operationen in Af-

Aspekte von Sicherheit

ghanistan. Auch die Führer der Al-Kaida und anderer Terrororganisationen betreiben mit Zustimmung und als Gäste örtlicher Machthaber Ausbildungscamps und Medressen für die Rekrutierung von Nachwuchs.

Die große Mehrzahl der Bevölkerung und der lokalen Stammesführer sieht sich mit den Militanten in einem ausgeprägten Antiamerikanismus verbunden, lehnt allerdings deren Methoden überwiegend ab. Fallweise bekämpfen Stammesmilizen mit Wissen oder Unterstützung der pakistanischen Regierung die Aufständischen, sehen diese Aktionen selbst allerdings meist als

Ausgebrannte Tanklastzüge im pakistanischen Grenzort Landi Kotal am 24. März 2008: Eine Serie von Anschlägen zerstörte nach Angaben der pakistanischen Behörden insgesamt 38 Fahrzeuge mit Treibstoff für NATO-Truppen in Afghanistan. Angriffe wie jener in Landi Kotal sind Teil des Versuches, die Versorgungsrouten der ausländischen Streitkräfte zu stören. Anfang Dezember 2008 griffen mehr als 300 Aufständische zwei Depots bei Peschawar an. Sie vernichteten 150 Transportfahrzeuge und ihre Ladung, darunter zwei Dutzend gepanzerte Geländefahrzeuge. Schon im Sommer war es Aufständischen gelungen, am Khaiber-Pass drei komplette US-Hubschrauber zu erbeuten, die zerlegt nach Dschalalabad gebracht werden sollten.

I. Historische Entwicklungen

ein Mittel, um die pakistanische Regierung und ihre Sicherheitskräfte aus dem eigenen Einflussbereich hinauszudrängen. Die OMF ihrerseits gingen – ebenso wie in Afghanistan – in der Vergangenheit immer wieder gegen widerspenstige Stammesführer vor, bedrohten oder töteten Älteste, die mit Regierung und Militär zusammenarbeiteten.

Die Grenze zu Afghanistan sichert Pakistan mit etwa 1100 permanenten Kontroll- und Beobachtungsposten, das Land ist jedoch zu einer wirksamen Überwachung nicht in der Lage. Die Schwierigkeiten effektiver Kontrolle illustriert der Umstand, dass nur drei von 100 Grenzgängern überhaupt über Ausweise verfügen. Auf pakistanischer Seite tun überwiegend Einheiten des territorial organisierten Frontier Corps Dienst, das in der Nordwestprovinz (Hauptquartier in Peschawar) über rund 35 000 Mann und in Belutschistan (Hauptquartier in Quetta) über etwa 40 000 Mann verfügt. Die paramilitärischen »Corps« (Regimenter) rekrutieren sich aus den Stämmen der Region. Die pakistanische Armee befindet sich ebenfalls an der Grenze im Einsatz. Zusammen mit Polizeikräften dürfte die pakistanische Regierung damit über nahezu 100 000 Mann an Sicherheitskräften verfügen, von denen jedoch nur ein kleiner Teil tatsächlich an der Grenze im Einsatz stehen. Mit Ausnahme einiger Spezialverbände weisen diese einen niedrigen Ausbildungsstand auf und sind überwiegend nicht zur Bekämpfung der hoch motivierten Aufständischen in der Lage, zumal ihre Angehörigen selbst fest in die örtlichen Stammes- und Clanstrukturen integriert sind.

Die Afghanische Grenzpolizei (Afghan Border Police, ABP) auf der anderen Seite hat landesweit eine Soll-Stärke von 18 000 Mann, erreicht diesen Personalbestand bislang aber nicht einmal ansatzweise. Sie wird unterstützt durch Truppen der ISAF und der afghanischen Streitkräfte. Auch die ABP leidet unter erheblichen Defiziten bei Ausbildung und Ausrüstung, ihr Personal stammt überwiegend aus dem grenznahen Raum. In Einzelfällen profitieren selbst ranghohe Offiziere vom grenzüberschreitenden, illegalen Handel. Monatelang ausbleibende Gehaltszahlungen erschweren die konsequente Verfolgung krimineller Elemente ebenso wie die Einflüsse der Stammesloyalität.

Aspekte von Sicherheit

Um der Sicherheitsproblematik im Grenzgebiet Herr zu werden, strebt die pakistanische Regierung unter dem am 25. März 2008 vereidigten Premierminister Yousaf Raza Gilani verstärkt den Dialog mit verhandlungsbereiten Stämmen und den Abschluss tragfähiger Abkommen an. Zudem sollen die bislang vernachlässigten paschtunischen Stammesgebiete zukünftig vermehrt von staatlicher Aufbauhilfe profitieren. Gleichzeitig fördert der Staat die Rückkehr der in den Grenzgebieten lebenden Flüchtlinge in ihre Heimat. Als integraler Bestandteil der staatlichen Strategie gilt schließlich weiterhin die gezielte militärische Bekämpfung gewaltbereiter Aufständischer. Groß angelegte Operationen der pakistanischen Streitkräfte lösten im Sommer 2008 eine Versorgungskrise in den Ballungszentren der Region aus und veranlassten mehr als 200 000 Menschen zur Flucht.

Im Rahmen einer Initiative zur verbesserten Bekämpfung militanter Strukturen im afghanisch-pakistanischen Grenzgebiet wurden an einigen Stellen die vorhandenen Grenzübergänge ausgebaut und Grenzzäune verstärkt. Darüber hinaus errichten Afghanistan, Pakistan und die USA gemeinsam betriebene »Joint Coordination Centers«, welche die Durchlässigkeit der Grenze verringern sollen. Ob die geplanten Maßnahmen die Präsenz des pakistanischen Staates in den Grenzgebieten tatsächlich verbessern kann, bleibt abzuwarten. Neben fehlenden finanziellen Mitteln wird staatliches Eingreifen dadurch erschwert, dass weder die zivile Regierung noch das pakistanische Militär Rückhalt in der Bevölkerung der Stammesgebiete genießen und als Handlanger des Westens abgelehnt werden.

Mögliche Entwicklungen

Mit der Verschärfung der Sicherheitslage in Afghanistan verschlechtern sich auch die Arbeitsbedingungen der Nicht-Regierungs-Organisationen (NGOs). Waren Angriffe der Taliban gegen diese Organisationen bislang eher die Ausnahme, so geraten sie nun – ebenso wie im Lande arbeitende Journalisten – ebenfalls ins Visier der Aufständischen. Drohungen – beispielsweise nachts hinterlassene Warnbriefe – und eine steigende Anzahl direkter Angriffe und Entführungen sprechen diesbezüglich eine

I. Historische Entwicklungen

deutliche Sprache. Das Wegbrechen von Aufbauleistungen träfe eine Bevölkerung, die in einem wirtschaftlich kaum entwickelten Raum meist unter ärmlichsten Bedingungen lebt.

Obwohl in Afghanistan nach wie vor eine einheitliche Führung des Widerstandes fehlt, und dieser sich in Qualität und Intensität landesweit sehr stark unterscheidet, treffen die Angriffe gegen den afghanischen Staat und ISAF/OEF in ihrer Summe die Glaubwürdigkeit der Staatsgewalt und der Internationalen Gemeinschaft doch empfindlich. Die afghanische Regierung ebenso wie ISAF sind gezwungen auf Provokationen zu reagieren, um nicht die Funktionsfähigkeit des »Modells Afghanistan« infrage zu stellen. Die Erfolge der Taliban im Süden haben diesbezüglich eine Signalwirkung vor allem im paschtunischen Siedlungsgebiet in Pakistan und Afghanistan, aber auch für den Norden des Landes. Dort setzen die Kräfte der ehemaligen Nordallianz bei einem weiteren Erstarken der Taliban im Süden wieder vermehrt auf den Aufbau eigener Strukturen, um der befürchteten Paschtunisierung ihrer Einflussbereiche entgegenzuwirken. Dies läuft dem erklärten Ziel der Internationalen Gemeinschaft zuwider, eine zentralstaatliche Verwaltung aufzubauen.

Hier zeigt sich ein grundsätzliches Dilemma: Einerseits ist ziviler Wiederaufbau ohne die dauerhafte Präsenz der afghanischen Sicherheitskräfte und der ISAF unmöglich. Militärische Mittel müssen erkennbare Entwicklungsfortschritte absichern und die Vorausetzungen für den »Afghan Ownership«, die Übernahme staatlicher Verantwortung durch die Administration in Kabul, schaffen. Zentrale Bedeutung kommt in diesem Zusammenhang der Ausbildung und Ausrüstung der mittlerweile in der Bevölkerung gut angesehenen ANA sowie der ANP (Afghan National Police) zu, die ohne substanzielle internationale Hilfe nicht gelingen kann. Hinsichtlich der Nachhaltigkeit sind andererseits die Erfolgsaussichten rein militärischer Ansätze begrenzt, sie erscheinen angesichts hoher Opferzahlen und eigener Verluste auch politisch schwer durchsetzbar. Ein ausgeweiteter Kampfeinsatz würde Gegenreaktionen regionaler und lokaler Netzwerke hervorrufen und die Anzahl sicherheitsrelevanter Zwischenfälle weiter in die Höhe treiben. Mittelfristig könnte ein solches Vorgehen die Abkehr vom bislang praktizierten Zweiklang von militärischer Sicherung und zivilem Wiederaufbau hin zur militärischen Konfrontation signalisieren. Die Internationale Gemeinschaft geriete damit endgültig zur Konfliktpartei, in den Augen der Bevölkerung schlimmstenfalls zu einer Besatzungsarmee.

2007 und 2008 beschäftigte in diesem Zusammenhang die Beteiligung der Taliban an den Machtstrukturen mehrere Ratsversammlungen (Dschirgas) in Afghanistan und Pakistan. Hamid Karsai empfahl sich im Spätherbst 2008 seinen Wählern mit der Aussage, Verhandlungen mit den Taliban notfalls auch gegen den Willen des Westens führen zu wollen, öffentlichkeitswirksam als starker Präsident. Die Einbindung der Militanten müsste allerdings teilweise außerhalb der von der Internationalen Gemeinschaft vertretenen Strukturen erfolgen, da die Taliban einen Staat nach mehr oder weniger westlichem Muster strikt ablehnen. Einschlägige Gespräche, wie sie Präsident Karsai im September 2008 nach saudi-arabischer Vermittlung in Mekka führte, und wie sie selbst im Umfeld des neuen US-Präsidenten Barak Obama als strategische Option diskutiert werden, stellen einerseits ein erhebliches Risiko dar. Andererseits können sie – begleitet von permanentem militärischen Druck auf die Aufständischen – ein Fenster für Friedensverhandlungen öffnen.

Afghanistan befindet sich heute an einem Scheidepunkt. Gelingt es der Regierung und der Internationalen Gemeinschaft nicht, die laufenden Auseinandersetzungen in den Griff zu bekommen und alle ethnischen Gruppen und auch Teile der antiwestlich eingestellten Aufständischen in den afghanischen Staat einzubinden, besteht die Gefahr der weiteren Eskalation bis hin zu einem neuen Bürgerkrieg. Staat und Gesellschaft mit »Afghan Face«, die dann eben auch landestypische Züge von Kultur und Problemlösung zeigen, setzen allerdings die Bereitschaft der Internationalen Gemeinschaft voraus, die Abweichung von westlichen Vorstellungen nicht als Misserfolg, sondern als Ausweg aus einer krisenhaften Situation zu begreifen.

Bernhard Chiari

Wandernde Nomadenfamilien – hier eine Aufnahme von 2004 aus der Nähe Kabuls – zählen in Afghanistan zu den alltäglichen Bildern. Im Land lebt eine Vielzahl von Stämmen und Ethnien. Die Vielfalt der Sprachen, Dialekte und religiösen Gemeinschaften ist kaum überschaubar. Phasen der Modernisierung, die in die wirtschaftlichen Strukturen einzugreifen versuchten, änderten an dieser Vielfalt nichts. Bis heute prägen traditionell lebende Clangemeinschaften das Leben der afghanischen Provinz.

Stammesstrukturen und ethnische Gruppen

Die Lage Afghanistans an der Schnittstelle zwischen Westasien, Zentralasien und dem Indischen Subkontinent bedingt eine enorme kulturelle Vielfalt (Sprachen, Konfessionen etc.). Ein Ausdruck dessen ist auch die Vielzahl unterschiedlichster Volksgruppen. Wenngleich außenstehende Betrachter dazu neigen, eben diese ethnischen Gruppen zum wesentlichen Identitätsbezug der afghanischen Bevölkerung zu erheben, so stellen sie in der Praxis doch recht verschwommene Gebilde dar. Grenzen zwischen den Völkerschaften sind häufig kaum zu ziehen. Vielen Afghanen ist nicht einmal der Name ihrer Ethnie bekannt, und noch weniger verfügen sie über eine gemeinsame Identität. Je nach Situation wechseln einzelne Menschen sogar ihre ethnische Identität. Dies ist gebunden an den jeweiligen sozialen Kontext und kann von Nützlichkeitserwägungen oder dem Wunsch der Abgrenzung abhängen. Es ist daher unmöglich zu sagen, wie viele ethnische Gruppen es in Afghanistan gibt. Die Angaben schwanken zwischen 50 und 200, weshalb auch Schätzungen über ihre Größe sehr umstritten sind. Ein weiteres Problem ist, dass sich viele Ethnien kaum lokalisieren lassen, da oftmals mehrere Volksgruppen gemischt innerhalb eines Siedlungsgebietes leben.

Ethnische Gruppen wie die Paschtunen, Belutschen, Tschahar-Aimak oder Turkmenen definieren sich vor allem über ihre Stammesstrukturen. In diesem Zusammenhang wird der Begriff »Stamm« in Afghanistan grundsätzlich positiv für diejenigen Gemeinschaften verwendet, die sich über einen gemeinsamen Ahnherrn definieren können. Zumindest in der Idealvorstellung ihrer Angehörigen bauen die Stämme auf verwandtschaftlichen Beziehungen auf. Ein solcher Stamm ist in verschiedene Unterstämme gegliedert, die sich wiederum in Substämme und Clans verästeln.

Die Volkszugehörigkeit gewann in der afghanischen Politik im Verlauf der letzten 100 Jahre stetig an Bedeutung. So sah die afghanische Nationalideologie bis in die 1970er-Jahre hinein die Paschtunen als die »eigentlichen Afghanen«, weshalb die Begriffe

II. Strukturen und Lebenswelten

»Afghane« und »Paschtune« auch synonym verwendet wurden. Obgleich der afghanische Staat den Zugang zu staatlichen Ressourcen auch über ethnische Zugehörigkeiten steuerte, traten Konflikte zwischen den Volksgruppen in Afghanistan vor dem Ausbruch des Krieges 1979 nur auf lokaler Ebene auf. Den Staat sahen die meisten Einwohner als etwas Abstraktes, weit Entferntes und Feindliches an, sodass die Diskussion über die nationale Identität einer kleinen Schicht urbaner Intellektueller vorbehalten blieb. Dies änderte sich im Verlauf des Afghanistankrieges. Die Kabuler Regierung förderte über ihre Nationalitätenpolitik das Selbstbewusstsein ethnischer Minderheiten, und nach dem Zusammenbruch der kommunistischen Herrschaft und der Machtergreifung der Mudschaheddin wurden die Kämpfe nicht mehr entlang ideologischer, sondern entlang ethnischer Bruchlinien ausgetragen. Doch trotz neuer gesellschaftlicher Entwicklungen und der Tendenz zu nationalen Eigenständigkeiten konnte sich das Bewusstsein, im Sinne einer Nationalbewegung zu einer bestimmten Volksgruppe zu gehören, nicht durchsetzen. Für die meisten Afghanen sind nach wie vor ihre Stämme und Clans weitaus wichtiger als eine gemeinsame ethnische Identität.

Hier eine Übersicht über die größten ethnischen Kategorien in Afghanistan, ihre vorherrschende Sprache und Konfession sowie ihren geschätzten Anteil an der Gesamtbevölkerung von etwa 30 Millionen:

Ethnie	Sprache	Konfession	Anteil (in %)
Paschtunen	Paschto	Sunniten	40–50
Tadschiken	Dari (= Persisch)	Sunniten	20–35
Usbeken	Usbekisch	Sunniten	8–15
Hasara	Dari	Schiiten	7–20
Aimak	Dari	Sunniten	3–6
Turkmenen	Turkmenisch	Sunniten	1–3
Belutschen	Belutschi	Sunniten	< 1
zahlreiche weitere Ethnien und Sprachen			

Berechnung Conrad Schetter nach: Die ethnischen Gruppen
Afghanistans. Hrsg. von Erwin Orywal, Wiesbaden 1986, S. 70 f.

Stammesstrukturen und ethnische Gruppen

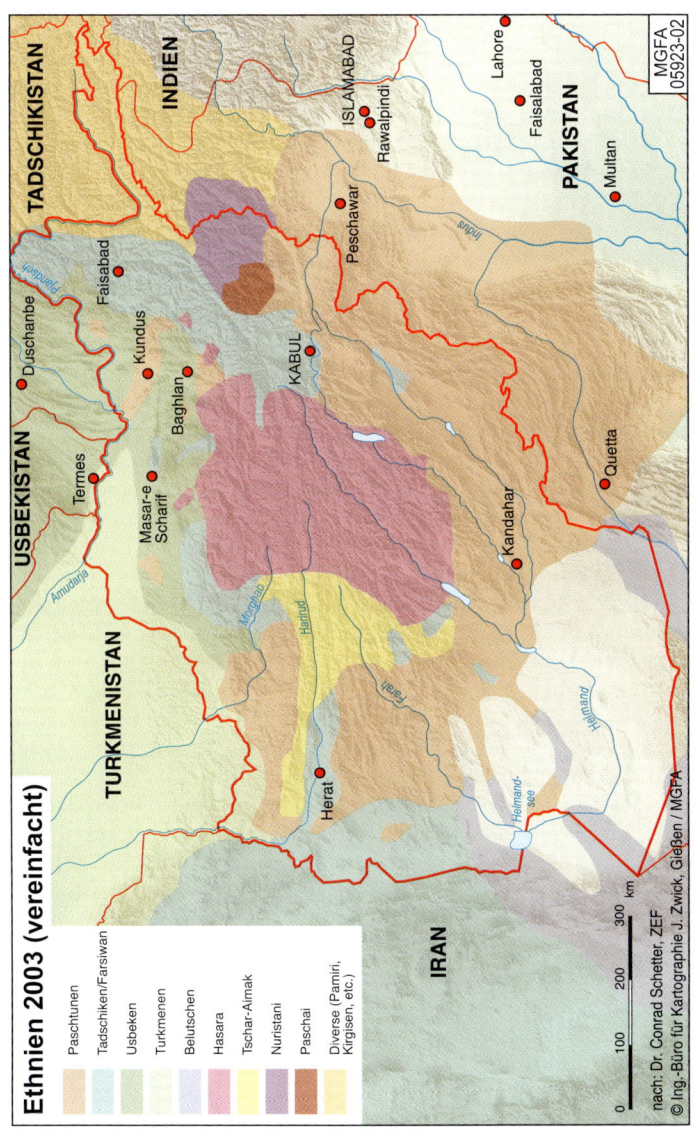

II. Strukturen und Lebenswelten

Die *Paschtunen* bilden nicht nur die größte ethnische Gruppe in Afghanistan, sondern stellen die zahlenmäßig größte Stammesgesellschaft der Welt dar. Sie leben im südlichen und östlichen Afghanistan sowie im nordwestlichen Pakistan. Die Stammeskonföderationen der Durrani in Südwestafghanistan und der Ghilsai in Südostafghanistan vereinen mehrere der großen Stämme. Alle Paschtunen glauben, dass sie von einem gemeinsamen Ahnen, Kais (nach dem Übertritt zum Islam Abdurraschid), abstammen. Die Paschtunen sind überwiegend Sunniten und sprechen Paschto, eine eigenständige ostiranische Sprache. Zumindest im Idealbild sind die Paschtunen durch Gleichheit und die individuelle Souveränität ihrer männlichen Mitglieder bestimmt. Dies führt dazu, dass ein Paschtune niemanden über sich duldet, was immer wieder Konflikte hervorruft. Um Streitigkeiten und Spannungen zu verhindern oder zumindest Konfliktlösungen herbeizuführen, steht den Paschtunen in der Dschirga (Versammlung) ein Kommunikationsforum zu Verfügung, in dem verbindliche Entscheidungen herbeigeführt werden sollen (vgl. den Beitrag von Christine Nölle-Karimi).

Der ungeschriebene Ehren- und Rechtskodex, das Paschtunwali, regelt das Zusammenleben der Paschtunen, wenngleich einzelne Inhalte von Stamm zu Stamm variieren und das Paschtunwali im 20. Jahrhundert seinen zwingenden Charakter für die in den Städten lebenden Paschtunen verlor. Der Kerngedanke des Paschtunwali fußt auf der Vorstellung, dass die Existenz des Einzelnen, des Clans, des Stammes, ja aller Paschtunen ständig bedroht ist (vgl. den Beitrag von Erwin Orywal). Diese feindliche Weltsicht bildet die Grundlage des paschtunischen Selbstverständnisses, von der sich jeder männliche Paschtune durch bestimmte Verhaltensweisen positiv abheben muss. So ist jeder Paschtune bemüht, seine Ehre über den Schutz seines Besitzes zu wahren, worunter auch der »weibliche Teil der Gemeinschaft« verstanden wird. Die nachgeordnete Stellung der Frau in der paschtunischen Gesellschaft basiert auf Wertvorstellungen der Stammesgesellschaft und ist nicht islamischen Ursprungs. Überhaupt kollidieren immer wieder paschtunische mit islamischen Wert- und Ordnungsvorstellungen – so etwa im Erbrecht und in der Gerichtsbarkeit, da der Islam die Blutrache verbietet. Auch steht der islamische Geistliche außerhalb der paschtuni-

Sprachverhalten

Das Persische (auch: Dari) verfügt über eine hoch entwickelte und in vielen Nuancen ausgeprägte Schrifttradition. Es ist deshalb in Afghanistan die führende Sprache in den Bereichen Verwaltung, Wissenschaft, Literatur und Religion. Das Persische wird in dieser Funktion auch von Personen benutzt, die eine andere Erstsprache sprechen. Die Schriftsprache des Paschto ist ähnlich entwickelt, allerdings ist das Paschto unter Nicht-Paschto-Sprechern in einem geringeren Maße verbreitet als das Persische unter Nicht-Persisch-Sprechern. Dies hängt unter anderem damit zusammen, dass das Persische (ähnlich wie das Englische) für Anfänger zu Beginn leicht zu erlernen ist, wogegen das Paschto als eine sehr flexionsreiche Sprache (ähnlich wie das Französische oder Russische) dem Lernenden von Anfang an größere Hürden in den Weg stellt. In vorwiegend paschtosprachigen Gebieten wird in den Grundschulen neben Paschto auch Persisch unterrichtet, in vorwiegend persischsprachigen Gebieten neben Persisch auch Paschto. Die besten Kenntnisse in der jeweils anderen Sprache besitzen Personen dann, wenn sie diese während der alltäglichen Kommunikation erworben haben. Praktische Zweit- oder Drittsprachenkenntnisse sind deshalb auch oft unter Personen verbreitet, die nie eine Schule besucht haben.

Persisch (Dari) in Afghanistan weist im Bereich der Schriftsprache nur geringe Unterschiede zur persischen Sprache des Irans auf. Es gibt aber auffällige Unterschiede in der Aussprache und bei den Bezeichnungen wichtiger Realien. Eine der Schriftsprache nahestehende Form der gesprochenen Hochsprache wird nur von Literaten und Nachrichtensprechern benutzt. Ansonsten herrscht eine umgangssprachliche Form vor, die stark vom schriftsprachlichen Standard abweicht. Die Umgangssprache in Kabul wird heute in ganz Afghanistan als gesprochener Standard des Persischen angesehen. Als gesprochene Sprache steht das Persische auch dem Tadschikischen von Tadschikistan oder Usbekistan nahe, das für die geschriebene Sprache jedoch ein kyrillisches Schriftsystem verwendet.

Die Schriftsprache des Paschto ist nicht in demselben Maße standardisiert wie die des Persischen. Das Paschto zerfällt zudem in zahlreiche Dialekte, die zueinander wie auch im Verhältnis zur geschriebenen Sprache sehr große Unterschiede aufweisen. Paschtunen verfügen über einen besonderen Stolz, der sich auch in ihrer Sprache ausdrückt.

II. Strukturen und Lebenswelten

Obwohl das Persische mit geringen Einschränkungen in ganz Afghanistan verstanden werden kann, sind Kenntnisse des Paschto unerlässlich, um die Herzen der Paschtosprecher erreichen zu können.

Alle anderen Sprachen Afghanistans haben de facto keine Schriftform entwickelt, was aber nicht bedeutet, dass die Sprecher dieser Sprachen eine schriftlose Kultur besäßen. Schriftlichkeit kommt auch bei ihnen auf Persisch oder Paschto zum Ausdruck. Wer Lesen und Schreiben lernt, lernt zugleich eine dieser beiden Sprachen. In jüngerer Zeit gibt es (auch mit deutscher Unterstützung) Bemühungen, Schriftsysteme für die Sprachen Usbekisch, Turkmenisch, Belutschi, Nuristani (Kati), Paschai und Schughni zu entwickeln. Einige dieser Sprachen fungieren in ihren Verbreitungsgebieten auch als lokale Umgangssprache.

Die Alphabetisierung kann nicht nur in staatlichen Schulen erfolgen, sondern auch in islamischen Bildungseinrichtungen, die bei oder in einer Moschee, in Privathäusern oder in gesonderten Einrichtungen betrieben werden.

Trotz der langen Schrifttradition spielt das geschriebene Wort im afghanischen Alltag nicht dieselbe Rolle wie in anderen Kulturkreisen. Ein umso höherer Wert wird dem gesprochenen Wort beigemessen. Redegewandtheit, rhetorische Begabung, ein gewählter Wortschatz und eine metaphernreiche (bildhafte) Sprache genießen hohe Wertschätzung und können maßgebend den Einfluss und die Überzeugungskraft bestimmen, über die eine Person verfügt. Aus Gründen der Höflichkeit kann der geschickte Redner Aussagen unterdrücken oder blumenreich umschreiben, die Zorn und Zwietracht heraufbeschwören oder den Unmut eines als Gast verehrten Fremden hervorrufen könnten.

(lr)

schen Stammesordnung. In ihrem Selbstverständnis sehen sich die Paschtunen als die eigentlichen Afghanen. Das afghanische Königshaus, das bis 1747 zurückreicht, gehört den Stämmen der Sadosai und Mohammadsai aus der paschtunischen Stammeskonföderation der Durrani an.

Die *Tadschiken* stellen die zahlenmäßig zweitgrößte Volksgruppe. Sie sind im ganzen Land zu finden, jedoch besonders stark in der Region Herat und in Nordostafghanistan. Darüber hinaus wird in Afghanistan der Begriff »Tadschike« für Menschen verwendet, die sich keiner ethnischen Kategorie zuordnen lassen (Nicht-Paschtune, Nicht-Hasara etc.), und als Bezeichnung für alle persisch sprechenden Sunniten. Die Tadschiken stellen einen Großteil der Intelligenzija und bestimmten bis in die 1990er-Jahre das Wirtschaftsleben. Auch die Farsiwan und Tschahar-Aimak werden häufig als Tadschiken bezeichnet. Der Begriff »Farsiwan«, in vielen Teilen Afghanistans ein Synonym für Tadschike, wird in Westafghanistan exklusiv für die schiitischen Persischsprecher verwendet. »Tschahar-Aimak« ist ein Oberbegriff für verschiedene in Stämmen organisierte Volksgruppen, die in den gebirgigen Regionen Westafghanistans leben und ebenfalls Dari sprechen.

Die *Hasara* werden über ihr turko-mongoloides Aussehen, ihre schiitische Konfessionszugehörigkeit und ihre Sprache (Hasaragi), ein mit mongolischen Wörtern versetzter Dialekt des Persischen, abgegrenzt. Überdies ist für die Definition der Hasara bedeutend, dass diese bis in die 1950er-Jahre konzentriert in Zentralafghanistan, dem Hasaradschat, lebten. Die Hasara stellen in Afghanistan die am stärksten benachteiligte und ausgegrenzte Gruppe dar und wurden immer wieder als Abkömmlinge der Mongolen bezeichnet. Das Volk der Hasara wurde vor Ausbruch des afghanischen Bürgerkriegs ungefähr auf eine Million Menschen geschätzt. Jüngere, von Hasara publizierte Schätzungen gehen allerdings von vier bis sieben Millionen aus. Das Argument für diese Angaben lautet, dass viele von ihnen ihre eigentliche Identität aufgrund der repressiven Politik aller afghanischen Regierungen ihrer Volksgruppe gegenüber verbergen und sich als Tadschike, Usbeke oder Paschtune ausgeben mussten.

Als eine weitere schiitische Ethnie sind die *Kisilbasch* zu nennen. Die Bezeichnung Kisilbasch ist türkischen Ursprungs und wird gemeinhin mit dem Wort »Rotköpfe« übersetzt. Bei den Angehörigen dieser Volksgruppe handelt es sich um die Nachkommen von Turkstämmen aus Aserbaidschan, die im 18. Jahrhundert vom persischen Herrscher Nadir Schah als Besatzungstruppen in afghanischen Städten eingesetzt wurden. Die Kisilbasch sind Schiiten, sprechen Persisch und leben in den urbanen Zentren Afghanistans. Seit dem ausgehenden 18. Jahrhundert finden sie sich in Schlüsselpositionen der Verwaltung.

II. Strukturen und Lebenswelten

Die afghanischen Ethnien – hier Delegierte auf der Großen Ratsversammlung Loya Dschirga 2002 in Kabul – sind im Parlament des Landes vertreten und kämpfen in den Provinzen um Einfluss.

Weitere nationale Minderheiten in Afghanistan sind die im Norden lebenden *Usbeken*, die der sunnitischen Richtung des Islams anhängen und eine osttürkische Sprache, Usbekisch, sprechen. In Nordafghanistan finden sich außerdem *Turkmenen*, die ebenfalls Sunniten sind, über eine Stammesorganisation verfügen und eine südwesttürkische Sprache sprechen, die dem Türkischen recht verwandt ist, aber vom Usbekischen abweicht. Viele Usbeken, Turkmenen und auch Tadschiken sind erst in den 1920er-Jahren im Zuge der Sowjetisierung Zentralasiens nach Afghanistan eingewandert. Sie bezeichnen sich bis heute als »Muhadscherin« (Flüchtling).

Im Südwesten des Landes, besonders entlang des Helmand, leben mehrere hunderttausend *Belutschen*. Ähnlich wie die Paschtunen und Turkmenen sind auch sie in Stämmen organisiert. Die Sprache der Belutschen, das Belutschi, eine nordwestiranische Sprache, ist dem Dari verwandt.

Besonders der Hindukusch beherbergt eine Vielzahl unterschiedlicher Völkerschaften. Unter dem Begriff *Nuristani* werden

Stammesstrukturen und ethnische Gruppen

mehrere von ihnen zusammengefasst, die am Südhang des Hindukusch, nördlich von Dschalalabad, leben und verschiedene indoarische Sprachen sprechen. Nuristani bedeutet »Bewohner des Landes des Lichtes«. Diese Bezeichnung verweist auf die spät erfolgte Zwangsislamisierung durch den afghanischen Herrscher Emir Abdurrachman 1895/96. Zuvor wurde dieses Gebiet Kafiristan, »Land der Ungläubigen«, genannt, da seine Einwohner animistischen Religionen anhingen. Kafiristan gelangte zu einem gewissen Bekanntheitsgrad durch Rudyard Kiplings Novelle »Der Mann, der König sein wollte«, 1975 unter dem gleichnamigen Titel mit Sean Connery und Michael Caine in den Hauptrollen verfilmt, in der es zu einem der letzten »Weißen Flecken« auf den Landkarten des ausgehenden 19. Jahrhunderts stilisiert wurde (vgl. Filmtipps im Anhang).

Südwestlich der Nuristani leben die *Paschai*, die nach der gleichnamigen indoarischen Sprache benannt werden. Für sie wird auch die persische Bezeichnung Kohistani (Bergbewohner) verwendet. Nördlich der Nuristani bewohnen verschiedene Lokalgruppen den Hindukusch, die diverse nordostiranische Sprachen sprechen und überwiegend dem ismailitischen Glauben angehören (im 8. Jahrhundert durch Kirchenspaltung entstandene, islamisch-schiitische Glaubensgemeinschaft mit weltweit 15 Millionen Mitgliedern, vgl. Schaubild »Glaubensrichtungen des Islams«, S. 172). Als Oberbegriff für diese Ethnien hat sich der Terminus *Berg-Tadschiken* eingebürgert. Schließlich sind noch wenige Tausend turksprachige *Kirgisen* zu nennen, die östlich der Berg-Tadschiken im Wachan-Korridor als Nomaden siedeln.

Weitere in Afghanistan anzutreffende Volksgruppen sind *Araber*, *Kasachen*, *Tataren* und *Mogol* in Nordafghanistan, *Brahui* und *Dschat* in Südafghanistan, *Gudschar* in Ostafghanistan sowie *Hindus* und *Sikhs*, die in ost- und südafghanischen Städten leben.

Conrad Schetter

Am 7. Februar 2002 verkündeten der damalige Chef der afghanischen Übergangsregierung, Hamid Karsai, und Ismail Kasemyar, Vorsitzender der Unabhängigen Kommission zur Einberufung der afghanischen Nationalversammlung, die Zusammenkunft einer Loya Dschirga für den Sommer desselben Jahres. Der Großversammlung der afghanischen Stämme – das Bild zeigt zwei Abgesandte, die am 1. Juni 2002 die Versammlung des Distriktes Schinwari (Prowinz Parwan) bestimmte – fiel nach den Beschlüssen der Bonner Petersberg-Konferenz die Aufgabe zu, eine Übergangsregierung für 18 Monate zu ernennen. Dies bildete den ersten Schritt für freie Wahlen. Die Internationale Gemeinschaft und die afghanische Übergangsregierung griffen mit der Loya Dschirga auf eine afghanische Form der Meinungsäußerung und Entscheidungsfindung zurück, die den komplizierten Bedingungen einer Stammesgesellschaft angepasst ist.

Die Tradition der »Loya Dschirga«: Herrschaftsstrukturen und Staatlichkeit

Bei der »Loya Dschirga« (»Große Ratsversammlung«) handelt es sich um eine wichtige staatliche Institution, die vom frühen 20. Jahrhundert an zum Tragen kam. Der Begriff »Dschirga« bedeutet »Kreis« und wurde ursprünglich im militärischen und waidmännischen Kontext für das Umzingeln von feindlichen Truppen oder von Beute verwandt. In der persischen Literatur des 15. und 16. Jahrhunderts bezeichnete dieser Terminus auch allgemein die kreisförmige Sitzanordnung, zu der sich die Adligen bei Beratungen niederließen, und gewann somit seinen jetzigen Bedeutungsgehalt. Im gegenwärtigen Sprachgebrauch wird »Dschirga« in erster Linie mit der paschtunischen Stammesversammlung assoziiert. Im Ersten Weltkrieg entstand eine staatlich organisierte Ratsversammlung, deren Existenz dem Bestreben der herrschenden Mohammadsai-Elite entsprang, zentralstaatliche Ansprüche in paschtunischen Traditionen und Institutionen zu verwurzeln und als nationales Erbe zu propagieren. Diese Ratsversammlung wurde als »Loya Dschirga« bezeichnet, zusätzlich versehen mit dem paschtunischen Wort für »groß« (»loya«), um auf diese Weise die politische Bedeutung zu unterstreichen.

In der modernen afghanischen Literatur wird eine naturgegebene Verbindung zwischen der historischen Tiefe der Dschirga bzw. Loya Dschirga und ihrer allgemeinen oder alleinigen Gültigkeit als spezifisch afghanisches Schlichtungsinstrument hergestellt. Dieser Sichtweise zufolge soll diese Institution ein Erbe der indogermanischen Vorfahren der Paschtunen sein und schon in vorislamischen Zeiten eine Schlüsselfunktion eingenommen haben. Die Loya Dschirga sei danach organisch gemeinsam mit dem entstehenden afghanischen Staatswesen über die Ghasnawiden bis hin zur »nationalen« Erhebung der Afghanen gegen die safawidische Herrschaft im 18. Jahrhundert gewachsen. Zu diesem Geschichtsbild gehört auch die Idee eines Kontinuums von der Dschirga auf der Dorfebene bis hin zur zentral organisierten »Großen Ratsversammlung« auf der Staatsebene. Folglich leitet sich die Loya Dschirga von der Stammesversammlung ab und bildet deren natürlichen Höhepunkt. Diese Sichtweise erhebt die Loya Dschirga zu einem spezifisch afghanischen Verfahren zur Bereinigung von Meinungsverschiedenheiten und Streitigkeiten, das nicht nur die verschiedenen Gesellschaftsschichten, sondern auch die unterschiedlichen Regionen Afghanistans auf magische Art und Weise zusammenhält.

Funktion in der Geschichte

Die Große Ratsversammlung wurde immer dann einberufen, wenn politische Entscheidungen oder Neuerungen von nationaler Tragweite anstanden. Die erste Versammlung dieser Art fand 1916 statt, als König Habibullah Khan (1901–1919) 540 Delegierte aus allen Landesteilen einlud, um die Gründe für Afghanistans Neutralität im Ersten Weltkrieg darzulegen. Unter Habibullah Khans Nachfolgern wurde der Begriff Loya Dschirga geprägt. Von den 1920er-Jahren an entwickelte sich dieser Staatsrat zu einem festen Bestandteil afghanischer Politik und wurde zunehmend in den institutionellen Rahmen des Mohammadsai-Staates eingebunden. Obwohl von Anfang an ein ausgeprägtes Interesse an der Formalisierung der Loya Dschirga bestand, fand sie weiterhin in unregelmäßigen Abständen statt. Ihr politischer Stellenwert lässt sich an ihrer zentralen Rolle bei der Verabschiedung verschiedener Verfassungsentwürfe ablesen. Die ersten Vorstöße in diese Richtung machte König Amanullah Khan (1919–1929) 1923 und 1928 im Rahmen seiner ehrgeizigen Reformvorhaben. Nach Amanullah Khans Scheitern im Jahre 1929 wurden konservativere Töne angeschlagen. Nadir Schah (1930–1933), der aufstrebende Begründer der Musahiban-Dynastie, verschaffte sich 1930 die Unterstützung der Stammesvertreter, indem er Amanullah Khans Reformen des Familienrechts sowie des Bildungs- und Gerichtswesens rückgängig machte.

Der eigentliche Aufbruch in die Moderne erfolgte erst 1964, als Sahir Schah (1933–1973) nach dreißigjähriger, rein formaler Herrschaft aktiv in die Regierungsgeschäfte eingriff. Unter seiner Leitung fand jene berühmte Loya Dschirga statt, die noch heute fest im Gedächtnis der Bevölkerung verankert ist. Afghanistan

Die Tradition der »Loya Dschirga«

erhielt damals seine erste wahrhaft demokratische Verfassung, die das Land zur konstitutionellen Monarchie wandelte.

Die Verfassung von 1964 verwirklichte viele jener Ziele, an denen König Amanullah Khan in den 1920er-Jahren gescheitert war. Fortan oblagen die Regierungsgeschäfte einem Zweikammer-Parlament (Schura), das aus einem Unterhaus (De Wolesi Dschirga) mit 216 Abgeordneten und einem Oberhaus (De Meschrano Dschirga) mit 84 Mitgliedern bestand. Zum ersten Mal in der Geschichte Afghanistans erhielten Frauen und Männer gleichermaßen das Wahlrecht. Die Parlamentswahlen von 1965 und 1969 öffneten dem Land bis zu Da'uds Putsch von 1973 und dem darauf folgenden kommunistischen Regime für kurze Zeit ein Fenster zur Demokratie. Parallel zur Einführung des Parlaments veränderte sich die Zusammensetzung und Funktion der Loya Dschirga grundlegend. Gemäß Art. 5 der Verfassung setzte sich die Große Ratsversammlung nunmehr aus den Parlamentsabgeordneten und den Vorsitzenden der 28 Provinzräte zusammen. Mit dieser Institutionalisierung erreichte die Loya Dschirga einen vorläufigen Höhepunkt ihrer Entwicklung, verlor jedoch im Gegenzug an Aussagekraft. Zwar repräsentierte sie formal alle Schichten der afghanischen Bevölkerung, büßte aber in großem Maße ihre traditionelle Bedeutung und frühere Spontaneität ein.

Dieser Prozess der Loslösung von den ländlichen Wurzeln intensivierte sich in den 1970er- und 1980er-Jahren. Die Verfassungen von 1977, 1985 und 1987 bestimmten die Loya Dschirga zum höchsten Staatsorgan, veränderten jedoch ihre Zusammensetzung endgültig zugunsten von Staatskadern. Insbesondere die Verfassungen von 1977 und 1987 hätten die Große Ratsversammlung zweifellos zu einer demokratischen Fassade für ein autoritäres Einparteiensystem degenerieren lassen, doch kamen beide nicht zum Tragen. Während das Gesetzeswerk von 1977 der Aprilrevolution von 1978 zum Opfer fiel, verlor die kommunistische Regierung in der Folgezeit zu rasch an Bodenhaftung, um ihren Anspruch auf eine vom Volk ermächtigte und gebilligte Herrschaft durchzusetzen. So sahen sich die Organisatoren der Loya Dschirga von 1985 und 1987 außerstande, Delegierte außerhalb von Kabul zu mobilisieren.

II. Strukturen und Lebenswelten

Gleichermaßen scheiterte der Versuch, den anti-kommunistischen Widerstand über die Institution der Loya Dschirga zu legitimieren und ihm Schlagkraft zu verleihen. Der im Mai 1980 einberufene »Provisorische Große Rat« (Momasila Loya Dschirga) vereinigte zwar 7000 Delegierte aus allen Distrikten Afghanistans in Peschawar, fiel jedoch den Machenschaften der islamistischen Widerstandsparteien und des pakistanischen Geheimdienstes zum Opfer.

Trotz dieser Rückschläge lebte während des gesamten Krieges das Bild der Loya Dschirga als umfassendes Heilmittel gegen staatlichen und gesellschaftlichen Verfall fort und wurde von der Bevölkerung weiterhin mit Sahir Schah und der Verfassunggebenden Versammlung von 1964 in Verbindung gebracht. 1999 griff der damals in Rom lebende Exmonarch, Sahir Schah, diese Idee schließlich auf und setzte mit der Forderung nach einer Notversammlung, wie sie in der Verfassung von 1964 verankert ist, den »Rom-Prozess« in Gang. Sahir Schahs Entwurf fand Eingang in das Petersberger Abkommen vom Dezember 2001, das die Ein-

Weibliche Delegierte während der Loya Dschirga vom Juni 2002.

berufung einer »Emergency Loya Jirga« als ersten Schritt zum Wiederaufbau staatlicher Institutionen und der Einführung der Demokratie vorsah. Die Versammlung nominierte im Juni 2002 eine provisorische Regierung unter der Führung Hamid Karsais. Anfang Januar 2004 wurde in einer weiteren Loya Dschirga die neue Verfassung Afghanistans verabschiedet, die das Land zur Islamischen Republik erklärt und eine starke Stellung des Staatspräsidenten vorsieht. Bei den Präsidentschaftswahlen am 9. Oktober 2004 konnte Karsai eine klare Mehrheit der Stimmen auf sich vereinigen.

Mit der »Emergency Loya Jirga« und der Verfassunggebenden Loya Dschirga fand ein einheimisches Modell Anwendung, das durch seine Vorgeschichte nach innen zahlreiche positive Assoziationen und Emotionen weckt, nach außen aber die rudimentäre Erfüllung westlicher Vorgaben verspricht. Die formale Gleichsetzung des Loya-Dschirga-Prozesses mit der Einführung eines pluralistischen Systems ignoriert jedoch die Tatsache, dass sowohl in den Wahlen als auch auf den Versammlungen wesentliche demokratische Elemente, wie beispielsweise das Recht auf freie Meinungsäußerung, fehlten. So wurden die Ergebnisse der Wahlen zur »Emergency Loya Jirga« durch das unangetastete Gewaltmonopol der Kriegsfürsten und ihre ungehemmte Kontrolle über das lokale Geschehen verzerrt. Der Verlauf und die Ergebnisse der beiden großen Dschirgas reflektierten hingegen in erster Linie die Interessen der Vereinigten Staaten und der Vereinten Nationen. Obwohl der politische Prozess so zwar erfolgreich angeschoben werden konnte, schadete diese Vorgehensweise der Glaubwürdigkeit, welche die soeben wieder belebte Institution der Loya Dschirga bis dahin in der öffentlichen Wahrnehmung genoss.

Christine Nölle-Karimi

In der afghanischen Provinz kommt den regionalen und lokalen Machthabern entscheidende Bedeutung zu. Der Erfolg der Zentralregierung in Kabul, das Land zu stabilisieren, hängt vom Vermögen ab, dort ihre Entscheidungen durchzusetzen. Selbst in der kommunistischen Zeit wurde schließlich erkannt, dass die Herrschaft ohne die Unterstützung oder wenigstens Tolerierung des Regierungskurses vonseiten der Stammesführer und Ältesten auf die Hauptstadt beschränkt blieb. Bis heute besteht ein kompliziertes Verhältnis zwischen Kabul und seinen Provinzen, das neben modernen Elementen ebenso persönliche Loyalitäten, Stammesinteressen und religiöse Gesetze widerspiegelt.

■ Lokale Herrscher:
Das Beispiel paschtunischer Khane

Die Winter in Afghanistan sind bitter kalt und voller Entbehrungen, zudem in vielen Gebieten reich an Schnee. Viele Regionen sind dann nur schwer zu erreichen. Während der Präsidentschaftswahl im Oktober 2004 dauerte es mehrere Tage, die mit Stimmzetteln gefüllten Wahlurnen zur Auszählung nach Kabul zu schaffen. Ein Wahlhelferteam hatte während des Transports mit dem Helikopter in unwegsamem Gelände in Badachschan notlanden müssen und konnte erst nach zwei Wochen in einer spektakulären Aktion gerettet werden.

Doch nicht nur vor dem Hintergrund einer unwegsamen Topografie ist es verständlich, dass Kabul für viele Afghanen weiterhin in unerreichbarer Ferne bleiben wird. Der Mehrheit der Menschen in Afghanistan gilt Kabul als Sitz einer abstrakten Regierung und als eine fremde Welt jenseits des eigenen intellektuellen oder praktischen Erfahrungshorizontes. Somit müssen die Hauptstadt, der afghanische Staat und dessen Politik der ländlichen Bevölkerung durch regionale Führer, durch Medien und durch Öffentlichkeitsarbeit der verschiedensten Art vermittelt werden.

Für diesen Sachverhalt liefert die historische Entwicklung von Herrschaftsstrukturen im Land – die hier nur anhand von Beispielen aufgezeigt werden kann – manche Erklärungen. Das Gebiet, das den heutigen Staat Afghanistan umfasst, war vor 250 Jahren Teil der Chorassan-Provinz unter der persischen Herrschaft Nadir Schahs. Nach dessen Ermordung im Jahre 1747 erklärte Achmad Schah Abdali, einer seiner Kommandeure, die Unabhängigkeit von Persien, und so wurde Afghanistan vorerst als das Durrani-Reich gegründet. Die eigentliche Grenzfestlegung des afghanischen Territoriums erfolgte sehr viel später, nämlich zwischen 1887 und 1895.

Zur Zeit des Achmad Schah Abdali – oder Achmad Schah Durrani – beherrschten unterschiedliche Stämme das Land, deren Angehörige zumeist als Bauern oder Hirtennomaden lebten. Achmad Schah Abdali gehörte zum paschtunischen Stamm der Abdali (später: Durrani). Er wäre von anderen paschtunischen Stämmen und von Bevölkerungsgruppen wie Hasara oder Usbeken schwerlich als Herrscher über ein »Afghanistan« anerkannt worden. Im Verlauf der Geschichte entstand ein kompliziertes und instabiles System, in dem die Stammesführer auf lokalen, regionalen und landesweiten Versammlungen (Dschirgas) um Macht und Einfluss stritten.

Die Stammesordnung hat auch heute noch vor allem in den paschtunischen Regionen des südöstlichen Afghanistans eine politische Bedeutung für die Menschen und eine Entsprechung in den ökonomischen Lebensumständen der unzugänglichen Gebiete. Das sehr ausgeprägte Streben der einzelnen Provinzen und der fern von der Hauptstadt gelegenen Städte wie Masar-e Scharif, Herat, Kandahar oder Dschalalabad nach Wahrung der Unabhängigkeit blieb bis in unsere Zeit erhalten. Heute noch repräsentiert der Regierungssitz den »Staat«, das ländliche Afghanistan dagegen die »Gemeinschaft«. Kabul, seit 1773 Hauptstadt des afghanisch-paschtunischen Durrani-Reiches, spiegelte das Ferne, Feindliche wider, die lokalen Gemeinschaften hingegen stellten das Eigene, das Vertraute dar. Die Afghanen entwickelten erst spät ein nationales Bewusstsein. Der Grund für diese Struktur sind die naturräumlichen Gegebenheiten: Afghanistans Geografie stand der Staatenbildung stets entgegen (vgl. den Beitrag von Hermann Kreutzmann).

Politische Führerschaft und Stammesordnung

Wer durch Afghanistan reist, entdeckt die Vielfalt und Abgeschlossenheit der Landschaften. Daran angepasst waren immer schon die Wirtschaftsformen und die soziale Ordnung der Menschen, die diese Landschaften bewohnten. Extreme Jahreszeiten im Hochgebirge fordern den Bewohnern Flexibilität ab. Antworten darauf sind nomadische Lebensformen und ein hohes Maß an Eigenverantwortlichkeit der Einzelnen (Männer) bei gleichzeitig strengster Verpflichtung gegenüber der Verwandtschaftsgruppe. Die Form der politischen Führerschaft ist entsprechend flexibel und in manchen Regionen in eine Stammesordnung eingebettet, die saisonal bedingte Veränderungen der Gruppen erlaubt. Diese politische Ordnung steht staatlichen Strukturen entgegen.

Lokale Herrscher: Das Beispiel paschtunischer Khane

Ein traditioneller »Führer« in manchen der nomadischen und halbnomadischen Stammesgemeinschaften Afghanistans war ein »Primus inter Pares« – »der Erste unter Gleichen« –, dessen politische Legitimation vor allem darin bestand, den Verpflichtungen, die er gegenüber seiner Gefolgschaft hatte, angemessen nachzukommen.

Die integrative Aufgabe, den »Knoten des Stammes zu knüpfen«, fiel beispielsweise bei den Paschtunen den »Khanen« und Stammesführern zu. In der Erfüllung dieser Aufgabe waren sie – auf eine moderne Art und Weise verstanden – selbstfinanzierte öffentliche Dienstleister. Ein Khan führte mittels seiner Autorität und seines Einflusses. Khane haben sich häufig ihrer Machtfülle bedient, um zum Vorteil ihres Stammes und ihrer Gefolgschaft auf staatliche Stellen einwirken zu können. Auf diese Weise konnten sie darüber hinaus ihr eigenes Ansehen steigern und ihre Gefolgschaft vermehren. Einen Großteil ihrer Macht zogen die Khane aus diesen »Kabul Connections«: Sie verschafften sich Privilegien, die ihnen Zugriffe auf Ressourcen erlaubten, die für ihre Stämme bis dahin unerreichbar waren.

Die politischen Führerinstitutionen der Khane oder auch der lokalen Bürgermeister wurden im Laufe der Staatsentwicklung gefestigt. Auch bildeten sich in sesshaften Gemeinschaften in Afghanistan, deren Mitglieder in der Regel als »Tadschiken« bezeichnet wurden, stabilere, festgelegte politische Führungsformen aus als in halbnomadischen Stammesgesellschaften.

Das Wort »Khan« entstammt der mongolischen Sprachfamilie und kann in seiner ursprünglichen Bedeutung mit »Fürst« oder »König« übersetzt werden. Khan findet sich häufig als Bestandteil von Personennamen und gibt an sich keinen Hinweis auf eine herausragende Position des Namensträgers. Vielerorts wird das Wort Khan dem Eigennamen nachgestellt und hat eine ähnliche Bedeutung wie im Deutschen »Herr«. In Afghanistan gibt es unzählige Männer, die Khan im Namen tragen. Im engeren Sinn bedeutet Khan: mächtige, politisch einflussreiche Persönlichkeit.

In den 1970er-Jahren, also kurz vor den ökonomischen und sozialen Umwälzungen der Revolutions- und Kriegsjahre, hatte ein Anwärter auf einen Titel und die Position eines Khans folgende Bedingungen zu erfüllen: Er musste aus derselben (väter-

II. Strukturen und Lebenswelten

lichen) Verwandtschaftslinie stammen wie der verstorbene Khan und darüber hinaus über wirtschaftliche Ressourcen verfügen, und er musste dem Idealbild eines Paschtunen nahe kommen. Dies bedeutete, ein »Ghairatman« zu sein und die Werte des Paschtunwali, des paschtunischen Stammeskodex, in tadelloser Weise zu leben. »Ghairatman« umschrieb damals die Haltung eines Mannes mit hervorragenden Eigenschaften, der zwischen ehrenhaften und ehrlosen Handlungen entscheiden kann und stets versuchte, der Ehre vor der Schande den Vorzug zu geben. Dieses Konzept verwob zwar die gesamte Verwandtschaftsgruppe miteinander, da das Verhalten der Einzelnen auf die Verwandtschaft zurückfiel, bezog sich aber zunächst auf den einzelnen Mann: Erfüllte dieser die Forderungen, dann war dessen persönliche Unbescholtenheit und sein ganz persönlicher Wert innerhalb der paschtunischen Gesellschaft anerkannt.

Innerhalb dieses Beziehungsgeflechtes repräsentierte bei den Paschtunen ein verbreiteter Typus des Khans zwar die Autorität einer Gruppe, war jedoch nicht selbst im Besitz dieser Autorität. Die Macht eines Khans lag in seinen persönlichen Fähigkeiten und Eigenschaften als Ghairatman, also in der oben beschriebenen persönlichen Integrität, begründet, aber auch in seiner wirtschaftlichen Prosperität oder in dem ihm eigenen Potenzial an physischer Gewalt. Weiter gründete sich seine Macht gerade in der Anerkennung als Khan durch seine Gefolgsleute und der damit verbundenen gegenseitigen Unterstützung.

Trotz all dieser Grundlagen und Anerkennung von Macht konnte der Khan nicht ohne die Zustimmung der von ihm repräsentierten Gruppe Entscheidungen treffen. Er handelte vielmehr so, wie es seiner Ansicht nach dem Willen seiner Gefolgsleute entsprach oder wie er es zumindest gegenüber seiner Gefolgschaft durchsetzen zu können glaubte. Handelte er aber diesem Willen entgegen, verlor er damit in der Regel seinen Führungsanspruch.

Starb ein Khan oder ging er seines Ansehens verlustig, konkurrierten mehrere Männer um die Nachfolge. Khane konnten von ihrer Gefolgschaft so lange Loyalität erwarten, so lange sie ihren Schutz und eine gewisse Grundversorgung sicherstellten. Sie mussten in der Lage sein, mit unterschiedlichsten Mitteln und Methoden die staatliche Verwaltung gewogen zu stimmen, aber auch ihre Leute im Notfall materiell zu unterstützen und sie vor Angriffen verteidigen zu können, also ihre Sicherheit zu gewährleisten.

Ein Khan war ständig darum bemüht, zu zeigen, dass er der richtige Mann in der richtigen Position war. Diese Form politischer Führerschaft lebte stark vom Prestige: Es musste stets in aller Öffentlichkeit deutlich gemacht werden, dass die Führerschaft unbestritten war, dass man sich ein Übermaß an Großzügigkeit leisten konnte und dass man ein offenes, überaus gastfreundliches Haus unterhielt. Im Falle von Unzufriedenheit mit einem Khan eröffnete das anderen Männern die Chance, ihm Titel und Position streitig zu machen. Die politische Macht der Khane ruhte damit stark auf einer wirtschaftlichen Basis. Der Khan und seine Gefolgschaft waren durch den Tausch von wechselseitigen Verpflichtungen und Rechten bzw. Ansprüchen miteinander verbunden. Es handelte sich hierbei um einen ausgeglichenen Tausch, der die Häufung von Reichtum und Macht auf einzelne Personen verhinderte und so eine relative Gleichheit unter den Mitgliedern eines Stammes gewährleistete. Doch mit dem Einzug der Moderne begann sich die soziale Stellung der Khane zu verändern.

Zur Rolle der Khane in den ländlichen Regionen

Die Kabuler Regierung griff einerseits auf die Khane als Brücken in die ländlichen Regionen zurück, wo der einzelne Bauer oder Viehhirte für den Staatsapparat ansonsten unerreichbar blieb. Andererseits gab es immer wieder Phasen, in denen die Zentralgewalt versuchte, unliebsame regionale Machthaber abzusetzen. Diese wiederum nutzten ihre Beziehungen zum Zentrum, um ihrer Gefolgschaft die Ressourcen des sich ausbildenden Zentralstaates zugänglich zu machen. Die gesamte tribalistische Struktur war auf Umwandlung materieller Güter in soziale Beziehungen angelegt. Die Sicherheit der einzelnen Stämme hing davon ab, inwieweit sich deren Führer als fähig erwiesen, ökonomisches Kapital in politisches umzumünzen.

II. Strukturen und Lebenswelten

Wo sich in der Vergangenheit durch Handel und Bewässerungsfeldbau Überschüsse produzieren ließen – meist in Oasenräumen – bildete sich eine gesellschaftliche Hierarchie aus: Mit der Konzentration wirtschaftlicher Ressourcen bei einer aufkommenden Stammeselite wurde die soziale und politische Gleichheit der Stammesmitglieder aufgehoben. Die naturräumlichen Gegebenheiten der meisten Regionen der paschtunischen Stammesgebiete, insbesondere der gebirgigen Kerngebiete, stand allerdings der Erwirtschaftung von Überschüssen entgegen.

Bereits seit den 1930er-Jahren war es der Regierung in Verbindung mit verbesserten Kommunikationswegen und zunehmender Kommerzialisierung der Landwirtschaft möglich gewesen, verstärkt in die Stammesgebiete vorzudringen und dort für mehr Kontrolle und Sicherheit zu sorgen. Diese Entwicklung ließ die Bedeutung der lokalen Solidargemeinschaften stetig abnehmen.

Ab 1979 wurde die zaghafte Entwicklung eines staatlichen Gewaltmonopols von Kriegen überdeckt, die Wirtschaft und Politik zu Kriegsökonomien verschmolzen und aus den regionalen Patronen »Warlords« machten. Diese verkauften Sicherheit im Sinne von Unternehmern und setzten die Gewalt als effizientes Mittel ein, um ihre ökonomischen Ziele zu verfolgen. Häufig wurden sie dabei von Mächten aus dem Ausland unterstützt. Mächtige Männer in Afghanistan, die heute in vielen kleinen Herrschaftsgebieten die Ordnung vorgeben, kann man als »Warlords«, »regionale Machthaber« oder »Power Brokers« bezeichnen. Sie verfügen unter anderem auch über militärische Macht und bestimmen die transregionale Politik sowohl zu anderen Regionen als auch zum »Zentrum« Kabul – obwohl sie nicht immer über eine formale Position, beispielsweise als gewählte Volksvertreter im Parlament, verfügen.

Diese Führungspersonen sehen sich nicht mehr mit der Notwendigkeit konfrontiert, umverteilen und ökonomische Überschüsse in soziale Beziehungen umwandeln zu müssen, die wiederum die Sicherheit gewährleisten. Aus dem relativ ausgeglichenen Tausch zwischen Khan und Gefolgschaft wurde eine einseitige persönliche Abhängigkeit der Klientel von den Zuwendungen ihres Patrons, der nun immer mehr forderte als er gab. Zunehmend verpflichtete der Patron seine Leute auch über emotionale, verwandtschaftliche oder ethnische Bande.

Bis heute ist Prestige als sozialer Kredit ausschlaggebend: Noch immer ist politische Macht öffentlich gezeigte Macht, und Gastfreundschaft und ein offenes Haus bleiben Zeichen für den hohen Status eines Mannes. Sicherheit ist für die meisten Menschen in Afghanistan nach wie vor ein knappes Gut, und die ständig wechselnden Koalitionen der regionalen Machthaber und Stammesführer sind mit verantwortlich für die landesweite Unsicherheit, in der die meisten Afghanen leben. Bevor die »Roads to Kabul« nicht durch die dafür institutionalisierten staatlichen Stellen gebahnt werden, wird sich daran nichts ändern. Viele der Stammesstrukturen, die während der Modernisierungsphase in der Zeit vor 1979 in großer Veränderung begriffen waren, erleben heute einerseits sogar eine gewisse Renaissance. So wurde beispielsweise mit dem am 7. September 2006 vom Provinzgouverneur und den Stammesältesten unterzeichneten »Musa-Kala-Protokoll« versucht, ein begrenztes, bislang von den Taliban stark umkämpftes Gebiet in Helmand zu entmilitarisieren und den Stammesführern zu unterstellen. Andererseits lautet eine oft gehörte Forderung in den Stammesgebieten, es sei Zeit, die alten Zöpfe abzuschneiden und »modern« zu sein. Man müsse sich mehr Felder und mehr Vieh beschaffen, um besser, freier und unabhängiger zu leben, am Ende möglichst als Händler. Die weitaus einträglichste Form der wirtschaftlichen Betätigung heutzutage in Afghanistan ist indes der Drogenhandel.

Monika Lanik

In den Regionen Afghanistans – im Bild eine Marktszene aus der Provinzhauptstadt Kundus – beeinflussen die sozialen, ethnischen und kulturellen Strukturen die Machtverteilung ebenso wie die praktizierten Formen von Entscheidungsfindung und Problemlösung. In den multiethnischen Nordprovinzen begünstigt eine kaum überschaubare Gemengelage solcher Bedingungen die Ausbildung kleiner Herrschaftsbereiche, erleichtert dadurch aber auch dem Zentralstaat den Zugriff. Demgegenüber machen es die relativ einheitliche Besiedelung im Paschtunengürtel und im Zusammenhang damit das weithin akzeptierte Stammesgesetz (Paschtunwali) der Regierung in Kabul schwer, dort ihren Einfluss auszubauen.

Zwei Beispiele für die regionale Vielfalt Afghanistans sind die Provinzen Paktia, mit etwa 550 000 Einwohnern (davon 120 000 in der Hauptstadt Gardes) im Südosten an der pakistanischen Grenze gelegen, und Kundus im Norden, Sitz eines deutschen Provincial Reconstruction Teams (PRT). In Kundus, Drehscheibe für Wirtschaft und Verkehr in der Nordregion, gliedert sich die Bevölkerung von etwa 800 000 Menschen (davon 120 000 in der Hauptstadt) in zahlreiche ethnische Gruppen auf. Unter dem Mantel einer bislang insgesamt stabilen Sicherheitslage vollziehen sich in der Provinz Macht- und Verteilungskämpfe, die ausländischen Beobachtern nicht selten verborgen bleiben.

Paktia und Kundus: Herrschaft in der Provinz

Viele Besucher des Landes – auch solche, die sich schon lange dort aufhalten – kennen lediglich seine Hauptstadt. Oft verwechseln sie Kabul mit Afghanistan. Dabei besteht seit Jahrhunderten ein Spannungsverhältnis zwischen der Hauptstadt und dem Rest des Landes. Die Bewohner der Provinzen verbanden Kabul – als Synonym für den zentralen Staat – vor allem mit der Belastung durch Steuern und Wehrpflicht, ohne jedoch von der Regierung entsprechende Gegenleistungen zu erhalten. Ferner fühlten sie sich von dieser Stadt in ihrer traditionellen Lebensweise bedroht, da von Kabul immer wieder Versuche einer Modernisierung Afghanistans ausgingen. Den Sitz afghanischer Herrscher betrachtete man daher besser aus sicherer Entfernung. Das »weltläufige« Kabul wiederum – Kenner der dortigen Zustände werden bei dieser Formulierung schmunzeln – hat wenig Verständnis für Nomaden und Kleinbauern, die den Hauptstädtern vorwerfen, sich von den herkömmlichen Werten entfernt zu haben: In den Augen der Landbevölkerung herrscht in Kabul Sittenlosigkeit. Doch nicht nur zwischen dem Zentrum und der Provinz, sondern auch innerhalb des Landes existieren erhebliche Unterschiede – und diese machen es so schwer zu verstehen, wie »Afghanistan« insgesamt funktioniert.

Die Provinz Paktia als Beispiel für eine paschtunische Stammesgesellschaft traditionellen Typs

Die Provinz Paktia liegt im südöstlichen Afghanistan und im östlichen Teil des Paschtunengürtels. Eine durchlässige Grenze trennt sie von Pakistan. Paktia ist von Paschtunen besiedelt und ethnisch weitgehend einheitlich ausgerichtet, mit Ausnahme einer kleinen aber einflussreichen tadschikischen Minderheit in der Provinzhauptstadt Gardes.

II. Strukturen und Lebenswelten

Viele Vertreter von Hilfsorganisationen oder ausländische Militärs beschreiben Paktia als eine der gefährlichsten Gegenden der Welt. Fast alle internationalen Organisationen meiden die Provinz oder sehen sich über kurz oder lang gezwungen, ihre Projekte einzustellen. Zumindest beschränken sie ihre Arbeit auf einige weniger kritische Distrikte Paktias. Wie ernst die Lage in der Region sowohl für die Internationale Gemeinschaft als auch für Vertreter der afghanischen Regierung ist, verdeutlichte die Ermordung des Gouverneurs Hakim Taniwal am 10. September 2006. Die Verantwortung für den Anschlag sowie für ein Selbstmordattentat während Taniwals Beerdigung übernahmen die Taliban, die im gesamten Südosten Afghanistans wieder an Stärke gewinnen. Bis 2006 betrachteten sie Paktia eher als Rückzugs- und Transitraum: Die Provinz besaß zwar strategische Bedeutung für die Aufständischen, war für sich genommen aber eher ruhig, vor allem für die afghanische Bevölkerung. Wie weit die Taliban zukünftig ihren Einfluss ausbauen können, bleibt abzuwarten.

In Paktia selbst hingegen beurteilt die afghanische Bevölkerung ihre eigene Sicherheitssituation auch heute überwiegend positiv. Kämpfe zwischen rivalisierenden Milizen gehören weitgehend der Vergangenheit an, Kriminalität spielt nur eine untergeordnete Rolle. Dies kann vor allem auf die Abwesenheit von Warlords in der Provinz zurückgeführt werden. In Paktia herrschen starke traditionelle Institutionen vor, die ein gewisses Maß an Vorhersagbarkeit und Erwartungssicherheit erzeugen, willkürliches Verhalten einzelner – mächtiger – Individuen einschränken und sich Versuchen äußerer Einflussnahme entgegenstellen.

Positiv auf die Stabilität in Paktia wirkt sich die historisch gewachsene Eigenständigkeit der Paschtunen aus. Trotz relativer Nähe zu Kabul blieb in der Provinz der Einfluss des afghanischen Staates schwach ausgeprägt. Umgekehrt spielten die paschtunischen Stämme für den afghanischen Staat jedoch eine durchaus wichtige und einflussreiche Rolle: Einerseits darauf bedacht, ihre Autonomie zu wahren und den Einfluss des Zentralstaats zu begrenzen, nahmen die Paschtunen andererseits selbst gestalterischen Einfluss auf die Machtverteilung in Kabul. 1929 beispielsweise beendeten sie die Bürgerkriegswirren, indem sie

Nadir Schah auf den Thron brachten. Vom neuen Herrscher erhielten sie dafür Steuerfreiheit und andere Vergünstigungen wie die Freistellung vom Wehrdienst, die teils bis heute Gültigkeit haben. Die Stämme schufen so die Voraussetzungen dafür, dass in Paktia selbstbewusste Stammesvertreter für die Regelung örtlicher Fragen bereitstanden.

Gegen Ende der 1970er-Jahre reichte der staatliche Einfluss in Paktia nicht über die Provinzhauptstadt Gardes hinaus. Ebenso wenig wie der afghanische Staat wagten es später die Taliban, das funktionierende Stammessystem anzutasten. Es gelang ihnen beispielsweise nicht, in Paktia die religiösen Gesetze der Scharia einzuführen oder ihr in anderen Landesteilen geltendes Musikverbot durchzusetzen. Vielmehr verlegten sie sich auf die Strategie der afghanischen Vorkriegsregierung, nämlich die ländlichen und abgelegenen Gebiete der Provinz sich weitgehend selbst zu überlassen und einen rudimentären Gedankenaustausch über Mittelsmänner wie die gewählten Dorfvorsteher (Maliks) zu pflegen.

Auch ohne starken Einfluss des Zentralstaats herrschen in Paktia weder Anarchie noch Rechtlosigkeit. Das Leben in der paschtunischen Stammesgesellschaft regeln nur in geringerem Umfang staatliche Gesetze oder der Islam, als vielmehr der Verhaltenskodex des Paschtunwali. Die hier festgeschriebenen Werte und Rechtsvorstellungen umfassen strikte Regeln und stellen ein funktionierendes System informeller Justiz bereit. Dieses ist freilich durch den afghanischen Staat weder legitimiert noch abgesegnet. Westlichen Normen und Werten läuft es in vielen Bereichen diametral zuwider (vgl. den Beitrag von Erwin Orywal). Wo die Stammesgesellschaft intakt ist – was bei Weitem nicht in allen paschtunischen Gebieten der Fall ist –, liegt ihr ein Idealbild von Gemeinschaft zugrunde. Diesen Vorstellungen zufolge werden Entscheidungen in einer Dschirga getroffen, einer Versammlung aller männlichen Erwachsenen. Zu einem Ergebnis kommt diese durch einstimmigen Beschluss. Dschirgas existieren prinzipiell auf allen Ebenen der Stammesorganisation.

Traditionelle Mechanismen sind in der Lage, die Befolgung dieser Regeln auch durchsetzen. Hierzu zählen sozialer Druck und der Umstand, dass außerhalb der Gemeinschaft niemand in der Provinz wirklich bestehen kann. Aber auch Stammespolizisten (Arbakee) kommen als Druckmittel physischer Gewalt zum Einsatz. In der Vergangenheit wurden die Arbakee eigens ausgehoben, um die Entscheidung einer Dschirga umzusetzen. Und wie die Dschirga selbst traten auch die Stammespolizisten traditionell nur zeitlich begrenzt in Erscheinung. Sie standen gerade so lange zur Verfügung, wie sie zur Lösung einer spezifischen Aufgabe benötigt wurden. Heutzutage sind allerdings sowohl Dschirgas (dann meist als Schuras bezeichnet) als auch Arbakee zu dauerhaften Einrichtungen geworden, wobei der Staat letztere teilweise finanziert und sie zur Erhaltung der Sicherheit in den ländlichen Gebieten einsetzt.

Anfang 2002 weigerte sich in Paktia die Schura der Provinzhauptstadt Gardes, den von der damaligen Übergangsregierung in Kabul ernannten Gouverneur Pascha Khan Sadran anzuerkennen. Die Besetzung der Gouverneursresidenz durch Krieger der Schura mündete in einen Aufstand gegen die Miliz Pascha Khan Sadrans – im Bild gefangene Kämpfer Sadrans –, in dessen Verlauf zahlreiche Menschen ums Leben kamen.

Die auf dem Paschtunwali basierende Macht lokaler Akteure ist stark eingeschränkt, solange die Stammesstrukturen stabil sind und verlässlich funktionieren. Diese zum Aufbau politischer Führerschaft zu nutzen, fällt aufgrund des unterschwellig stets vorgegebenen Gleichheitsideals schwer. Örtliche Machthaber müssen ihre Gefolgschaft daher immer wieder von Neuem gewinnen und von den eigenen persönlichen Qualitäten überzeugen. Dies geschieht beispielsweise durch die Weiterverteilung von Ressourcen oder anderen Vorteilen, die der Khan (vgl. den Beitrag von Monika Lanik) seinen Gefolgsleuten verschafft.

Kundus als Sammelbecken afghanischer Ethnien und Kulturen

»Wenn du sterben willst, geh nach Kundus«, hieß es im 19. Jahrhundert. Das war bevor die dortige ausgedehnte Sumpflandschaft trockengelegt und die mit ihr einhergehende Malariaplage beseitigt war. Seitdem gilt die im Nordosten gelegene Provinz als Kornkammer Afghanistans und derzeit als eine der stabilsten und sichersten Gegenden im ganzen Land. Selbst wenn in jüngster Zeit auch dort Anschläge zunehmen (vgl. den Beitrag von Bernhard Chiari zur Sicherheitslage), findet die ausländische Wahrnehmung niedriger Bedrohung bislang noch ihren Niederschlag in der starken Präsenz nationaler und internationaler Nicht-Regierungs-Organisationen. Kundus, die Hauptstadt der gleichnamigen Provinz, war bereits während des 20. Jahrhunderts aufgrund seiner fruchtbaren Agrarflächen verhältnismäßig begütert. Nach dem Sturz der Taliban entwickelte sie sich durch den massiven Zufluss von Hilfsgeldern zu einer Boom-Town. Trotz der geografischen Distanz zur Hauptstadt Kabul, die insbesondere vor dem Bau des Salang-Tunnels in den 1960er-Jahren nur schwer zu erreichen war, zeigte sich der Staat in dieser Region verhältnismäßig stark. Daher handeln die zentralen Akteure in Kundus auch heute fast immer gleichzeitig innerhalb und außerhalb der formellen staatlichen Strukturen, in der Regel jedoch vor allem zu ihrem eigenen Nutzen.

Ebenso wie in Paktia beurteilt auch die Bevölkerung in Kundus die Sicherheitslage teils erheblich anders, als es die Analysten internationaler Geheimdienste tun. Die Provinz weist heute eine große ethnische Vielfalt auf. Neben Tadschiken, Paschtunen, Usbeken und Hasara leben hier Araber, Baluchen und Turkmenen. Eine Vielzahl lokaler und regionaler Machthaber kontrolliert die Mittel physischer Gewalt wie Waffen, Milizen und Gefolgschaften, wobei letztere jederzeit bereit sind, für den jeweiligen Führer

II. Strukturen und Lebenswelten

Unübersichtliche Machtverhältnisse: Wahlwerbung in Kundus 2005.

tätig zu werden. Im Gegensatz zu Paktia fehlen in Kundus religiöse, ethnisch-stammeseigentümliche oder auch moderne und vor allem allgemein anerkannte Regeln, die gemeinschaftsübergreifend in der Lage wären, das willkürliche Verhalten einzelner Potentaten zu beschränken. Die örtliche Bevölkerung lebt daher in Unsicherheit. Lokale und regionale Machthaber erheben Wegzölle oder bemächtigen sich Land und Ernte, ohne Sanktionen fürchten zu müssen. Dies geschieht oft weitgehend unmerklich für die internationalen Akteure, da die Wegelagerer an Straßensperren nur örtliche Fahrzeuge und nicht solche mit westlichen Besatzungen stoppen. Obwohl der Schlafmohn in der Provinz nicht die gleiche Rolle spielt wie in den Anbaugebieten des Südens, ist Kundus doch ein bedeutender Umschlagplatz für den Schmuggel von Opium.

Wie in Paktia reichen auch in Kundus manche aktuellen Konflikte weit in die Geschichte zurück. Der afghanische Herrscher Emir Abdurrachman (1888–1893) dehnte in Feldzügen sein Reich auf das heutige Nordostafghanistan aus und flankierte diese Maßnahme mit der Zwangsansiedlung rebellischer Paschtunen aus dem Süden und Südosten in den neuen Provinzen. Die Integration dieser Region in den jungen afghanischen Staat führte zu

Paktia und Kundus: Herrschaft in der Provinz

Kriegsherren, Milizführer, Politiker:
Ismail Khan und Raschid Dostum

Wenn immer von afghanischen Kriegsfürsten die Rede ist, werden die Namen Ismail Khan und Raschid Dostum genannt. Beide vermochten es, von 1992–1995 bzw. 1997 wie auch seit 2001 eigene regionale Fürstentümer aufzubauen: Ismail Khan (*1946) in Herat und Dostum (*1954) in Nordafghanistan. Abgesehen davon verbindet beide, dass sie ihre Karrieren in der afghanischen Armee begannen. Ismail Khan legte beim Aufstand gegen die Kommunisten 1979 in Herat die Uniform ab und wechselte auf die Seite der Mudschaheddin. Er ist ein Islamist, der offiziell der Dschamiat-e Islami angehört, wenngleich er stets unabhängig von Massud und Rabbani agierte. Obgleich Ismail Khan Sunnit ist, pflegte er stets gute Kontakte zum Iran. Er versucht von sich selbst das Bild des »weisen Emirs« zu vermitteln, einer ethnischen Zuordnung weicht er aus. 2005 beorderte Karsai Ismail Khan als Minister für Wasser und Energie nach Kabul. Zuvor war dessen Macht durch Kämpfe mit konkurrierenden Kriegsfürsten geschwächt worden.

Ismail Khan, Foto von 2002.

Raschid Dostum, Aufnahme von 2001.

Raschid Dostum verkörpert das Image des skrupellosen und unerschrockenen Haudegens. Dostum diente sich in der afghanischen Armee nach oben und blieb auch den kommunistischen Herrschern in Kabul lange Zeit treu. Seit Mitte der 1980er-Jahre führte er Milizen in Nordafghanistan an, die immer mächtiger wurden, sodass Präsident Nadschibullah Anfang der 1990er-Jahre militärisch vollends von Dostum abhängig wurde. Als Nadschibullah Dostum nicht mehr finanzieren konnte, machte Letzterer gemeinsame Sache mit Achmad Schah Massud und trug damit wesentlich zum Sturz des kommunistischen Regimes bei. Dostum, selbst Usbeke, spielt immer wieder die ethnische Karte. So gewann er bei den Präsidentschaftswahlen im Herbst 2004 über zehn Prozent der Stimmen und die absolute Mehrheit in den usbekischen Siedlungsgebieten. *(cs)* einer Umverteilung der natürlichen Ressourcen. Auf der Gewinnerseite fanden sich die paschtunischen Kolonisten, während die vormalige usbekische Elite zu den Verlierern dieses Prozesses gehörte. Die historischen Entwicklungen lösten im Nordosten Afghanistans Konkurrenzverhältnisse zwischen einzelnen Bevölkerungsgruppen aus, die sich im Lauf der Zeit bis hin zu Bürgerkrieg, Flucht und Vertreibung auswuchsen und schließlich in die spätere Rückkehr an die angestammten Wohnsitze mündete, die aber zwischenzeitlich längst neu vergeben waren.

Die Region erlebte im Krieg einerseits großräumige Machtverschiebungen, andererseits aber stritten sich feindlich gesinnte Gruppierungen um die Kontrolle einzelner Dörfer. Mit der Zeit verfestigten sich daher bei den Bewohnern Vorstellungen von kleinräumlichen Gliederungen sowie ein lokal deutlich abgegrenztes Selbstverständnis, die bis heute fortbestehen. Neben der örtlichen Orientierung der ländlichen Bevölkerung, geprägt durch klassische Patron-Klientel-Verhältnisse, baut eine kleine Machtelite überregionale Netzwerke auf.

Die Beispiele von Paktia und Kundus offenbaren erhebliche strukturelle Unterschiede innerhalb Afghanistans. In Paktia hält eine verhältnismäßig gleichgesinnte und gut funktionierende Stammesgesellschaft das Machtstreben einzelner politischer Akteure unter Kontrolle und schafft so bei der lokalen Bevölkerung eine gewisse Erwartungssicherheit. Warlords haben es unter solchen Bedingungen schwer, eigenständige Strukturen aufzubauen. In Kundus hingegen ist die Gesellschaft bei näherem Hinsehen in zahlreiche Gruppen und Untergruppen aufgesplittert. Verbindende Institutionen sind nur schwach ausgeprägt und nicht allgemein akzeptiert. Dementsprechend kämpft hier eine Vielzahl kleiner bis mittlerer Machthaber um Einfluss. Erhebliche örtliche Unterschiede bezüglich Sozialstruktur, ethnischer Zuordnung und Kultur begünstigen die Ausbildung verschiedenster Formen des sozialen Zusammenlebens wie auch von Konfliktlösungsmechanismen.

Solche Unterschiede über die ethnische Zugehörigkeit allein erklären zu wollen, greift zu kurz. Entscheidend sind vielmehr Faktoren wie Sozialstruktur, verfügbare wirtschaftliche Ressourcen und deren Verteilung sowie fallweise auch die Rolle des afghanischen Zentralstaats in Verbindung mit der Präsenz internationaler Interessengruppen. In Paktia wie in Kundus erschließt sich dieses Beziehungsgeflecht dem ausländischen Betrachter erst nach längerer Zeit. Das so entstehende Bild der verschiedenen Provinzen weicht dann teils ganz erheblich von Beobachtungen und Urteilen ab, denen allein westliche Beurteilungskriterien und Maßstäbe zugrunde liegen.

Rainer Glassner

Integraler Bestandteil des Petersberger Abkommens war die internationale Aufbauhilfe. Schwerpunkte deutschen Engagements liegen unter anderem in den Bereichen Energie- und Wasserversorgung, Wirtschaftsentwicklung sowie Grund- und Berufsbildung. Bis heute stellen trotz bedeutender Erfolge die große Anzahl rückkehrender Flüchtlinge, schwache inländische Partnerinstitutionen, Korruption sowie Gewalt und Rechtlosigkeit die Aufbauhelfer in Afghanistan vor große Herausforderungen. Zahlreiche internationale Geber sowie mehrere Tausende Nicht-Regierungs-Organisationen (Non-Governmental Organizations, NGOs) bewegen sich in einem komplexen, nur schwer koordinierbaren Umfeld. Dieses orientiert sich außer am Aufbaubedarf ebenso an den Mechanismen der Mitteleinwerbung und -vergabe.

    Ein Beispiel für stetig voranschreitenden Wiederaufbau ist das von jahrzehntelangem Krieg gezeichnete afghanische Bildungssystem – im Bild eine Mädchenschule in der Provinz Badachschan. Etwa drei Viertel der afghanischen Schulen waren 2001 entweder zerstört oder schwer beschädigt. Frauen war während der Taliban-Herrschaft der Zugang zu Bildung generell verboten, und für viele Mädchen bleibt der Schulbesuch bis heute ein Traum: Fehlende Lehranstalten nebst qualifiziertem Personal, Angriffe der Taliban, weite Schulwege und mitunter auch die Ablehnung der eigenen Väter verhindern in manchen Regionen nach wie vor selbst elementare Schulbildung.

Praktische Herausforderungen beim zivilen Wiederaufbau Afghanistans

Einhergehend mit der militärischen Intervention begann der Wiederaufbau Afghanistans. Die internationale Gebergemeinschaft sagte hierfür seit 2001 über 15 Mrd. US-Dollar zu; auf der Geberkonferenz in Paris im Juni 2008 wurden weitere 20 Mrd. US-Dollar versprochen. Allerdings gibt es eine Kontroverse darüber, wie viel Geld bislang tatsächlich bei der afghanischen Bevölkerung ankam. So muss etwa zwischen den Geldern, die zugesagt, die bereitgestellt und die abgerufen wurden, unterschieden werden. Zudem haben die Projekte unterschiedliche Laufzeiten, weshalb eine Kalkulation der bereits verausgabten Mittel nahezu unmöglich ist.

Bisherige Wiederaufbauprojekte offenbaren Licht und Schatten. Neben erfolgreichen und öffentlichkeitswirksamen Einzelvorhaben bestimmt der Eindruck, dass insgesamt zu wenig getan wird und die Erwartungen der Afghanen bislang kaum erfüllt werden konnten, die allgemeine Wahrnehmung. Viele Projekte und Programme leiden unter der bedrohlichen Sicherheitslage, fehlenden Kapazitäten, mangelnder Koordinierung wie auch dem enormen Druck der Geberländer. Bezüglich der damit verbundenen Gesamtproblematik ein umfassendes und objektives Bild zu zeichnen, das den Leistungen des Wiederaufbaus und einzelner Organisationen gerecht wird, erscheint nahezu unmöglich. Stattdessen sollen im Folgenden anhand eines fiktiven Projektumfeldes die Rahmenbedingungen und Schwierigkeiten aufgezeigt werden, welche die alltägliche Entwicklungszusammenarbeit einer Nicht-Regierungs-Organisation bestimmen. Personen und Organisationen sind frei erfunden, die Probleme jedoch nicht, obgleich sie für die folgende Darstellung stark verdichtet wurden.

Aufbauhelfer Franz Hohmann

Franz Hohmann ist voller Tatendrang. Vor etwa zehn Wochen kam er mitten im Winter in Nordafghanistan an und hat sich bereits im Gästehaus seiner Organisation eingerichtet. Strom gibt es nur vom Generator, der mit teuerem Diesel läuft; die Wasserleitungen frieren fast immer ein. Franz Hohmann ist gelernter Buchhalter. Da er noch einmal etwas Sinnvolles in seinem Leben machen wollte, bewarb er sich um eine Stelle bei einer Entwicklungsorganisation. Nun hat er einen Zweijahresvertrag in der Tasche mit der Option auf eine einjährige Verlängerung. Damit stehen die Aussichten gut, nach dem »Afghanistan-Abenteuer« direkt in den Vorruhestand und in Pension zu gehen. Hohmanns Aufgabe besteht darin, als Projektleiter den Bau von Brunnen und Schulen wie auch Weiterbildungsmaßnahmen zu organisieren. Das ihm zur Verfügung stehende Budget von 1,2 Mio. Euro hat sein Arbeitgeber bei der Europäischen Stiftung für Entwicklung (ESE) über eine Ausschreibung eingeworben. Die Summe muss in den nächsten drei Jahren ausgegeben werden. Die Zielvorgaben wurden vor zwei Jahren von Beratern der ESE festgelegt und wurden seitdem nicht mehr angepasst, obgleich sich die Realitäten im Lande rasant verändert haben.

So weiß Hohmann, dass ein ähnlich gelagertes Vorgängerprojekt in einer Nachbarprovinz kürzlich aufgrund von Sicherheitsproblemen eingestellt werden musste. Auch in der Provinz, in der Hohmann arbeitet, wurde einige Tage vor seiner Ankunft auf die Projektfahrzeuge einer europäischen NGO geschossen. Jetzt herrscht Bewegungsverbot. Hohmann sitzt bereits seit zwei Tagen in seinem Büro fest und darf sich nur innerhalb der Stadt aufhalten. Nach wie vor ist unklar, ob die Fahrzeuge gezielt angegriffen wurden, oder ob es sich eher um einen »Dumme-Jungen-Streich« handelte. Die Geheimdienste vor Ort – sowohl der afghanische wie der Bundesnachrichtendienst (BND) und ihre internationalen Pendants – halten sich bedeckt. Hohmann, der bislang noch nicht im Ausland gearbeitet hat, fragt sich insgeheim, wie weit man ihren Vertretern überhaupt trauen kann.

Der Landeskoordinator seiner NGO, Detlef Franke, der im Zentralbüro in Kabul sitzt, versicherte Hohmann, man könne sich auf die Frühwarnsysteme relativ gut verlassen; eine Alternative gäbe es ja doch nicht. So lautet die Marschroute aus Kabul: »Ein regelmäßiger Besuch beim Provincial Reconstruction Team (PRT) und der Informationsaustausch mit Kollegen anderer Organisationen sowie die Einhaltung der strikten Sicherheitsvorschriften der Organisation ist für Sie unumgänglich.« In der Vor-

Praktische Herausforderungen beim zivilen Wiederaufbau

Aufbau der afghanischen Infrastruktur mit internationaler Hilfe.

bereitung auf seinen Auslandsaufenthalt hatte Hohmann gehört, er solle seine eigene Sicherheit verbessern, indem er das Vertrauen der afghanischen Nachbarn und des Personals gewinnt. Das ist leichter gesagt als getan! Denn woher weiß man, ob die Nachbarn einem wohl gesonnen sind? Die Stimmung scheint zu kippen; die Deutschen können sich trotz ihrer Ausnahmestellung in Afghanistan – aufgrund von Entwicklungsprojekten, die sie seit den 1960er-Jahren durchgeführt haben, und der unter Afghanen gepriesenen vermeintlichen gemeinsamen arischen Abstammung – nicht mehr sicher sein.

Die Unzufriedenheit in der gesamten afghanischen Bevölkerung – nicht nur im Süden – nimmt spürbar zu, so hört man. Allein die Gründe dafür leuchten Hohmann nicht so richtig ein. Es ist doch viel geschehen: asphaltierte Straßen verbinden die wichtigsten Städte, Schulen wurden gebaut, Trinkwasser- und Frauenförderungsprojekte angestoßen. Trotzdem haben Selbstmordattentate, die sich nicht nur allein gegen Militär und Polizei richten, auch die Gemeinde der Entwicklungshelfer verunsichert. So diskutieren sie viel darüber, ob sie, die doch unter erheblichen

Entbehrungen und Risiken den Wiederaufbau Afghanistans nach vorne treiben, ebenfalls zu den Zielen von Taliban und Al-Kaida gehören oder nicht. Franz Hohmann beschließt, darüber nicht weiter nachzudenken, sonst könne man ja gar nicht mehr vor die Tür gehen. Um das Nötigste auf dem Basar einzukaufen, schickt er ohnehin bereits seine afghanischen Mitarbeiter – mit der Ausrede, er hätte zuviel zu tun. Und in der Tat ist die Sechs-Tage-Woche der Normalzustand. Auch arbeitet Hohmann häufig bis spät in die Nacht, da es kaum Freizeitmöglichkeiten gibt.

Schließlich muss man sich ja auch dem eigentlichen Auftrag widmen: Der Forcierung des Wiederaufbaus. Wenn das gelingt, werden die Menschen dankbar sein und einen beschützen, beruhigt sich Hohmann. Jedoch, in den zwei Monaten, die er mittlerweile im Land ist, ahnt er, dass dies so einfach nicht ist, denn er hat bereits gemerkt: Alles ist politisch in Afghanistan. Vor Ort bewegt er sich inmitten von lokalen Interessenskoalitionen, über die er nur Vermutungen anstellen kann. Gleichzeitig ist das ausländische Militär mit Patrouillen sowie mit Trupps der Zivil-Militärischen Zusammenarbeit (Civil-Military Cooperation, CIMIC) in seinem Projektgebiet unterwegs. Von denen gilt es sich abzugrenzen, sagt die Zentrale seiner Organisation: »Eine Verwechslung mit der Bundeswehr oder selbst deren Aufbau-Teams der CIMIC kann für Sie tödlich sein. Das Militär wird doch zunehmend als Besatzungsmacht wahrgenommen ...«, so hat es ihm Franke in seinem letzten Telefonat eingeschärft.

Logos an den Autos wie an den Büros wurden abmontiert; darüber hinaus haben fast alle internationalen Organisationen mittlerweile gepanzerte Fahrzeuge. Auch überlegt seine Organisation, die bislang das Tragen von Waffen auf dem Bürogelände strikt abgelehnt hat, ob man nun doch bewaffnete Sicherheitskräfte anstellen solle; denn einige internationale Organisationen wurden bereits überfallen und ausgeraubt. Diese Sicherheitsmaßnahmen beruhigen nur teilweise. So erkennt das geübte Auge ein gepanzertes Fahrzeug an dessen Wuchtigkeit; auch sollen die Taliban bereits reagiert haben, indem sie die Sprengkraft ihrer Bomben verstärkten.

Neben der ständigen Sicherheitsdiskussion, die in nahezu jedem Gespräch aufkommt, ist Hohmann vor allem von den »entwicklungspolitischen Wichtigtuern«, wie er sie nennt, – den immer wieder einfliegenden Gebern, den politischen Aufpassern deutscher Ministerien und den vielen Koordinatoren, die kaum noch zuzuordnen sind – genervt. Jeder macht unentwegt Druck und erinnert daran, dass bewilligte Mittel möglichst schnell abfließen müssen. Gestern hatte sich doch tatsächlich ein Vertreter der ESE, »ein Bürschchen« von nicht einmal dreißig Jahren, zu dem Satz hinreißen lassen: »Herr Hohmann, ich zähle auf Sie. Ihr Projekt muss ein Erfolg werden – um jeden Preis.«

Der »Neue Markt« des Wiederaufbaus

Beim Wiederaufbau Afghanistans sind riesige Summen im Spiel – sowohl für die Afghanen, aber auch für die beteiligten Organisationen. Einen großen Teil der finanziellen Mittel verschlingen die internationalen Gehälter und die Logistik. Daher betrachten die Afghanen die NGOs als diejenigen, die sich selbst bereichern und die Gelder nicht an die Bedürftigen weiterleiten. Die hohen Kosten, die internationale Entwicklungshelfer, Consultants, ein Projektbüro und ein Fuhrpark notwendigerweise verursachen, sind der einfachen Bevölkerung in der Tat kaum zu vermitteln. Innerhalb der Organisation, so Hohmanns Erfahrung, erlauben die reichhaltigen Projektmittel die Zahlung von Schmiergeldern, um überhaupt im lokalen Umfeld operieren zu können.

Hohmann hat in seiner Vorbereitung gehört – und dies wurde ihm in Gesprächen nach seiner Ankunft bestätigt –, dass das durchschnittliche Monatseinkommen eines Afghanen ca. 50 US-Dollar beträgt, aber Gehälter in internationalen Organisationen erheblich höher sind. So dachte er, dass Monatslöhne von 600 Dollar für Ingenieure und 500 Dollar für Übersetzer eine angemessene Bezahlung sein würden, und hat sich diesbezüglich auch noch einmal in Rücksprache mit seinem Regionalkoordinator versichert. Nicht bedacht hatte er dabei, dass die An- und Abwerbung von Personal ebenfalls ein Politikum geworden ist. Seit zwei Monaten bemüht er sich vergeblich, ein funktionsfähiges Projektteam aufzubauen: An Bewerbern mangelt es nicht, allerdings lässt ihre Qualifikation zu wünschen übrig. Die Gehaltsvorstellungen sind dagegen überproportional hoch.

II. Strukturen und Lebenswelten

Warum, fragt sich Hohmann, gibt es bei den zig verschiedenen Organisationen, die vor Ort vertreten sind, keine gegenseitigen Absprachen über die Höhe der Bezahlung? Gerade hat ihm eine internationale Organisation seinen Übersetzer Amanullah, zu dem er Vertrauen aufgebaut hatte, abgeworben.

Zeit- und Mittelabflussdruck lösen eine kurzfristige Personaljagd aus, bei der die finanzkräftigste Organisation die bessere Bilanz vorweisen kann. »Aber damit nicht genug«, erklärt Jonas Zake, ein Entwicklungshelfer, der bereits zwei Jahre in Kabul für eine NGO gearbeitet hat und nun seit vier Monaten für eine andere Organisation in Nordafghanistan tätig ist: »Der Personalbedarf und die Jagd nach einigermaßen qualifizierten Afghanen führt dazu, dass jeder afghanische Mitarbeiter ständig mit Bewerbungen und Lebenslauf-Aktualisierungen am Arbeitsplatz-PC zu tun hat. Viele ›Locals‹ sind auf dem Sprung zum nächsten Job, der bessere Rahmenbedingungen bietet. Dies bewirkt eine hohe Personalfluktuation und zusätzlichen Druck, selbst mittelmäßig qualifizierte Kräfte an sich zu binden.« Nachdem er dies gehört hat, versteht Hohmann auch, warum sich viele Kollegen scheuen, in die Weiterbildung ihrer Mitarbeiter zu investieren, da sie davon ausgehen, sie nicht langfristig halten zu können. Auch führt die hohe Personalfluktuation dazu, dass »Privatgeschäfte« der Mitarbeiter selbst dann ignoriert bzw. wissentlich geduldet werden, wenn Projektressourcen mit im Spiel sind. »Stichwort Korruption«, ergänzt Zake.

In Hohmanns Projekt ist vorgesehen, dass die Baumaßnahmen zusammen mit der afghanischen NGO »Afghan Face« durchgeführt werden sollen. Jedoch hat Hohmann bei der betreffenden Organisation ein mulmiges Gefühl. So scheint diese stark in die vor Ort bestehenden Machtstrukturen verstrickt zu sein. Der Leiter von »Afghan Face« etwa ist der Bruder eines wichtigen Kommandeurs. Auch von Kollegen hat Hohmann eher abschätzige Bemerkungen über die Einrichtung gehört. Wenngleich sich »Afghan Face« in ihrem »Mission Statement« mit den üblichen Begriffen des Entwicklungsjargons wie »Zivilgesellschaft«, »Partizipation«, »Gleichberechtigung« und »Gemeinnützigkeit« schmückt, funktioniert sie doch wie ein Wirtschaftsunternehmen: Als vom zuständigen, zivil-militärischen PRT die Anfrage eingeht, eine Polizeistation am Rande der Stadt zu bauen, willigte »Afghan Face« sofort ein. Ein Kollege von Hohmann hatte mit der NGO vor zwei Jahren den Bau einer Schule in einem eher unsicheren Distrikt vereinbart. Da das Gebiet aus Sicherheitsgründen nicht besucht werden kann, konnte bis heute nicht überprüft werden, ob die Schule entsprechend der vorgegebenen Standards gebaut wurde.

Jonas Zakes Erfahrungen

Jonas Zake ist einer der wenigen, der bereits seit längerem in Afghanistan arbeitet. Zake war direkt nach dem Politikstudium aufgebrochen. Teils aus Neugier, aber hauptsächlich aufgrund der Karriereaussichten hat er hier als Praktikant in einer deutschen NGO angefangen. Aus dem Praktikanten ist schnell ein Projektmanager geworden, mit ordentlichem Gehalt und regelmäßigen Heim- oder Urlaubsflügen. Hierüber erhoffte er sich den schnellen Aufstieg in einer internationalen Organisation, vorzugsweise den Vereinten Nationen. Zwei Jahre Kabul und die zunehmende Verschlechterung der Sicherheitslage in der Stadt haben selbst die Freude an der Party(sub)kultur, die sich dort unter Jung und Alt der Internationalen Gemeinschaft in den ersten sechs Jahren der Intervention herausgebildet hatte, verflüchtigt. Deshalb hat sich Zake für eine internationale NGO entschieden, die eine der Durchführungsorganisationen für das Nationale Solidaritätsprogramm (NSP) ist.

Das Programm versetzt flächendeckend alle ländlichen Gemeinden in die Lage, die dringendsten Infrastrukturprojekte vor Ort selbst zu definieren und mithilfe der durch die Regierung administrierten, jedoch aus dem Ausland stammenden Finanzmittel zu realisieren. Bei dem NSP, dem Zake nun in seiner Projektmanagerfunktion verpflichtet ist, geht es darum, dass Gemeinden auf demokratische Weise lokale Räte wählen sollen, die Entwicklungsbedürfnisse definieren, für deren Realisierung dann die NGO zu sorgen hat. Zakes Vorgänger scheint seine Monate in Afghanistan hauptsächlich darauf verwendet zu haben, sich um einen besseren Job zu bemühen. So hat er vor kurzem den Posten verlassen, weil er in Kenia etwas Vergleichbares gefunden hat. Manchmal beschleicht Zake, der selbst keine Kennt-

II. Strukturen und Lebenswelten

Instandsetzung von Straßen.

nisse der Landessprachen hat, das Gefühl, dass seine Mitarbeiter die Ziele und Prinzipien des NSP selbst nicht richtig verstanden haben; wie sollen es denn dann erst die lokalen Vertreter in den Gemeinden verstehen? Ein unangenehmer Gedanke.

Sind denn Ideen und Konzepte wie Demokratie und Geschlechtergleichheit überhaupt vermittelbar? Gerade was die Beteiligung von Frauen in den örtlichen Räten betrifft, reicht es Zake mittlerweile aus, dass die Namen von Frauen auf dem Papier stehen: Wie die Entscheidungen zustande kommen, und welche Rolle die Frauen tatsächlich dabei spielen, will er lieber gar nicht wissen, um das Projekt nicht zu delegitimieren und damit zu gefährden. Das NSP, das 2003 gestartet wurde, hinkt mittlerweile zwei volle Jahre hinter dem ursprünglichen Zeitplan her. Der Druck von den Gebern auf Zake und seine Kollegen ist entsprechend hoch. Gleichzeitig sind sie mit der immer höher schlagenden Welle genereller Unzufriedenheit in der Bevölkerung konfrontiert und somit dreifach gefordert – Mittel müssen abfließen, die Statistik braucht weitere NSP-

Gemeinden, die Landbevölkerung verlangt nach Strom, Wasser, Schulen, Brücken etc.

Für Hohmann ist Zake der Experte, wenn es um direkte Begegnungen mit der afghanischen Landbevölkerung geht. Zake hatte das Glück, während seiner Anfangszeit in Afghanistan im Frühjahr 2006 in verschiedene ländliche Gegenden zu kommen. Hohmann vermutet, dass Zake aufgrund dieser Erfahrung eine gewisse Aufgeschlossenheit und Empathie gegenüber der Bevölkerung mitbringt, die ihm – wenn er ehrlich ist – manchmal leichtsinnig erscheint. Die Ereignisse der letzten anderthalb Jahre – etwa das Attentat auf dem Basar in Kundus im Mai 2007, das viele Menschenleben kostete – haben die Wahrnehmung der Internationalen verändert: Wem kann man da denn noch trauen? Wie sich noch ohne Schutz guten Gewissens »unter das Volk« mischen? Zake schwärmt davon, wie gastfreundlich die Afghanen sind, und wie oft er zum Essen, Obst und Tee bleiben musste, selbst in den ärmsten Familien. Heute seien die Menschen, die man in den ländlichen Regionen trifft, weitgehend hoffnungslos und desillusioniert hinsichtlich der Perspektiven, die NGO-Vertreter versprechen, sagt Zake. Die Behauptung: »Hier waren schon so viele Leute, die immer ähnliche Fragen gestellt haben, immer haben wir alles erzählt und nichts hat es uns gebracht«, wird dann häufig mit dem Nachsatz versehen: »Wir sind jetzt müde, haben zu tun und wollen uns nicht mehr mit euch abgeben.« Der Vorwurf, der darin mitschwingt, lässt sich für Hohmann aufgrund Zakes weiteren Schilderungen sehr gut nachvollziehen: Die Frustration gründet sich einerseits auf unprofessionellen Datenerhebungen, die doppelt und dreifach stattfinden, obwohl ihre Ergebnisse doch auch von Organisationen vor Ort sehr gut untereinander ausgetauscht werden könnten. Andererseits machen sich nicht gehaltene Versprechungen der NGOs – ob nun tatsächlich ausgesprochen, angedeutet oder nur durch Wunschdenken der Bevölkerung entstanden – und enttäuschte Erwartungen bemerkbar, denen jedenfalls nicht präventiv entgegengewirkt wurde.

»Lange«, sagt Zake in diesem Zusammenhang, »habe ich mit der Entscheidung gerungen, ob Teilnehmer an Fortbildungsmaßnahmen Tagegeld für ihre Bereitschaft, ›sich entwickeln zu lassen‹, bekommen sollen. Mittlerweile entscheide ich das fallspezifisch. Werden die Teilnehmer für die Dauer der Maßnahme an der Ausübung ihrer regulären Tätigkeit gehindert (z.B. Bauern bei der Feldarbeit), so dass ihnen dieses Einkommen entgeht, ist es nur angemessen, den Verlust zu kompensieren. Ebenso nachvollziehbar sind Kosten für Transport und Verpflegung.« Zake sei jedoch oftmals Zeuge gewesen, wie einzelne Organisationen deutlich überhöhte Pauschalsummen an Projektteilnehmer ausgezahlt hätten, was seiner Meinung nach zu einem weitgehend verzerrten Verständnis des internationalen Engagements vor Ort führen würde.

Hohmann steht momentan vor demselben Dilemma, wobei die Realität, wie er findet, immer noch um einiges komplexer ist: Nicht nur, dass er auf lokaler Ebene mobilisieren muss, um Bedarf und Interesse an Trinkwasserleitungen auszuloten. In seinen Zieldistrikten ist die Implementierung des NSP noch in vollem Gange. Praktisch heißt dies für ihn, dass er in einigen Gemeinden NSP-Räte als Ansprechpartner vorfindet, welche die dortigen Bewohner repräsentieren und sich bereit erklären, Hohmanns Projekt organisatorisch zu begleiten. Allerdings musste er jüngst feststellen, dass es auch viele Gemeinden gibt, in denen diese formal demokratisch gewählten Räte höchst umstritten sind und man deshalb kaum von repräsentativen Organen sprechen kann. Mit wem sollte man in so einem Fall zusammenarbeiten? Schließlich gibt es noch die Gemeinden, in denen bislang keine NSP-Räte gewählt wurden, wo noch nicht einmal klar ist, was oder wer denn genau die Gemeinde ausmacht, geschweige denn wer ihre repräsentativen Vertreter sind? Sollte man in jeder Moschee nachfragen und sich informieren? Wenn dort jemand mit einem langen schwarzen Turban auftaucht, gehört er dann zu den Taliban? Wenn das Gästehaus, in dem man zum Tee auf ein Gespräch eingeladen wird, als das von Kommandon Kudrat vorgestellt wird, bin ich dann noch sicher? – fragt sich Hohmann.

Franz Hohmann als Einzelkämpfer

Hohmann fühlt sich als Einzelkämpfer. Der Verlust seines Dolmetschers Amanullah ist ein herber Rückschlag, obwohl er dessen Entscheidung, aufgrund des höheren Gehalts zu einer anderen NGO zu wechseln, nachvollziehen kann. Das rein materielle Kriterium macht es irgendwie leichter, diesen Stellenwechsel nicht persönlich zu nehmen. Wenn es nur einfacher wäre, Ersatz zu finden. Aus Kabul, wo es noch am ehesten qualifizierte Leute gibt, möchte keiner in die Provinz. Häufig scheut sich die kleine urbane Bildungselite auch vor dem Kontakt mit den einfachen Leuten, welche die Zielgruppe von Hohmanns Projekten ist. Amanullah hat für ihn nicht nur rein technische Übersetzungsarbeit erledigt; vielmehr war er Hohmanns wichtigste Orientierungshilfe im interkulturellen Arbeits- und Bewegungsumfeld, indem er ihm viele Hintergründe für das Verhalten und die Einstellung der Afghanen vermittelte.

So versteht Hohmann jetzt beispielsweise besser, dass die Darstellung der Afghanen in vielen Büchern, die er gelesen hat, hochgradig idealisiert zu sein scheint, und in der Realität kaum gemeinschaftliche Solidarität oder langfristiges »Entwicklungsdenken« anzutreffen sind. Gerade was Maßnahmen im Entwicklungssektor angeht, sieht Hohmann das Grundproblem zunehmend in der Vermittlung – Afghanen scheint nicht klar zu sein, dass ihr Brunnen oder die Schule vom deutschen Steuerzahler finanziert sind. Die unkonditionierten Nothilfemaßnahmen und Aktivitäten von NGOs während des Krieges haben die Wahrnehmung unter Afghanen befördert, dass der Westen unendliche Gelder zur Verfügung hat und diese endlos nach Afghanistan hineinpumpen kann. So lange wir nicht daran gehen, diese Nehmermentalität durch anders gesteuerte Anreize zu verändern, denkt Hohmann, kommen wir mit der Stabilisierung und dem Wiederaufbau nicht weiter. Dennoch wird Franz Hohmann Morgen früh wieder aufstehen und hoffen, durch sein Projekt die Entwicklung Afghanistans ein kleines Stück voranzubringen. Schließlich sind es Leute wie er, die dazu beitragen, langfristig positive Veränderungen durch die Projekte zu bewirken, so problematisch sich ihre Implementierung auch gestalten mag.

Katja Mielke und Conrad Schetter

Anders als in Europa bestimmt in Afghanistan die Religion – im Bild Kinder auf dem Gelände der Blauen Moschee in Masar-e Scharif – sowohl das öffentliche Leben als auch das Handeln des Einzelnen. Die Gesetze des Islams sind für große Teile der Bevölkerung verbindlich.

Der Koran bezeichnet Menschen, die bereits vor Entstehung des Islams geoffenbarte Heilige Schriften verehrten, als Schriftbesitzer oder Völker des Buches. Nach dem Koran sollen Muslime Andersgläubigen, die nicht an die Offenbarung des Korans und an die Sendung Mohammeds glauben, mit Toleranz begegnen, da nur Gott den Menschen auf den richtigen Pfad führen könne. Der Islam lehnt beispielsweise die christliche Vorstellung von der Göttlichkeit Jesu und von der göttlichen Dreifaltigkeit von Vater, Sohn und Heiligem Geist ab. Christen und Juden werden dennoch als Anhänger zweier weiterer Religionen, die einen allumfassenden Gott anbeten (Monotheismus), neben dem Islam toleriert. Eine wesentlich geringere Wertschätzung genießen Atheisten oder die Anhänger nicht-monotheistischer Glaubensgemeinschaften. Nicht-Moslems werden als Ungläubige (Kofar) angesehen, können aber das verbriefte Recht der Gastfreundschaft in Anspruch nehmen. Ansonsten stehen sie außerhalb der islamischen Wertegemeinschaft.

Facetten des Islams in Afghanistan

Der Islam wird heute vor allem in seiner politischen Dimension wahrgenommen. In Afghanistan ist der Islam jedoch keine Angelegenheit, über die Politiker zu entscheiden hätten. Er ist ein umfassendes Glaubens-, Denk- und Rechtssystem, das alle Fragen des alltäglichen Lebens durchdringt. Der Islam ist so eng mit nationalen Gepflogenheiten verschmolzen, dass diese auch dann unbeirrt als Einheit gesehen werden, wenn einheimische Bräuche – wie etwa bei einigen Fragen des Gewohnheitsrechts – islamischen Regelungen formal widersprechen. Auch Personen, die dem Glauben nominell abgeschworen haben, kommen nicht umhin, viele Bereiche ihres Lebens weiterhin nach islamischen Prinzipien und Gewohnheiten zu gestalten. Afghanische Kultur ist stets auch islamische Kultur.

Es vermag daher nicht zu überraschen, dass einige Völkerschaften Afghanistans in ihren historischen Überlieferungen Anspruch auf eine arabische Abstammung erheben oder ihre Vorfahren zumindest in der Nähe des Propheten sehen wollen, auch wenn wissenschaftlich nachweisbare Fakten eine andere Richtung vorgeben. Während die im Westen gelegenen Ebenen zwischen Herat und Sistan (die heutige Provinz Nimrus) von den Arabern schon Mitte des 7. Jahrhunderts überrannt und ihre Bewohner sehr bald zum Islam bekehrt wurden, dauerte die Islamisierung anderer Gegenden umso länger, je höher die betroffenen Gebiete in den Bergen lagen. Das zentrale Gebirgsland von Ghur wurde während der arabischen Eroberungen völlig umgangen, sodass sich der Islam hier erst ab dem 11. Jahrhundert zu verbreiten begann. Auch in Kabul fasste der Islam im 10. Jahrhundert relativ spät Fuß. Die östlich von Kabul lebende Bevölkerung wurde sogar erst im 16. und die Bewohner von Nuristan schließlich Ende des 19. Jahrhunderts islamisiert. Dennoch berichten zum Beispiel gerade die in Nuristan lebenden Gruppen der Kati und Kam in ihren Legenden, eigentlich arabischer Abstammung zu sein. Sie führen ihre Herkunft dabei sogar auf den arabischen Stamm der Kuraisch zurück, dem auch der Prophet Mohammed angehörte; als ihren Ahnherrn betrachten sie Abu Dschahl, einen Jugendfreund des Propheten. Unter dem zweiten

II. Strukturen und Lebenswelten

Mohammed und der Koran
Der Prophet Mohammed (Muhammad, Mohammad) ist der Stifter des Islams. Er wurde um 570 n.Chr. in Mekka geboren (heute westliches Saudi-Arabien). Das dortige zentrale Heiligtum, die Kaaba (der Überlieferung nach ein schwarzer Stein, den Abraham als Geschenk vom Erzengel Gabriel erhielt), bestand damals bereits seit langer Zeit. Mohammed hatte im Alter von 40 Jahren sein erstes Offenbarungserlebnis und erhielt von Gott den Auftrag, seinen Landsleuten dessen Wort zu verkünden. Die Lehren Mohammeds sind in den 114 Suren (Kapiteln) des Korans (eigentlich Rezitation, Lesung) in arabischer Hochsprache zusammengefasst. Der Koran genießt im Islam höchste Wertschätzung und enthält Gedanken über Gott und seine Schöpfung, über frühere Propheten und das Jenseits sowie Überlegungen zu den aktuellen Konflikten in Mohammeds Gemeinde. Mohammed predigte öffentlich, wurde aber in Mekka bekämpft und ging mit seinen Anhängern in das heutige Medina. Dort entstand die erste muslimische Gemeinschaft, die vor allem aus arabischen Bauern bestand. Im Jahre 630 öffnete sich auch die Stadt Mekka der Lehre Mohammeds. Der Islam breitete sich in ganz Arabien und nach dem Tod des Propheten 632 zunächst in den nördlichen Nachbarländern aus. Mohammed selbst verstand sich nicht als unfehlbarer Übermensch, sondern lediglich als Gesandter Gottes und als Prophet von dessen Wort. Erst später schrieben die Gläubigen seiner Person zahlreiche Wunder zu. Die Mohammed-Verehrung fand ihren höchsten Ausdruck in der Ausbildung muslimischer Sekten. Das Bekenntnis zu Allah als dem einen Gott und zu Mohammed, seinem Propheten, ist neben dem Gebet, der großzügigen Gewährung von Almosen, der Einhaltung der Fastengebote und der vorgeschriebenen Pilgerreise nach Mekka die erste der Fünf Säulen des Islams.

(bc)

Kalifen Omar seien sie verdrängt worden und in die Berge Nuristans ausgewandert.

Die Paschtunen setzen die Ursprünge ihrer Geschichte ebenfalls gern dort an, wo der Islam seinen Anfang nahm. Ihr legendärer Ahnherr Kais soll zu Zeiten des Propheten Mohammed in Arabien gelebt haben, wo er den islamischen Glauben annahm.

Ebenso erheben die Belutschen Anspruch auf eine arabische Abstammung und betrachten die in Syrien gelegene Stadt Aleppo als ihre ursprüngliche Heimat. Ihr Ahnherr Mir Hamsa soll ein Onkel des Kalifen Ali gewesen sein.

Es spielt keine Rolle, dass es sich bei den jeweiligen Abstammungsgeschichten um Mythen handelt. Wichtig ist, was der Glaube an diese Gründungslegenden bewirkt. Der Glaube an eine prophetennahe Abstammung steht für den Wunsch nach Gottesnähe und Segenskraft. Darüber hinaus kann jeder Zweifel an der eigenen Frömmigkeit, der sich aus einer nichtarabischen Abstammung ableiten ließe, von vornherein ausgeschlossen werden, obgleich die islamische Gemeinschaft ohnchin wenig Unterschiede zwischen Rassen, Sprachen oder Nationalitäten macht.

Islamische Konfessionen

Konfessionelle Unterschiede sind dagegen auch in Afghanistan bekannt. Die große Mehrheit der Bewohner Afghanistans sind Sunniten, die als Kodex ihrer religiösen Anschauungen und Rechtsnormen neben dem Koran auch die Sunna anerkennen. Diese umfasst die Wegweisung des Propheten Mohammed, die in bezeugten Berichten über sein Leben, seine Handlungen und Aussagen zusammengefasst ist. Die Sunniten Afghanistans folgen der hanafitischen Rechtsschule, bei deren Rechtsfindung das persönliche Urteil und die Analogie eine große Rolle spielen. Deshalb zeigt diese Rechtsschule gegenüber lokalen Rechtstraditionen (Gewohnheitsrecht) eine bestimmte Flexibilität. Zu den Sunniten, die in Afghanistan mehr als vier Fünftel der Gläubigen ausmachen dürften und auch weltweit die große Mehrheit der Muslime bilden, gehören die meisten Paschtunen, die Tadschiken und einige andere Persischsprechende, die Usbeken und Turkmenen sowie die Belutschen, Tschahar-Aimak, Paschai, die Bewohner Nuristans, einige Hasara und andere Gruppen (vgl. den Beitrag von Conrad Schetter zu den Stammesstrukturen).

Die Schiiten haben nach dem Tod des Propheten in der Frage nach dem rechtmäßigen Kalifennachfolger für dessen Schwiegersohn Ali ibn Abi Talib Partei ergriffen und hielten ihm, seiner Frau Fatima (die Tochter Mohammeds), seinen Söhnen Hassan

II. Strukturen und Lebenswelten

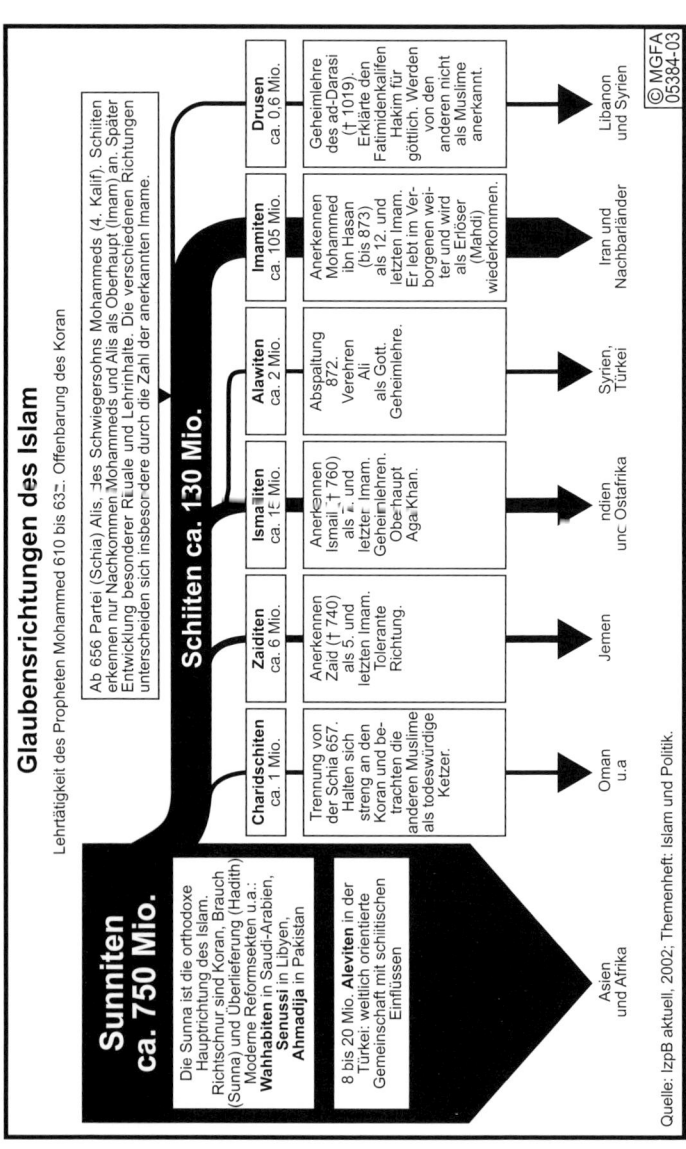

und Hussein sowie den weiteren Nachkommen die Treue. Weltweit und auch in Afghanistan bilden sie heute die zweitgrößte islamische Konfession mit besonderem Brauchtum und eigener Rechtstradition. Neben dem Koran und Berichten über das Leben des Propheten, seine Handlungen und Aussagen gehören auch bezeugte Berichte über Ali und seine Nachkommen zu den Grundlagen ihres Glaubenssystems. Danach bedürfen die Gläubigen der ständigen religiösen Führung durch einen unfehlbaren Lehrer, den Imam. Als die Kette der Imame mit dem zwölften Imam, Mohammed al-Mahdi, abbrach, gingen die Schiiten davon aus, dass dieser in der bis heute andauernden »Großen Verborgenheit« weiterexistiert und noch vor dem Jüngsten Gericht als Mahdi (der Rechtgeleitete) zurückkehren und ein »Tausendjähriges Reich der Gerechtigkeit« errichten wird. Sie werden dementsprechend als Zwölferschiiten bezeichnet. Zu ihnen gehört in Afghanistan der Großteil der Hasara, einige Persischsprechende Westafghanistans, die Kisilbasch und kleine Gruppen von Paschtunen. Größere schiitische Gemeinden existieren in Kabul, Herat, Ghasni, Kandahar und Logar sowie im Hasaradschat.

Unter den Schiiten Afghanistans gibt es Anhänger einer kleinen Gemeinde, die glauben, dass Ismail Ibn Dschafar der siebte Imam ihrer Gemeinschaft sei. Ismail Ibn Dschafar war ein Sohn des sechsten Imams, Dschafar Ibn Mohammed as-Sadik, und soll bereits vor seinem Vater gestorben sein. Sie ignorieren jedoch seinen Tod und erwarten die Wiederkunft Ismails als Mahdi, woher sich ihre Bezeichnung als Ismailiten oder Siebenerschiiten ableitet. Ismailiten sind die in Badachschan lebenden Pamirvölkerschaften sowie die im Gebiet zwischen Bamian und Doschi lebenden Hasara. Schiiten und mehr noch Ismailiten litten in der Geschichte Afghanistans mehrfach unter Diskriminierungen, die vor allem auf den beschriebenen konfessionellen Unterschieden beruhten.

Feiertage und religiöse Gesetze

Die wichtigsten islamischen Feiertage (Persisch: Id; Paschto: Achtar) sind das Fest des Fastenbrechens (Fitr) am Ende des Fastenmonats Ramadan, der Geburtstag des Propheten (Maulud) und das Opferfest (Kurban), das mit einer Legende über

II. Strukturen und Lebenswelten

die Errichtung des Heiligtums der Kaaba in Mekka verbunden ist. Schiiten begehen daneben einige besondere Feiertage, unter denen der Trauertag zum Gedenken an den Tod von Imam Hussein und seinen Anhängern bei der Schlacht von Kerbela (Aschura) die wichtigste Rolle spielt. Das Neujahrsfest (Naurus), das zur Frühjahrssonnenwende am 21. März begangen wird, ist für alle Muslime Afghanistans das wichtigste Fest im Jahreszyklus und offizieller Feiertag. Es kann auf vorislamische Traditionen zurückgeführt werden und ist damit ein weiterer Beleg für die enge Verschmelzung des Islams mit regionalen Bräuchen und Vorstellungen (vgl. hierzu die Erinnerungstage im Anhang).

Religiöse Feiern begleiten den Lebenszyklus eines Gläubigen und markieren wichtige Lebensabschnitte. Die Aufnahme in die islamische Gemeinschaft erfolgt mit der Namensgebung, bei der ein Mullah dem Neugeborenen wenige Tage nach der Geburt einen Gebetsaufruf (Asan) ins rechte Ohr singt. Bei Mädchen ist die Anwesenheit eines Geistlichen nicht obligatorisch. Die Beschneidung der Jungen (Chatna, Sonnat) erfolgt zwischen dem siebten Tag nach der Geburt und dem Einsetzen der Pubertät, in der Regel jedoch vor Erreichen des Schulalters. Eine Eheschließung kann bereits im Kindesalter vereinbart werden. Die Hochzeit (Persisch: Arusi; Paschto: Wade), die ebenfalls in Anwesenheit eines Mullahs vollzogen wird, bildet das wichtigste Fest im Leben, denn mit dem Ehestand erlangen Männer und Frauen einen neuen sozialen Status. Dieser ändert sich wiederum durch die Elternschaft, wobei vor allem die Geburt von Jungen mit großen Festen begangen wird. Aus verschiedenen Anlässen (Rückkehr eines Verwandten vom Armeedienst oder von einer langen Reise, Genesung von einer Krankheit, Abwehr offensichtlicher Bedrohungen u.a.) finden Opfer- und Almosenfeste statt, die auch bei Beerdigungen sowie vierzig Tage später zum Gedenken an einen Verstorbenen üblich sind.

Religiosität und Frömmigkeit zeigen sich nicht nur an den freigiebigen Opfergaben und Almosen, die an Feiertagen verteilt werden. Ebenso deutlich werden diese Verhaltensweisen der inneren religiösen Lebensführung auch vermittelt durch das fünfmalige tägliche Gebet, das die Gläubigen zu verrichten haben,

Facetten des Islams in Afghanistan

durch das gemeinsame Freitagsgebet in einer Moschee sowie durch das Fasten und sonstige Enthaltsamkeiten zwischen Sonnenaufgang und Sonnenuntergang während des Fastenmonats Ramadan. Religiosität und Frömmigkeit prägen die grundlegenden Moralvorstellungen über Gut und Böse, Anstand, Scham, Laster sowie Ehre und durchdringen damit den gesamten Alltag. Wer als wohlgesinnter Fremder nach Afghanistan kommt, wird die großmütige Gastfreundschaft genießen, die ihm dort entgegengebracht wird, aber er wird kaum erahnen, dass seine Gastgeber bei allem Uneigennutz ihres Verhaltens damit auch ein wichtiges religiöses Gebot erfüllen.

Nicht alle Frauen bedecken ihr Haar oder ihr Gesicht, weil es ihnen von den erwachsenen männlichen Mitgliedern ihrer Familie so vorgeschrieben wird. Ihren Kleidungsgewohnheiten liegen in erster Linie andere Vorstellungen über Nacktheit, Scham und Blöße zugrunde, die in allen Kulturkreisen religiösen Ursprungs sind. Im Übrigen gebieten religiöse Kleidergebote auch den Männern in Afghanistan, keine eng anliegende Kleidung zu tragen und nicht barhäuptig oder kurzärmlig umherzulaufen. Auch Heirat und Elternschaft entsprechen einem religiösen Gebot. Zölibat und Kinderlosigkeit gelten dementsprechend als Makel. Überbevölkerung und Landmangel sind als gesellschaftliche Probleme deshalb vorprogrammiert, weil Kinderreichtum als göttlicher Segen angesehen wird. Es ist aber auch eine Folge islamischer Verhaltensnormen, dass es in Afghanistan keine Alters- oder Pflegeheime gibt. Die besondere Ehre, die ältere Menschen in diesem Land erfahren und die solche Einrichtungen schlichtweg als menschenfeindlich erachten ließe, beruht auf religiösen Überzeugungen. Wenn der jüngste Sohn einer Familie seine Eltern bis ins hohe Alter in seinem eigenen Haus beherbergt und versorgt, dann wird er damit auch einer Verantwortung vor Gott gerecht.

Im Alltag bedeutet Gläubigkeit vor allen Dingen Wohlerzogenheit. Die anerkannten Vorstellungen über Anstand, gute Manieren, Bescheidenheit und Freigiebigkeit werden als religiöse Pflichten angesehen, denn ihre Vermittlung ist Bestandteil der religiösen Bildung, die selbst als erste Pflicht eines jeden Gläubigen gilt.

II. Strukturen und Lebenswelten

Religion im Alltag

- In Afghanistan – wie in islamischen Gesellschaften allgemein – wird alten Menschen großer Respekt entgegengebracht! Achten Sie darauf im Umgang mit ihnen!

- Ihre Kleidung sollte nie zu eng oder zu freizügig sein. Das gilt ganz besonders für Frauen, aber auch für Männer!

- Das islamische Zeitverständnis gründet auf der göttlichen Vorsehung. Das Schicksal des Menschen liegt in Gottes Hand, der auch über ihre Zeit verfügt. Stellen Sie sich auf Geduld und andere Vorstellungen von Pünktlichkeit ein.

- Respektieren Sie den Ramadan! Nehmen Sie während dieser Zeit tagsüber in der Öffentlichkeit weder Speisen noch Getränke zu sich und rauchen Sie nicht.

- Bieten Sie Afghanen während des Ramadan tagsüber keine Speisen, Getränke oder Zigaretten an.

- Rechnen Sie damit, dass spätestens während der zweiten Tageshälfte die Menschen wegen ihrer Enthaltsamkeit unkonzentriert und nervös sind.

- Falls Sie während des Ramadan in der für Afghanistan typischen Weise zum Tee, einer Melone oder gar zu einem Essen eingeladen werden, lehnen Sie unter Vorwänden ab, ansonsten wäre Ihr Gastgeber gezwungen, Sie zu bewirten, ohne selbst etwas zu sich nehmen zu können.

- Halten Sie besonders während des Ramadan Abstand von Moscheen und betenden Menschen (keine Fotos schießen), und beachten Sie die Gebetszeiten der Muslime: Morgendämmerung, mittags, spät nachmittags, Sonnenuntergang und Nachteinbruch.

- Im Islam ist es verboten, das andere Geschlecht nackt zu sehen, auch wenn der Mensch bereits tot ist. Respektieren Sie das Verbot, nackte Körper zu zeigen, sei es auf Fotos, Plakaten oder real. Achten Sie darauf, keine entsprechenden Druckerzeugnisse herumliegen zu lassen. *(ml)*

Religiöse Erziehung

Die traditionelle Grundbildung umfasst die Alphabetisierung, die Rezitation religiöser und literarischer Texte, eine Einführung in die Glaubenspflichten sowie die Anstandslehre. Auf der nächst höheren Bildungsstufe kommt das Erlernen der Schreibtechniken hinzu, sofern es nicht parallel in einer staatlichen Schule erlernt wurde, denn die Vermittlung von Schreibfähigkeit ist bei einer religiösen Ausbildung kein Bestandteil der primären Alphabetisierung. Die Grundbildung für Mädchen beinhaltet darüber hinaus eine Unterweisung in praktischer Haushaltslehre. Jungen werden im Alter von sechs oder sieben Jahren bei einem Mullah eingeschult, der meistens in einer Moschee unterrichtet. In manchen Gegenden gibt es auch Mädchenklassen, die von einer Lehrmeisterin vorwiegend in einem Privathaus abgehalten werden. Diese Klassen können anfangs auch von Jungen besucht werden, bis diese mit dem Einsetzen der Pubertät an einen Mullah weiter verwiesen werden. Solche religiösen Schulen (Maktab) ersetzen dort den staatlich organisierten Unterricht, wo dieser, aus welchen Gründen auch immer, nicht stattfinden kann, und werden ansonsten als sinnvolle Ergänzung der Ausbildung angesehen.

Auch wer keine Gelegenheit hatte, eine religiöse Schule zu besuchen, kennt alle wichtigen Glaubenspflichten (Fünf Säulen des Islams) und die anerkannten Vorstellungen über Anstand und Wohlerzogenheit. Die Lehrbücher und literarischen Werke (etwa von Saadi oder Hafis, vgl. Literaturtipps im Anhang), in denen diese Kenntnisse vermittelt werden, sind wahre Volksbücher, die gern vorgelesen und zu großen Teilen auch auswendig gelernt werden. Außerordentlicher Beliebtheit erfreuen sich zudem legendenartige Erzählungen über Heilige, vor allem über Mohammed und Ali, aber auch über andere muslimische Propheten wie Moses (Musa) und Jesus (Isa). Letzterer wird in Afghanistan als großer Wundertäter angesehen und in vielen Liedern besungen. Die metaphorischen Lehren solcher Heiligenlieder oder -geschichten erfüllen stets auch eine didaktische Funktion. Im Zeitalter elektronischer Medien tragen zunehmend Tonbandkassetten, Audio- und Video-CDs mit Aufnahmen religiöser Sänger, Geschichtenerzähler oder Prediger zur islamischen Bildung bei (vgl. den Beitrag von Lutz Rzehak zur mündlichen Tradierung von Geschichte).

Eine höhere religiöse Bildung wird an islamischen Hochschulen (Medressen) erteilt, die in allen Provinzen des Landes zu finden sind. Die Stiftung einer Hochschule gilt als religiöses Verdienst. In der Regel werden dort kostenfreie Unterkunft und Verpflegung gewährt. An den Universitäten gibt es theologische Fakultäten. Schon seit langer Zeit werden außerdem Hochschulen im Ausland aufgesucht, wobei die grenznahen Gebiete Pakistans und zum Teil auch Irans naturgemäß die wichtigste Rolle spielen. Die Attraktivität islamischer Hochschulen in diesen beiden Ländern hängt unter anderem damit zusammen, dass diese mit noch großzügigeren Spenden von Privatpersonen und verschiedenen islamischen Organisationen versorgt werden. Wer an einer solchen Hochschule studiert, gilt über Jahre als versorgt, muss von seiner Familie nicht ernährt werden und erlernt zudem einen gottgefälligen Beruf.

Die Sachi-Sahib-Moschee in Kabul überstand den Krieg unbeschadet.

Religiöse Würdenträger

Die Zahl der Geistlichen und Theologen geht in Afghanistan heute wohl in die Hunderttausende. Es gibt keine einheitliche Führung und geschlossene Organisationsstruktur. In der Hauptstadt und in den Provinzen verfügen die Gemeinden aber durchaus über hierarchische Strukturen, die zum Teil – etwa in Gestalt der Verwaltungen für religiöse Stiftungen (Wakf) – auch in die staatliche Verwaltung eingebunden sind. Grob gesehen lassen sich Geistliche und Theologen in folgende Kategorien einteilen: Ein besonderes Ansehen und außerordentlich großen Einfluss genießen die Anführer religiöser Orden (Pir, Hasrat, Eschan) und höhere theologische Gelehrte (Ulema). Eine mittlere Schicht bilden die zahlreichen Moscheevorsteher (Imame) und Mullahs, lokale Richter (Kadi), Leiter und Lehrer islamischer Bildungseinrichtungen (Achund) sowie Personen, die an einer islamischen Hochschule studiert haben (Maulawi). Schließlich sind auch Koranrezitatoren (Kari), Prediger (Chateb) und Gebetsrufer (Muezzin) hinzuzuzählen.

Mit diesen Geistlichen und Theologen sind keineswegs alle Personenkreise erfasst, die in Afghanistan ein besonderes religiöses Ansehen genießen. Personen, die den Titel eines »Sayed« im Namen führen, gelten als Nachfahren des Propheten Mohammed und erfahren ob dieser edlen Abstammung eine besondere Verehrung. Das gleiche gilt für Personen, die sich auf verschiedenste Arten durch eine besonders gottgefällige Lebensweise auszeichnen. Hierzu zählen Großmut und außerordentliche Freigiebigkeit, was mit dem Titel eines »Sachi« gewürdigt wird, oder auch eine besonders asketische Lebensweise, für die vor allem zahlreiche Wanderderwische (Malang) Verehrung erfahren. Letztere sind häufig in der Nähe von Friedhöfen oder Heiligengräbern zu finden.

Heiligenverehrung und Heiligtümer

Unter den tausenden Moscheen und Gebetsstätten des Landes gilt der mit blauen Fliesen verkleidete Komplex Rusa-ye Scharif (»Edler Garten«) in Masar-e Scharif als besonderes Heiligtum. Er wurde im 15. Jahrhundert in der Nähe der angeblichen Grabstätte Alis, des vierten Kalifen und Schwiegersohns des Propheten, errichtet. Jedes Jahr am islamischen Neujahrstag lockt das Heiligtum Wallfahrer aus allen Landesteilen in die Stadt, das dieser Grabstätte auch ihren Namen gab: Masar-e Scharif (»Edles Heiligengrab«). Dort versammeln sich die muslimische Gläubigen zum »Tulpenfest« auf dem Platz zwischen Moschee und Mausoleum, wo vierzig Tage lang eine von Kaufleuten, Stadtbehörden und Pilgern gestiftete Glaubensfahne (Dschanda) weht.

II. Strukturen und Lebenswelten

Die Provinz Balch wird wegen der großen Zahl an Pilgerstätten, von denen viele zudem mit Personen aus den Frühzeiten des Islams in Verbindung gebracht werden, insgesamt als eine sehr heilige Gegend angesehen. Weitere Gebetsstätten von überregionaler Bedeutung sind unter anderem die Freitagsmoschee in Herat, die »Grüne Moschee« von Mohammed Parsa in Balch, die Moscheen Schah-e Doschamschera (»Zwei-Schwerter-König«) und Pol-e Cheschti (»Ziegelbrücke«) in Kabul sowie der Moscheekomplex am Grabmal des ersten afghanischen Königs Achmad Schah Durrani in Kandahar. Hier wird als wertvolle Reliquie jener Mantel des Propheten aufbewahrt, den der Talibananführer Mullah Omar getragen haben soll, als er 1996 auf eines der Dächer im Zentrum der Stadt stieg, um vor mehr als Tausenden von Gläubigen das Islamische Emirat Afghanistan auszurufen und sich selbst zum Amir al-Muminin, zum »Oberhaupt der Gläubigen«, ernennen zu lassen.

Der Islam in Afghanistan zeichnet sich durch einen lebendigen Heiligenkult aus. Die Verehrung von Heiligen (Bosorg, Wali) basiert auf der Vorstellung, dass Gott Personen wohlgefällig ist, die ihm nahestehen. Nähe zu Gott zeigt sich in einer gottgefälligen Lebensweise, Heiligkeit manifestiert sich in Wundertaten, und so zeichnet Gott Personen, die ihm nahestehen, als Belohnung für ihre Rechtschaffenheit und ihren festen Glauben mit göttlicher Segenskraft (Barakat) aus. Diese wiederum kann über die Vermittlung jener Gottesfürchtigen auch anderen Personen zuteil werden. Überall in Afghanistan findet man Heiligengräber (Masar, Siyarat) oder Orte, an denen sich Heilige aufgehalten haben sollen. Pilger suchen sie auf, um bei den Heiligen Hilfe bei der Lösung von Problemen zu erbitten, um Heilung oder Abwehr von Krankheiten zu erhoffen. Wegen der idyllischen Lage einiger Heiligengräber dient die Wallfahrt oft auch der Erholung. Lebende Personen können ebenfalls als Heilige angesehen und um Fürbitte bei Gott ersucht werden.

Große Beliebtheit genießt die islamische Mystik (Tasawwof). Viele Mystiker oder Freunde der Mystik haben sich in Ordensgemeinschaften zusammengefunden, die auf eine jahrhundertealte Geschichte zurückblicken können und nicht selten zu offenen oder versteckten Trägern politischer Bewegungen wurden.

Facetten des Islams in Afghanistan

Eine Politisierung des Islams, die im Aufruf zum Kampf gegen eine Herrschaft von Ungläubigen (Kofar) mündet, ist in der Geschichte Afghanistans eine vergleichsweise junge Erscheinung. Eingeleitet wurde sie durch die drei Anglo-Afghanischen Kriege (vgl. den Infokasten auf S. 30). Die Niederlagen, die das Empire in diesen militärischen Auseinandersetzungen erleiden musste, verlieh dem Glaubenskampf (Dschihad) eine nachhaltige politische Kraft. In den innenpolitischen Konflikten des 20. Jahrhunderts wurde diese Kraft immer dann mobilisiert, wenn Reformbemühungen auch auf Fragen ausgedehnt wurden, die als wichtige, wenn auch oft nur als äußerliche Kennzeichen eines gottgefälligen Lebens galten. Wie beim Verhüllungsgebot für Frauen wurden Merkmale einer islamischen Lebensweise dadurch zu politischen Symbolen. Das vergleichsweise offene Leben in der Landeshauptstadt entfernte sich immer mehr vom konservativen Milieu des ländlichen Raums, wo sich meistens religiös begründeter Widerstand formierte. Im Kampf gegen die sowjetische Invasion erfuhr die Politisierung des Islams eine wachsende Internationalisierung, die sich nicht nur in der ausländischen Unterstützung für die Glaubenskämpfer (Mudschaheddin) zeigte. Afghanische Mudschaheddin werteten den Zerfall der Sowjetunion, der bald nach dem Abzug ihrer Truppen aus Afghanistan erfolgte, und sogar den Fall der Berliner Mauer als eigenes politisches Verdienst und sahen sich selbst in den weltpolitischen Auseinandersetzungen immer mehr als »Global Player«.

Die von weiten Bevölkerungsteilen als fremd empfundene Auslegung und Praktizierung des Islams während der Herrschaft der Taliban, die welt- und innenpolitischen Folgen der Attentate vom 11. September 2001 und die allgemeine Kriegsmüdigkeit führten diesbezüglich zu einer Ernüchterung, sodass das Wort »Mudschahed« im afghanischen Sprachgebrauch heute weniger »Glaubenskämpfer« als vielmehr »Räuber«, »Wegelagerer« und »Verbrecher« bedeutet. Bestehen bleiben der Wunsch nach einer nationalen Unabhängigkeit, die nicht nur auf dem Papier gegeben ist, und das Bestreben, alle Fragen des alltäglichen Lebens in einer Weise zu regeln, die den meisten Menschen trotz religiöser Wurzeln schlichtweg als naturgegeben erscheint.

Lutz Rzehak

Ehre, Gottgefälligkeit, Krieg und Kampf bestimmen in starkem Maße das Handeln afghanischer Männer. Um in seinem Stamm akzeptiert zu werden, muss ein Mann die Tugenden eines Kriegers in sich tragen und vorleben. Für die Familie ist das Ansehen, das die Männer erwerben, von erheblicher Bedeutung. Es bestimmt die Stellung in der Gemeinschaft und das eigene Wohlergehen. Das Foto zeigt einen Kämpfer der Nordallianz in der Nähe des Salang-Passes, aufgenommen am 26. September 2002.

Der traditionelle Ehrenkodex prägt auch den Umgang der Afghanen mit Ausländern im Land, wie ein tragischer Zwischenfall am 28. August 2008 verdeutlichte. Am Abend dieses Tages wurden eine Frau und zwei Kinder an einem Kontrollpunkt der afghanischen Armee und der Bundeswehr südlich von Kundus erschossen, nachdem der Fahrer eindeutige Zeichen der Sicherheitskräfte missachtet hatte. Die Familie selbst und weitere Mitglieder des betroffenen Stammes schworen daraufhin Blutrache. In einem Gespräch mit dem ältesten Bruder der getöteten Frau, das ein paschtunischer Stammesführer vermittelte, wurde eine Entschädigungszahlung durch die Bundeswehr vereinbart. Der Vertreter der Familie sprach seine Verzeihung aus, was eine Fehde ausschloss.

Krieg und Kampf in Afghanistan

Während der letzten 200 Jahre seiner Geschichte konnte Afghanistan viermal einer globalen Supermacht Paroli bieten: In den Jahren von 1838–1842 und 1878–1879 sowie 1919 dem Britischen Empire, zwischen 1979 und 1989 der damaligen Sowjetunion. Sowohl die drei Anglo-Afghanischen Kriege als auch der Widerstand gegen die Sowjetunion waren asymmetrische Kriege, in denen jeweils eine hoch gerüstete Militärmacht versuchte, mit konventionellen Mitteln gegen überwiegend dezentral organisierte und mit Guerillataktik operierende Kräfte vorzugehen. Weder das Empire noch die Sowjetunion waren in der Lage, den Widerstand im Land dauerhaft zu unterbinden. Nach dem letzten Anglo-Afghanischen Krieg erlangte Afghanistan im Jahr 1919 schließlich seine Unabhängigkeit, und 70 Jahre später haben die finanziellen, personellen sowie politischen Kosten der sowjetischen Intervention während der 1980er-Jahre dazu beigetragen, dass sich die globalstrategischen Konstellationen nach dem Scheitern der UdSSR am Hindukusch zu verändern begannen.

Afghanistan war immer ein Spielball im globalpolitischen Kräftemessen sowohl des 19. als auch des 20. Jahrhunderts. Der Auslöser für das Vordringen britisch-indischer Truppen aus dem heutigen indisch-pakistanischen Gebiet waren Ereignisse auf einem anderen Kontinent. Am Ende des 18. Jahrhunderts hielten Napoleons Truppen einen Großteil Europas besetzt. Im Jahr 1798 startete der Feldherr mit der Landung im heutigen Ägypten ein kurzes koloniales Abenteuer, auf welches das Britische Empire umgehend reagierte und ihn im Jahr 1802 wieder aus der nordafrikanischen Region vertrieb. Ein weiterer Akteur, nämlich das zaristische Russische Reich, sah sich nun an seiner Südflanke sowohl im Osten, also in Britisch-Indien, als auch im Westen, auf der arabischen Halbinsel, von Großbritannien bedrängt und rückte seinerseits gegen Süden in Richtung Kaukasus und somit gegen den heutigen Iran vor. Der vierte Akteur, das Osmanische Reich, war zu dieser Zeit schon zu schwach, um dem Britischen Empire dauerhaften Widerstand entgegensetzten zu können, sodass um die Wende zum 19. Jahrhundert

II. Strukturen und Lebenswelten

Theodor Fontane, Das Trauerspiel von Afghanistan (1898)

Der Schnee leis stäubend vom Himmel fällt,
Ein Reiter vor Dschellalabad hält,
»Wer da!« – »Ein britischer Reitersmann,
Bringe Botschaft aus Afghanistan.«
Afghanistan! Er sprach es so matt;
Es umdrängt den Reiter die halbe Stadt,
Sir Robert Sale, der Kommandant,
Hebt ihn vom Rosse mit eigener Hand.

Sie führen ins steinerne Wachthaus ihn,
Sie setzen ihn nieder an den Kamin,
Wie wärmt ihn das Feuer, wie labt ihn das Licht,
Er atmet hoch auf und dankt und spricht:
»Wir waren dreizehntausend Mann,
Von Kabul unser Zug begann,
Soldaten, Führer, Weib und Kind,
Erstarrt, erschlagen, verraten sind.

Zersprengt ist unser ganzes Heer,
Was lebt, irrt draußen in Nacht umher,
Mir hat ein Gott die Rettung gegönnt,
Seht zu, ob den Rest ihr retten könnt.«
Sir Robert stieg auf den Festungswall,
Offiziere, Soldaten folgten ihm all',
Sir Robert sprach: »Der Schnee fällt dicht,
Die uns suchen, sie können uns finden nicht.

Sie irren wie Blinde und sind uns so nah,
So lasst sie's hören, dass wir da,
Stimmt an ein Lied von Heimat und Haus,
Trompeter blast in die Nacht hinaus!«
Da huben sie an und sie wurden's nicht müd',
Durch die Nacht hin klang es Lied um Lied,
Erst englische Lieder mit fröhlichem Klang,
Dann Hochlandslieder wie Klagegesang.

Sie bliesen die Nacht und über den Tag,
Laut, wie nur die Liebe rufen mag,
Sie bliesen - es kam die zweite Nacht,
Umsonst, dass ihr ruft, umsonst, dass ihr wacht.
»Die hören sollen, sie hören nicht mehr,
Vernichtet ist das ganze Heer,
Mit dreizehntausend der Zug begann,
Einer kam heim aus Afghanistan.«

jenes Spiel begann, das als das »Great Game« in die Geschichte eingegangen ist (vgl. die Beiträge im Abschnitt »Historische Entwicklungen«).

Afghanistan konstituierte sich im Jahr 1747 als ein paschtunisches Königreich und erlangte eine gewisse Unabhängigkeit von der persischen Regionalmacht im Westen und den Moguln im Osten. Für die folgenden knapp 100 Jahre verblieb Afghanistan ohne größere Bedeutung für politische Vorgänge in der südwestasiatischen Region und trat allenfalls durch Überfälle unterschiedlicher Stämme auf westliches (persisches) sowie östliches (britisch-indisches) Gebiet in Erscheinung. In den 30er-Jahren des 19. Jahrhunderts formulierten dann die Briten angesichts der oben geschilderten Vorgänge ihre »Forward Policy«, die beabsichtigte, Afghanistan als Pufferstaat gegen das Vordringen des zaristischen Russland zu etablieren. Folglich marschierte die englische Armee in Afghanistan ein und versuchte, sowohl mit militärischen als auch politischen Mitteln das afghanische Herrscherhaus unter ihre Kontrolle zu bringen.

Der sich gegen die Briten formierende Widerstand war keine zentral organisierte Operation, sondern bereits damals ein Guerillakampf paschtunischer Stämme insbesondere in der strategisch bedeutenden Region des Khaiber-Passes, dem einzigen Zugang zu Afghanistan im Osten. Ähnliches galt für die Vorstöße der Briten in das südliche Afghanistan aus der Region Belutschistan. Auch dort lebten überwiegend paschtunische Stämme, die Widerstand leisteten. In Belutschistan selbst kämpften Belutschen-Stämme gegen die britisch-indischen Truppen vorzugsweise beim Überschreiten des strategisch bedeutenden Bolan-Passes in Richtung Quetta.

Die Kämpfe der paschtunischen Volksgruppe Afghanistans gegen die Briten haben ihren Niederschlag in einem Gedicht Theodor Fontanes gefunden, der die Niederlage der Briten bei Chord Kabul (6. Januar 1842) lakonisch zusammenfasst: »Mit dreizehntausend der Zug begann, Einer kam heim aus Afghanistan.« Mit Schwertern, Lanzen und Vorderladern griffen die paschtunischen Bergstämme die abziehenden britisch-indischen Truppen an, denen zuvor freies Geleit versprochen worden war. Die traumatische Niederlage der Briten zeigte, wie gefährlich mit Guerillataktik operierende Stammeskrieger waren.

II. Strukturen und Lebenswelten

Von einer afghanischen Armee im westlichen Sinn konnte zu diesem Zeitpunkt keine Rede sein, und bis in die Zeit der International Security Assistance Force (ISAF) stellt der Aufbau moderner afghanischer Streitkräfte eine enorme Herausforderung dar. Afghanen, insbesondere Paschtunen, sind hervorragende Krieger, obwohl sie kaum dem westlichen Bild von professionellen Soldaten entsprechen.

Kampf und Krieg in der afghanischen Vorstellungswelt

Dieser Aspekt leitet zu der Frage über, worauf die kriegerische Einstellung der Afghanen gründet. Am Beispiel der Paschtunen und ihrer mündlich tradierten Verfassung, dem Paschtunwali – auch vielfach als Ehrenkodex bezeichnet –, sollen hier einige zentrale Überzeugungen hinsichtlich des kollektiv organisierten Krieges und des individuellen Kampfes im Zusammenhang mit männlichen Vorstellungen von Ehre und Schande erläutert werden. Das für die Paschtunen in Afghanistan und Pakistan bestimmende Menschen- oder Gesellschaftsbild ist dasjenige des Ghairatman (gespr.: Rairatman), des »richtigen« Paschtunen. Um diesem Idealbild eines ehrenwerten Mitglieds der Gemeinschaft zu entsprechen, muss ein paschtunischer Mann »Nang« und »Namus« besitzen, das heißt Ehre. Ein richtiger Mann innerhalb der paschtunischen Gesellschaft ist dementsprechend allein ein »Nangialai«: ein Verteidiger und Beschützer, ein mutiger Mann und tapferer Held, der seinem Stamm Ruhm und Ehre bringt.

Der Begriff Namus bezieht sich im engeren Sinn auf die Schamhaftigkeit der Frau, die zum Ehrbereich des Mannes zählt. Paschtunen unterscheiden ein direktes und indirektes Namus, wobei sich das indirekte Namus auf die verheirateten Töchter bezieht, die mit der Heirat dem direkten Namus-Bereich ihrer Ehemänner unterstehen. Derjenige paschtunische Mann, der seinen Nang- und Namus-Pflichten nicht nachkommt, ist kein richtiger Paschtune und kein Ehrenmann. In neuerer Zeit zählen auch das Stammesland und das Heimatland zum Namus-

Bereich der Männer, da das Land, gleich der Frau, Leben schenkt. Sollte ein Mann als ehrlos bezeichnet werden, weil er angeblich nicht in der Lage oder willig ist, seine Familie und seine Heimat zu beschützen, so würde diese Beschimpfung gemäß den Regeln des Paschtunwali die Tötung des Beleidigers erfordern.

Die Verpflichtung, im Fall des Falles gewaltsam das individuelle Nang und das anvertraute Namus zu verteidigen, entspringt dem Prinzip des »Badal«, der Verpflichtung zur Rache. Badal hat die Grundbedeutung eines Tausches, und zwar sowohl für den Tausch von Andenken als auch für die Tauschheirat sowie für die Vergeltung nach dem Prinzip Auge um Auge, Zahn um Zahn, Leben um Leben. Paschtunische Männer sehen in anderen Männern permanente Rivalen um das individuelle Gut der Ehre, und es besteht somit ein dauerhaftes Feindbild.

Die Verpflichtung, auch für die Verteidigung der kollektiven Interessen der Sippe, des Dorfes, des Stammes oder der Nation einzustehen, drückt sich in den Begriffen »Tura« und »Turialai« aus. Tura bezeichnet wörtlich das Schwert, und im übertragenen Sinn meint es den heldenmütigen, tapferen Mann, der dem Ideal des Turialai zu folgen hat: Ein Mann, der ohne Rücksicht auf Verluste die Badal-Verpflichtung im Falle eines Angriffs auf sein Nang und Namus in die Tat umsetzt und seinen Gegner vernichtet.

Eine Badal-Angelegenheit kann sich bei den Paschtunen zu einem internen oder externen Krieg ausweiten. Die Solidaritätsverpflichtung erfolgt entlang verwandtschaftlicher Linien. Sind beispielsweise die Weide-, Wald- oder Ackerflächen eines Dorfes oder eines Clans Ziel eines gegnerischen Angriffs, dann sind auch alle Dorf- oder Clanmitglieder verpflichtet, Badal zu leisten und sich als Turialai, als tapfere Krieger, zu beweisen. Wird im Falle einer individuellen Auseinandersetzung der Angegriffene nur verletzt, so besagt die Badal-Verpflichtung auch, dass diese Verletzung im Tausch abgegolten werden muss, sei es durch eine gleiche Verletzung des Gegners oder durch Zahlung eines Geldbetrags als Kompensation für den Verlust der Fähigkeit zum Turialai. Zur Zahlung dieses immateriellen Schadens muss »Scharm« bezahlt werden, was mit Schamgeld übersetzbar ist; gleichfalls wird Scharm als Kompensation im Falle eines Ehebruchs geleistet. Scharm hat allerdings noch eine weitere Bedeutung, nämlich

II. Strukturen und Lebenswelten

Jugendliche Kämpfer der Nordallianz in Bagram im September 2001.

die von Schamhaftigkeit, Bescheidenheit und Schande. Aus dem durch Nang und Namus definierten Männlichkeitsideal leitet sich ein Krieger- und Heldenideal ab, welches die weitergehende Verpflichtung beinhaltet, auch das Stammesterritorium und das nationale Territorium zu verteidigen. Im Rahmen von Konflikten motiviert somit die Badal-Verpflichtung des Paschtunwali den Turialai, sich beispielsweise als Mudschaheddin, als Glaubenskämpfer, der Sache des Vaterlandes anzunehmen.

Bei den Paschtunen besteht die Pflicht zur Gewährung der Gastfreundschaft und des Asyls. Letzteres wird mit dem Begriff »Nenawati« bezeichnet. Gleichzeitig ist Nenawati auch die Bitte um Vergebung im Falle einer Badal-Angelegenheit. Da jedoch die Bitte um Vergebung mit einer großen Demütigung einhergeht, ist die Folge hiervon der Status des »Da'us«, ein nicht gerade ehrenvoller Zustand. Die Bitte um Vergebung beinhaltet zwar die Beendigung der Fehde, jedoch wird diese Bitte in Anbetracht ihrer erniedrigenden Form und dem Resultat des Da'us-Status möglichst nur in absolut ausweglosen Situationen ausgesprochen.

Das Ideal der Gastfreundschaft wird durch den Begriff »Melmapalena« oder »Melmastia« ausgedrückt. Die Gewährung der Gastfreundschaft beginnt mit dem Anbieten von Speise und Trank auf dem Feld oder im Restaurant und endet mit der Verpflichtung zur Verteidigung des Lebens des Gastes auch unter Einsatz des eigenen Lebens. Ein guter Gastgeber kann so – auf friedliche Weise – sein Namus vermehren. Dieses Prinzip ermöglicht auch das Reisen durch fremde Gebiete – zumindest sofern keine Badal-Angelegenheit vorliegt. Die Möglichkeit des sicheren Reisens bzw. des Wanderns für hirtennomadische Gruppen wird zusätzlich durch »Badraga« abgesichert, worunter ein Geleitschutz zu verstehen ist. Diesen können beispielsweise Gruppen einfordern, die sich auf der Flucht befinden, um der möglichen Vernichtung zu entgehen. Badraga kann aber auch in Gebieten beansprucht werden, die durch Straßenräuber oder eine Badal-Angelegenheit für die Durchreisenden gefährdet sind. Badraga durch Drittparteien zu gewähren, kann weiterhin als eine Aufforderung zu Friedensverhandlungen interpretiert werden, denn ein Angriff auf die Schutzleistenden würde diese automatisch als eine weitere Kriegspartei in die Auseinandersetzungen einbeziehen.

Die rechtliche Qualität des Paschtunwali wird gleichfalls durch Sanktionen verdeutlicht, die bei Nichterfüllung der einzelnen Verpflichtungen in Kraft treten. Strafen werden auf dem Weg der sozialen Kontrolle durch die Nachbarn oder durch einen Richterspruch seitens der Ratsversammlung, der Dschirga, und unter Zustimmung bzw. auf Vorschlag der lokalen Eliten in Form der Dorfvorsteher (Arbab, Malik) oder einflussreicher Persönlichkeiten (Khan oder Älteste) verhängt. Zu den möglichen Sanktionen zählen psychische Strafen (Hohn, Spott, Verfluchung), der Abbruch und Entzug sozialer Beziehungen, materielle Verwarnungen (Zahlung von Kompensation in Naturalien oder Geldbeträgen) sowie Körperstrafen (Verstümmelung, Tötung).

Rechtsverbindliche Verhaltenskodices

Auch die anderen ethnischen Gruppen Afghanistans weisen vergleichbare, an das Paschtunwali angelehnte, Gewalt legitimierende Ideale auf. Die Überzeugung, in Fällen einer individuell oder kollektiv empfundenen Ehrverletzung gewaltsam reagieren zu müssen, ist jedoch nicht auf Afghanistan begrenzt. In allen muslimischen Gemeinschaften des indo-pakistanischen Raums ist ein ähnlicher oder gleicher Ehrbegriff vorhanden, der durch den Begriff »Issat« ausgedrückt wird. Damit besteht ein interkultureller Konsens gewalttätiger Ideale, die sich in den Rechtsvorstellungen dieser Bevölkerungsgruppen erkennen lassen. Aus westlicher Sicht sollte anerkannt werden, dass es sich bei diesen Überzeugungen nicht nur um archaische Anschauungen von »Hinterwäldlern« handelt, sondern um Grundsätze, die für die meisten Mitglieder dieser Gesellschaften rechtsverbindliche Qualität haben. Im orientalischen Kontext ist es das Recht und die Pflicht eines Mannes, bei Angriffen auf seine Ehre so zu handeln, wie seine kulturelle Tradition es von ihm einfordert – und vielfach bedeutet dies die Anwendung von individueller oder kollektiver Gewalt.

Zudem können die Wertvorstellungen auch anders gelesen werden: Zeige Respekt gegenüber anderen Menschen, insbeson-

Alter Mann in der Provinz Ghor, 2008.

dere Frauen und älteren Männern. Verletze nie die Privatsphäre und verhalte dich in der Öffentlichkeit nicht schamlos durch das Tragen salopper Kleidung oder durch auffälliges Verhalten. Und wenn ein Afghane dir Gastfreundschaft gewährt oder seine Freundschaft anbietet, dann steht er nicht nur mit seinem Wort, sondern mit seiner ganzen Ehre dafür ein.

Erwin Orywal

Nicht nur wegen einer hohen Rate von Analphabeten kommt der Unterhaltung durch Gesang und Erzählungen, aber auch der mündlichen Überlieferung von Geschichte in der afghanischen Gesellschaft eine wesentliche Bedeutung zu. Historische Ereignisse werden bis in den Bereich der Legendenbildung ausgeschmückt, dabei gelegentlich auch umgedeutet oder in Teilen neu geschaffen, je nachdem, wer der Vortragende ist, in welcher Situation er sich befindet und welches Ziel mit einer Erzählung verfolgt wird. Ein reicher Schatz von Erzählungen und Heldenepen bildet einen wesentlichen Bestandteil der afghanischen Kultur. Männer, die Geschichte und Geschichten auswendig vortragen können, genießen hohes Ansehen.

■ Mündliche Tradierung von Geschichte

Die mündliche Überlieferung vergangenen Geschehens ist ein universelles Phänomen. In einer Gesellschaft wie der afghanischen kommt ihr jedoch eine besondere Bedeutung zu, und Afghanistan ist auch diesbezüglich ein Land der Vielfalt. Äußerst differenziert ausgeprägten Formen von Schriftkultur steht im gesamtgesellschaftlichen Maßstab eine eingeschränkte Verbreitung von Schriftlichkeit gegenüber, die nicht allein durch die hohe Analphabetenrate bedingt ist. Viele Bereiche des alltäglichen Lebens werden in einem weit geringeren Maße durch den Gebrauch der Schrift bestimmt, als wir es aus anderen Gesellschaften kennen. Entsprechend größer ist der Wert, der dem gesprochenen Wort beigemessen wird. Redegewandtheit, dichterische Begabung, Erzählkunst und andere rhetorische Fertigkeiten werden dabei nicht nur als schmückende Accessoires angesehen. Die Ästhetik des gesprochenen oder gar des gesungenen Wortes besitzt eine große Überzeugungskraft.

Dies trifft auch auf die Weitergabe historischen Wissens zu, sei es im Bereich der alltäglichen Kommunikation oder mit den Mitteln der Volksliteratur. Legenden, Epen, Lieder, Schwänke, Geschichten und andere Gattungen der afghanischen Folklore bieten verbürgte Antworten auf die Frage, was sich in der Vergangenheit so Wichtiges ereignete, dass es für alle Zeit im Gedächtnis bleiben muss. Letztlich geht es also darum, in welchen Erinnerungen die Fundamente der eigenen Identität zu suchen sind. Die ethnische Vielfalt der afghanischen Gesellschaft findet trotz gemeinsamer oder übergreifender Themen und Motive eine direkte Entsprechung in der Vielfalt der Formen und Inhalte mündlicher Überlieferungen.

Sieht man von den wenigen verbliebenen Sikhs und Hindus ab, so bildet der Islam für alle Völkerschaften Afghanistans das gemeinsame und wichtigste Fundament ihrer Kultur. Überall sind legendenartige Erzählungen über Propheten und Heilige verbreitet, mit denen die Wahrhaftigkeit des islamischen Glaubens bezeugt wird. Mehr noch: Sogar die Ursprünge der eigenen Geschichte werden der Überlieferung nach gern in der Nähe Mohammeds gesehen (vgl. den Beitrag von Lutz Rzehak zu den Facetten des Islams).

Ursprünge

Ein wichtiges Fundament der paschtunischen Kultur bildet bis in die Gegenwart die Stammesstruktur, deren Entstehung und historische Entwicklung ebenfalls in zahlreichen Legenden überliefert wird. So sehen sich alle Paschtunen als Nachfahren eines gewissen Kais, der nach mehrheitlicher Überzeugung zu Zeiten des Propheten gelebt haben soll. Einer Überlieferung zufolge, die in letzter Zeit allerdings politisch unbequem erscheint und deshalb seltener vergegenwärtigt wird, erheben die Paschtunen sogar Anspruch auf eine jüdische Abstammung. So soll Kais über einen gewissen Malik Afghan von Malik Talut abstammen, der mit Saul, dem ersten König Israels, identifiziert wird. Nach dieser Überlieferung gehörte Kais zu jenen Stämmen Israels, die seit der babylonischen Gefangenschaft im 6. vorchristlichen Jahrhundert als verschollen gelten.

Es ist nicht wichtig, dass diese Überlieferung weder durch andere historische Quellen noch durch sprachwissenschaftliche Erkenntnisse gedeckt wird, denn sie möchte in erster Linie einem Geschichtsbild gerecht werden, nach dem historische Größe vor allem aus der Verwurzelung in historischer Tiefe hergeleitet wird. Als Kais, dem Aufruf des Propheten folgend, zum Islam übertrat, nahm er, wie es Konvertiten auch heute noch tun, einen arabischen Namen an und nannte sich fortan Abdurraschid, was in etwa »Sklave des Mutigen oder Tapferen« bedeutet. Mit seiner Frau hatte Kais alias Abdurraschid drei Söhne, nämlich Sarbun, Gurgescht und Beitan, die zu Begründern dreier großer Stammesverbände wurden. Als Ahnherr eines vierten Verbandes gilt ein gewisser Karlan, der aber selbst kein Paschtune gewesen sein soll, sondern als Findelkind von einem Paschtunen großgezogen wurde und später die Tochter seines Ziehvaters heiratete.

Ähnliche Legenden belegen, wie die Nachkommen dieser Urväter zu Begründern und Anführern kleinerer Stammlinienverbände wurden, sodass jeder Paschtune im Idealfall auch heute noch nachzeichnen kann, über welche Verbindungsglieder, die stets der väterlichen Linie folgen, er mit dem gemeinsamen Vorfahren aller Paschtunen verwandt ist. Über diese Verbindungsglieder lassen sich je nach Generationstiefe soziale Gruppen unterschiedlicher Größe definieren, die uns heute als Stammes-

Mündliche Tradierung von Geschichte

verbände, Stämme oder Clans begegnen. Dieses genealogische Wissen ist in Stammbäumen niedergeschrieben, die zu Rate gezogen werden, wenn sich die mündlich tradierte Überlieferung als unzureichend erweist. Herkunftslegenden helfen den Menschen, sich das genealogische Wissen leichter einzuprägen. Sie haben somit auch eine wichtige lern- und merktechnische Funktion bei der mündlichen Weitergabe des Wissens um die eigene Abstammung. Vor allem aber begründen diese Legenden die enge Verbundenheit der Mitglieder eines Stammlinienverbandes.

Die meisten persischsprachigen Bevölkerungsgruppen Afghanistans, die sich durch eine traditionelle Sesshaftigkeit auszeichnen und mit der heute üblich gewordenen Bezeichnung »Tadschike« keineswegs vollständig erfasst werden, verfügen nicht über eine vergleichbar umfassende Stammesstruktur. Die Ursprünge ihrer Kultur werden in alten Epen beschrieben, wobei frühe Niederschriften bezeugen können, dass das Persische schon in vorislamischer Zeit über eine lebendige epische Dichtungstradition verfügte. Unter dem Titel »Schahnama« (»Königsbuch«) ist die berühmteste und umfangreichste Sammlung persischer Epen bekannt geworden (vgl. Literaturtipps im Anhang). Sie wurde mit einem Gesamtumfang von 60 000 Versen von dem persischen Dichter Abu Firdausi (940–1020) zusammengestellt, der sein Werk auf der Suche nach einem Mäzen dem Fürsten Machmud von Ghasni (das heutige afghanische Ghasni) widmete. Das Schahnama berichtet von den Taten iranischer Könige und ihrer Krieger seit den mythologischen Anfängen der Geschichte bis zur arabischen Invasion im 8. Jahrhundert sowie vom Tausendjährigen Krieg zwischen den Ländern Iran und Turan. Die Entstehung des Islams gilt hier nicht als Anfang, sondern als Wendepunkt einer Geschichte, deren goldene Zeiten vor der Islamisierung gesehen werden. Große Teile des im Schahnama beschriebenen historischen Iran, einer sesshaften Ackerbaukultur, sind auf dem Territorium des heutigen Afghanistan zu verorten, wohingegen das historische Turan in den Steppen- und Wüstengebieten nördlich des Amudarja zu finden ist. Hier herrschten seit langen Zeiten turkstämmige Nomaden, die auf ihren Expansionen später bis nach Nordafghanistan und gelegentlich auch darüber hinaus bis nach Indien vordrangen.

Obwohl das Schahnama in zahlreichen, zum Teil sehr prunkvoll gestalteten Niederschriften existiert, kann man in Afghanistan auch heute noch Sänger finden, die alle darin enthaltenen Epen oder zumindest große Teile auswendig vortragen können. Mit dem Titel eines »Schahnama-chan« (»Königsbuchrezitator«) erfahren sie eine besondere Ehrerbietung. Die im Schahnama erzählten Geschichten um Rostam, Dschamsched, Faridun und andere Helden bilden den zentralen historischen und literarischen Bezugspunkt für den Großteil der persischsprachigen Bevölkerung Afghanistans. Schon die bloße Existenz dieses alten epischen Werkes belegt den Angehörigen des persischen Kulturraumes die Zugehörigkeit zu einer nicht weniger alten sesshaften Hochkultur, die sich ungeachtet wiederholter Eroberungen durch nomadische Herrscher behaupten und bewahren konnte.

Lied- und Dichtungstraditionen

Wo historische Größe aus historischer Tiefe hergeleitet oder sogar damit gleichgesetzt wird, berufen sich auch andere Völkerschaften gern auf das Schahnama. Dies gilt zum Beispiel für die Belutschen, die sich ebenfalls in dessen Geschichten aus dunkler Vergangenheit erwähnt sehen. Darüber hinaus verfügen die Belutschen aber auch über eine eigene epische Dichtungstradition. Dabei stehen Lieder mit einem Umfang von bis zu 400 Zeilen in einem engen inhaltlichen Zusammenhang, denn die meisten Geschichten kreisen um Ereignisse aus dem 16. Jahrhundert, als die belutschischen Stämme nach einem dreißigjährigen Bruderkrieg das größte geschlossene Reich ihrer Geschichte errichten konnten. Diese Lieder werden von einzelnen Sängern vorgetragen. Sie begleiten sich dabei auf einem Saiteninstrument, das mit einem Bogen gespielt wird. Die Melodie mag eintönig erscheinen, doch nicht die musikalische Unterhaltung steht im Mittelpunkt des Vortrags, sondern das Erzählen einer Geschichte aus der eigenen Historie. Da diese Lieder bis heute nur mündlich überliefert und immer auswendig vorgetragen werden, sind sie kaum kanonisiert. Bei aller Varianz im Detail vermitteln sie am Beispiel des Großmutes, der Worttreue, der Tapferkeit oder auch des Verrats ihrer Protagonisten eine sehr verbindliche Vorstel-

Mündliche Tradierung von Geschichte

lung darüber, welche Taten in einer ehemals nomadischen Stammesgesellschaft als gut und welche als schlecht anzusehen sind, durch welche Werte sich die Belutschen also gegenüber anderen Bevölkerungsgruppen auszuzeichnen glauben.

Nicht nur die Ursprünge eines Volkes oder besonders geschätzte Abschnitte aus einer länger zurückliegenden Vergangenheit sind Gegenstand mündlicher Überlieferungen, sondern auch Ereignisse der jeweiligen Lokal- und Zeitgeschichte. So sind Lieder überliefert, in denen der Kampf gegen die britischen Invasoren beschrieben wird, die im 19. und frühen 20. Jahrhundert drei Kriege gegen Afghanistan führten. Mitunter werden die Ereignisse so detailgetreu geschildert, dass man ihren Verlauf anhand der Lieder genau rekonstruieren kann. Sogar Jahreszahlen werden gelegentlich genannt. Als der französische Forscher James Darmesteter im ausgehenden 19. Jahrhundert als erster europäischer Wissenschaftler eine Sammlung mit historischen Liedern der Paschtunen veröffentlichte, war er fest davon überzeugt, dass kaum eine ernst zu nehmende Untersuchung zur Geschichte Afghanistans geschrieben werden könne, solange die Folklore unberücksichtigt bliebe. Wörtlich schrieb er: »Stellen Sie sich einen Historiker vor, der über die Französische Revolution schreibt und die Marseillaise nicht kennt.« Diese Lieder wurden in zeitlicher Nähe zu den beschriebenen Ereignissen verfasst, weshalb die Protagonisten im Unterschied zu den oben erwähnten Epen nur selten eine übermäßige Idealisierung erfahren. Der Blickpunkt ist oft lokal begrenzt, was ebenfalls mit der Entstehungsgeschichte verbunden ist. Die Lieder wurden von lokalen Autoren verfasst, die sie in einer Zeit, da Rundfunk oder Kassettenrekorder noch vollkommen unbekannt waren, als Autorenlieder meistens nur in ihrer jeweiligen Heimatregion vortrugen.

Persischsprachige Dichter haben unter dem Eindruck des Kampfes gegen die britischen Invasoren eine spezielle Gattung von Kriegsepen (Dschangnama) geschaffen, die sich in Form und Inhalt am klassischen Vorbild des Schahnama orientieren. Welch propagandistischer Einfluss dieser Dichtung beigemessen wurde, lässt sich daran ermessen, dass die Briten ihrerseits persische Autoren bezahlten und ähnliche Werke verfassen ließen, die dann natürlich britische Interessen idealisieren sollten.

II. Strukturen und Lebenswelten

Westliche Einflüsse und örtliche Traditionen: Theater in Kabul
Laienschauspieler führten am 8. Januar 2002 im kriegszerstörten Theater von Kabul ein Stück über den Krieg in Afghanistan und die Brutalität des Taliban-Regimes auf. Die Braut (Bildmitte) symbolisierte die Rückkehr des Friedens. Zur Aufführung in der frostigen Hauptstadt kamen 200 Zuschauer und setzten damit ein Zeichen für den zaghaft einsetzenden kulturellen Neuanfang im Land. Das radikalislamische Regime hatte Theateraufführungen – ebenso wie Tanz, Spiel und andere Formen der Unterhaltung – als Sünde verdammt und mit dem Tod bedroht. Ausnahmen gab es lediglich für die Führer der Taliban selbst, die in Kabul für einen ausgesuchten Personenkreis Privatvorstellungen aufführen ließen. Ein Großteil der kulturellen Elite verließ das Land. Insgesamt setzten die Taliban einer Tradition ein Ende, die bis in die 1970er-Jahre auf dem Land neben dem freien Vortrag von Liedern, Sagen und Geschichten vielfältige Formen von Volkstheater und in den größeren Städten auch Bühnenaufführungen westlichen (bzw. kommunistischen) Typs umfasst hatte. In Kabul war in den 1960er-Jahren nach deutschen Vorbildern ein modernes Nationaltheater errichtet worden.

picture alliance/dpa/ Fotoreport/Rob Elliott

Ein viel beachtetes Zeichen setzte zwei Jahre später auch die im Alter von acht Jahren nach Deutschland geflüchtete afghanische Regisseurin Julia Afifi. Sie lehrt an der Universität Kabul und gründete 2004 das Dramatic Arts Center, das jährlich in Kabul ein u.a. vom deutschen Goethe-Institut gefördertes Theaterfestival organisiert. Vom 23. bis 28. August 2008 trafen sich bereits zum fünften Mal Theatergruppen aus ganz Afghanistan. Immer wieder von Anschlagsdrohungen behindert, begeisterte Julia Afifi ein überwiegend afghanisches Publikum, das zum Teil noch nie eine Theater- oder Kinovorführung besucht hatte, u.a. erstmals mit einer Inszenierung der antiken Sophokles-Tragödie »Antigone«.

> Während immer wieder vor allem weibliche Kulturschaffende in der Hauptstadt angegriffen oder gar getötet wurden, behauptete sich Afifi in Kabul und brachte Themen wie Krieg, Korruption, Willkür und Gewalt in leicht verständlicher Weise auf die Bühne. Figuren wie Mullahs, Warlords oder Drogenhändler zogen die Aufmerksamkeit der Zuschauer auf sich. Afifis Projekte bannten ein Publikum, das die von der Bühne herab vermittelten Botschaften in einer höchst unmittelbaren und emotionalen Weise aufnahm, wie das für europäische Verhältnisse eher ungewohnt ist.
>
> Insbesondere einheimische Frauen riskieren mit einem Engagement als Darstellerin oder durch den bloßen Besuch einer Vorstellung Anfeindung und Strafe. Für viele konservativ denkende Afghanen bleibt das Theater ein Medium, dem man besser mit Misstrauen und aus sicherer Entfernung begegnen sollte. Dennoch bekommt das Kabuler Publikum neben Stücken von Samuel Beckett oder Molière heute auch Werke junger afghanischer Autoren geboten – etwa von Schülerinnen verfasste Szenen über das Leben unter den Taliban. Mehr als 20 Theatergruppen existieren mittlerweile in Afghanistan. Dort spielen Jugendliche, die noch vor wenigen Jahren nicht einmal eine Schule besuchen konnten. Einige Truppen touren trotz drohender Anschläge durch das ganze Land und brauchen für ihre Aufführungen weder Elektrizität noch Zuschauer, die des Lesens mächtig sind. *(bc)*

Auch örtliche Fehden, Naturkatastrophen, ruhmreiche Wettkämpfe beim Pferdesport (Buskaschi) oder Ereignisse der Lokal- und Innenpolitik werden in Liedern besungen, die in den vielfältigsten Formen in fast allen Sprachen Afghanistans belegt sind.

Aktuelle Formen historischer Überlieferung

Historische Lieder entstehen auch heute noch, und nicht wenige von ihnen sind nach wie vor Kriegslieder. Wie früher werden sie in den verschiedensten Landesteilen verfasst und von lokalen Vorlesern und Sängern vorgetragen, doch im Gegensatz zu früheren Zeiten ist ihre Verbreitung nicht mehr notwendigerweise lokal begrenzt. Musikkassetten, Audio- und sogar Video-CDs mit Konzertmitschnitten werden auf allen Basaren des Landes vertrieben und verschaffen den Liedern eine wesentlich größere Verbreitung, als es früher möglich war. Einige Lieder über Ereignisse der Zeitgeschichte werden auch von Rundfunk und Fernsehen ausgestrahlt, sofern sie den politischen Erwartungen entsprechen. Das inhaltliche Spektrum ist äußerst vielfältig. Es gibt Hymnen, die den Heldenkult um Achmad Schah Massud stützen. Es gibt Spottlieder, in denen alle Kriegsparteien gleichermaßen verhöhnt werden. Es gibt Gebetslieder, in denen Heilige angefleht werden, Afghanistan endlich den Händen derer zu entreißen, die das Land für ein paar Dollar an Amerika verkauft haben. Und es gibt Lieder, in denen – dem Vorbild älterer Vorlagen folgend – der lokale Kriegsverlauf sehr detailgetreu geschildert wird, ohne die Protagonisten einer übermäßigen Verteufelung oder Idealisierung zu unterwerfen.

Die modernen Medien haben die mündliche Überlieferung historischen Wissens medial und inhaltlich revolutioniert. Video-CDs mit überblicksartigen Darstellungen zur Geschichte erfreuen sich großer Beliebtheit und sind auch Personen zugänglich, die ansonsten kaum ein Geschichtsbuch lesen würden oder gar lesen könnten. Eine dieser Video-CDs beschreibt die Niederschlagung eines Aufstandes gefangener Taliban im November 2001 in Kala-ye Dschangi in düsteren Bildern als Verrat der Christen an den Moslems. Eine andere Video-CD schildert das Leben von Achmad Schah Massud in einer Weise, die als filmtechnische Umsetzung klassischer Epen gesehen werden kann. Mit allen Raffinessen professioneller Dokumentarfilmkunst stützt eine weitere Video-CD die Verehrung des letzten Kommunistenführers Mohammed Nadschibullah, der inzwischen nicht nur von seinen früheren Parteifreunden zum nationalen Märtyrer erhoben wird, um dem auch offiziell geförderten Kult um Achmad Schah Massud einen »Helden von unten« entgegenzusetzen (vgl. den Beitrag von Karl Ernst Graf von Strachwitz). Die modernen Medien bieten breiten Raum für Geschichtsbilder, die der staatlichen Sicht nicht entsprechen wollen.

Die Ereignisse der jüngeren Geschichte gehören zum persönlichen Erfahrungsschatz der heute in Afghanistan lebenden Menschen. Die Vergegenwärtigung dieser Ereignisse entzieht sich daher oft noch der erzähltechnischen Abstraktion, die für

Mündliche Tradierung von Geschichte

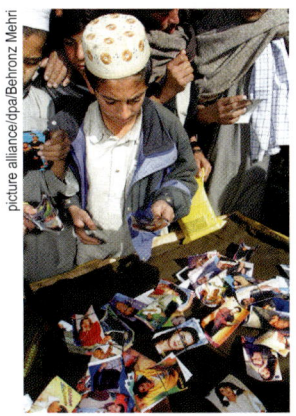

Ein Junge in Herat kauft bei einem Straßenhändler Bilder indischer Pop- und Filmstars.

die Volksliteratur über ältere historische Begebenheiten charakteristisch ist. Trotzdem weist auch das freie Reden über Geschehnisse der jüngeren Vergangenheit einige Merkmale auf, die eine Anlehnung an etablierte Genres der afghanischen Erzählkunst erkennen lassen. Personen, die in einem stärkeren Maße mit dieser Erzählkunst verbunden sind, beschreiben die Vergangenheit gern in Form von Einzelerlebnissen, die kaum Hinweise auf eine zeitliche Zuordnung enthalten, aber einen bestimmten Sachverhalt möglichst anschaulich beschreiben sollen. Gern werden beim mündlichen Erinnern kleine Geschichten entwickelt, deren Struktur sich an dem in der afghanischen Folklore etablierten Genre der metaphorischen Kurzgeschichte (Rewayat) orientiert. Ist einer der Anwesenden für seine erzähltechnische Begabung bekannt, kann es sogar vorkommen, dass diese Person gebeten wird, das eine oder andere Erlebnis zu erzählen, obwohl derjenige, der diese Begebenheit erlebt hat, selbst anwesend ist. Erinnerung wird somit delegiert. Personen, die mit der mündlichen Erzähltradition auf eine besondere Art und Weise verbunden sind, werden zu informellen Hütern der erzählenden Erinnerung ernannt, weil die Ästhetik der Rede rhetorische Überzeugungskraft besitzt. Auch wenn solche Geschichten erzähltechnisch oft noch etwas unausgereift erscheinen, ist die Absicht nicht zu verkennen: Erinnerung soll mit einer metaphorischen Idee verbunden werden, um ihr den Charakter einer bedeutungsvollen Geschichte für die Gegenwart zu verleihen. Die oft humorvolle Gestaltung solcher Geschichten kann helfen, Schmerz und Trauer zu überwinden und durch eine sinnstiftende Erinnerung zu ersetzen.

Lutz Rzehak

Achmad Schah Massud verkörpert das facettenreiche und widersprüchliche Bild eines afghanischen Helden und Kriegers. Massud war einer der einflussreichsten Führer der Mudschaheddin. Als Kommandeur einer Tadschiken-Miliz zählte er zu den wesentlichen Stützen Burhanuddin Rabbanis. Unter seiner Führung schloss die Nordallianz nach der Eroberung Kabuls durch die Taliban 1996 erneut ein Zweckbündnis. Schon 1992 hatte Massud durch eine Allianz mit dem Usbeken-General Dostum sowie den schiitischen Milizen der Hasara den Sturz Mohammed Nadschibullahs eingeleitet, des letzten von den Sowjets eingesetzten Staatschefs. Als die Taliban 1996 Kabul eroberten, konnte Massud seine Mudschaheddin-Verbände relativ unbeschadet in den Norden des Landes retten und stieg danach zum militärischen Kopf der Nordallianz auf. Zwei als Journalisten getarnte Selbstmordattentäter töteten Ahmad Schah Massud am 9. September 2001 in Chodscha Bahauddin in der Provinz Tachar, genau zwei Tage vor den verheerenden Anschlägen auf das World Trade Center in New York und das Pentagon in Washington, DC.

■ Charismatischer Führer oder Kriegsverbrecher? Achmad Schah Massud

Im Jahre 2003 führte uns bei einem Besuch im Pandschir-Tal der Anstieg über Serpentinen in fast 3000 Metern Höhe zur Massud-Gedenkstätte. Dort steht ein kleines rundes Mausoleum, weiß getüncht mit grünem Kupferdach. Ein Halbmond ziert die Spitze. Der Außenbereich ist mit gepflegtem, grünem Gras umgeben – ein bemerkenswerter Aufwand in dieser Höhenlage. Die Ehrenwache grüßte mit präsentierter Kalaschnikow. Danach folgte der Eintrag in ein Kondolenzbuch. Immer mehr Leute liefen zusammen, obwohl in der Nähe des Mausoleums außer zwei benachbarten alten Lehmhütten weit und breit keine Ortschaft zu sehen ist.

Im Innern befindet sich die Grabstätte, eine von edlen Teppichen und prächtigen Tüchern abgedeckte Erhebung, die einen in den Felsboden eingelassenen Sarg erahnen lässt. Die Wände des Mausoleums sind dicht geschmückt mit Stuck. Daneben hängen doppelarmige Wandleuchter auf Messinghalterungen und mit Glassteinen verziert. In der Mitte des runden Raumes, der einen Durchmesser von 15 Schritten hat, strahlt ein ebenfalls mit Glassteinen dekorierter großer Lüster. Hier wird Schah Massud die letzte Ehre erwiesen.

Einen guten Steinwurf entfernt liegt der Stollen mit Massuds früherem Gefechtsstand. Wir wurden eingeladen seinen Kommandobunker mit Operationszentrale sowie den spartanischen Schlafraum mit Bad zu besichtigen. Der Ort machte den Eindruck einer Art Wallfahrtsstätte, deren Boden ausgelegt ist mit mehreren Schichten wertvollster Teppiche. Unser Gastgeber, General Bismillah Khan, kam bei seinem Lagevortrag stolz auf diese Teppiche zu sprechen, die seinen Worten nach den persönlichen Geschmack Massuds repräsentieren.

Bismillah Khan legte uns eine riesige Lagekarte russischen Ursprungs vor und zeigte auf die handschriftlichen Eintragungen Massuds. Als dessen ehemaliger Adjutant erläuterte er die damalige Operationsführung seines Befehlshabers und erklärte die Guerillataktik, die der Roten Armee immer wieder empfindlichste Verluste zugefügt hatte. Den Kämpfern Massuds hätten

Mausoleum Massuds im Pandschir-Tal.

sowjetische Bomber und Hubschrauber nichts anhaben können, da diese niemals größere Ziele boten. Bismillah Khan berichtete von missglückten Versuchen der sowjetischen Truppen, die Mudschaheddin im Pandschir-Tal »auszuräuchern« oder von der rückwärtigen Seite des Tales über einen eigens gegrabenen Stollen eine Entscheidung zu suchen. Selbst die Taliban, die in dem Abzug der Invasoren aus dem Norden folgenden Bürgerkrieg in nahezu allen angrenzenden Provinzen die Macht übernommen hatten, seien nicht in der Lage gewesen, das Pandschir-Tal, die letzte Bastion der Nordallianz, zu erobern.

Im Verlauf dieses Lageberichts aus den 1980er-Jahren wurde immer deutlicher spürbar, welche Anerkennung Massud bei seinen Männern bis heute genießt. Hinter uns füllte sich der Raum lautlos mit ehemaligen Gotteskriegern, die für Massud gekämpft hatten. Wir sahen in verwitterte Gesichter teilweise versehrter Krieger und schüttelten ihre rauen, vernarbten Hände. Bei der Begrüßung und Vorstellung, mit einer Verbeugung bei gleichzeitig auf das Herz gelegter rechter Hand, war die Allgegenwart des toten Helden im Raum förmlich zu spüren. Dieser Moment hat uns tief bewegt.

Weggefährten und Gegner: Burhanuddin Rabbani und Gulbuddin Hekmatyar

Wie kaum jemand sonst personifizieren der Tadschike Burhanuddin Rabbani (*1940) aus Badachschan und Gulbuddin Hekmatyar (*1947), Paschtune aus Imam Sahib (bei Kundus), die Geschichte des Afghanistankrieges. Beide verbindet, dass sie Ende der 1960er-Jahre gemeinsam die islamistische Dschamiat-e Islami anführten, die Keimzelle der Mudschaheddin-Bewegung: Professor Rabbani, der an der Al-Azhar-Moschee in Kairo studiert hat, als geistliches Oberhaupt, Hekmatyar als Führer der »Jung Muslime«. 1975 sagte sich Hekmatyar von der Dschamiat-e Islami los und gründete im pakistanischen Exil seine eigene Partei, die Hisb-e Islami. Hekmatyar baute eine islamistische Kaderorganisation auf, die im Krieg gegen die Sowjets in den 1980er-Jahren erhebliche Gelder aus den USA und Saudi-Arabien erhielt. Er befand sich in ständiger Fehde mit der Dschamiat-e Islami. Sein Hauptrivale war Achmad Schah Massud, auf dessen militärischer Stärke die Macht von Rabbani gründete.

Burhanuddin Rabbani.

Gulbuddin Hekmatyar (Aufnahme von 1989).

In der ersten Hälfte der 1990er-Jahre bombten die Kämpfer Hekmatyars und Achmad Schah Massuds die Hauptstadt Kabul in Schutt und Asche. Derweil stieg Rabbani 1992 zum Präsidenten Afghanistans auf und verlängerte immer wieder eigenmächtig seine Amtszeit. Während Hekmatyar seit 2001 den Schulterschluss mit den Taliban sucht, näherte sich Rabbani dem Lager Präsident Karsais an. Trotz dieser unterschiedlichen Wege, die beide Mudschaheddin gingen, und obwohl sie heute gegensätzlichen Lagern angehören, gilt das persönliche Verhältnis zwischen Rabbani und Hekmatyar als unbelastet.

(cs)

Achmad Schah Massud

Wo immer man zu Beginn des 21. Jahrhunderts in Kabul hinfährt, trifft man auf große Plakate mit dem Konterfei eines Afghanen, dem posthum der Titel »Held der afghanischen Nation« verliehen wurde. Stofftransparente, Mosaike, Teppiche oder überdimensionale Wandgemälde an Häuserfronten zeigen das Porträt von Schah Massud. Auch wenn ihre Präsenz in jüngster Vergangenheit anscheinend abnimmt, verrät schon der gute Zustand der meist liebevoll gepflegten Porträts dem Besucher, dass es sich bei diesem afghanischen Nationalhelden um einen ganz besonderen Mann handeln muss, der sich zumindest in seiner eigenen Volksgruppe außergewöhnliche Anerkennung und Gefolgschaft erworben hat.

Wer ist dieser Tadschike, der am 9. September 2001 im Alter von 48 Jahren unmittelbar nach seiner Rückkehr aus den Vereinigten Staaten von Amerika einem Anschlag zum Opfer fiel? Wer ist dieser von seinen Anhängern zum Mythos verklärte Kämpfer aus dem Pandschir-Tal, der für die Unbezwingbarkeit im Widerstand gegen die sowjetischen Streitkräfte und später gegen die Taliban steht? Wie wird man in einem Land wie Afghanistan zum Helden, wo die Gegensätzlichkeit verschiedener Volksgruppen beinahe sprichwörtlich ist?

Massud wuchs als Sohn eines tadschikischen Polizeioffiziers im Pandschir-Tal auf. Von dort zog die Familie nach Herat, später nach Kabul. Seine Schulausbildung, zuletzt die Oberstufe, absolvierte er mit exzellenten Ergebnissen und neben seiner Muttersprache Dari (Persisch) beherrschte er ebenso Paschto, Urdu und etwas Französisch, außerdem verfügte er über Arabischkenntnisse. Der begeisterte Sportler immatrikulierte 1973 am Kabuler Polytechnischen Institut für Ingenieurwesen und Architektur und wurde dort nach zwischenzeitlichen Kontakten zu kommunistischen Hochschulgruppen offizielles Mitglied der »Dschamiat-e Islami-ye Afghanistan« (Islamische Gemeinschaft Afghanistans).

Massud geriet schon im Verlauf seiner Ausbildung immer mehr in Gegensatz zur Führung des Landes und zum Kommunismus. Um einer drohenden Festnahme zu entgehen, floh er nach Pakistan, von wo er aber mit Unterstützung des pakistanischen Geheimdienstes bereits 1975 wieder nach Afghanistan zurückkehrte. Nach der endgültigen Machtergreifung der Kommunisten in Kabul (1978) musste er erneut untertauchen und schloss sich nach dem Einmarsch sowjetischer Truppen noch enger dem Lager Burhanuddin Rabbanis an. Dessen Dschamiat-e Islami-ye Afghanistan wandelte sich dann in den Kriegen der 1980er-Jahre zur »Partei des Nordens« oder »Tadschiken-Partei«. Als Mudschahed versuchte Massud von nun an, die Bevölkerung von der Notwendigkeit des Widerstandes zu überzeugen.

Die oft verklärten Schilderungen seiner militärischen Taten entsprechen dem afghanischen Bild des Helden, Mannes und Kriegers (vgl. hierzu den Beitrag von Erwin Orywal). Mit einer Gruppe von 20 jungen Männern zog Massud in das Pandschir-Tal, um seine Heimat zu befreien und den militärischen Kampf gegen das kommunistische Regime in Kabul und die sowjetische Besatzungsarmee zu führen. So beginnt ein typisches afghanisches Heldenepos – unabhängig davon, ob der Held nun Tadschike, Paschtune oder Hasara ist. Und Massud ist solch ein »afghanischer« Held.

Nach ersten Niederlagen gegen einen überlegenen Gegner, Verwundungen und Misserfolgen entschloss er sich zur Guerillataktik überzugehen. Massud übernahm 1984 die Kontrolle im Pandschir-Tal und verteidigte dieses überaus erfolgreich gegen die sowjetischen Invasoren. Folgt man den Behauptungen seiner Mitkämpfer, so gingen mehr als 60 Prozent der sowjetischen Verluste in Afghanistan auf das Konto des »Löwen von Pandschir«.

Zur Bedeutung Massuds

Massuds Ruhm erreichte bald alle Ecken Afghanistans, wo zumindest die Bevölkerung auf dem Land den Abzug der Besatzer herbeiwünschte. Seine militärischen Erfolge und die Bewunderung und Liebe der Menschen brachten aber auch Neid und Hass mit sich. Vor allem Gulbuddin Hekmatyar wurde Massuds erbitterter Feind, doch auch die Kommunisten trachteten ihm nach dem Leben. Immer wieder verübten sie Giftattentate oder andere Anschläge, denen der »Löwe« wiederholt nur mit knapper Not entging. Selbst im Verlauf einer afghanischen Zu-

II. Strukturen und Lebenswelten

sammenkunft der Kommandeure (1989) versuchte Gulbuddin Hekmatyar seinen Konkurrenten um die Führung Afghanistans auszuschalten. Massud überlebte 1993 einen Angriff auf seinen Hubschrauber und überstand auch eine nahezu aussichtslose Lage in einem Hinterhalt durch Milizen des Usbeken-Generals Raschid Dostum. Seine Fähigkeiten als Krieger und sein Siebter Sinn verliehen ihm den Nimbus der Unbesiegbarkeit. Von Osama Bin Laden wurde der Ausspruch kolportiert, seine eigene Bewegung werde nicht siegen können, solange Massud lebe. Im April 1992 konnten Massuds Mudschaheddin gemeinsam mit den mittlerweile verbündeten Truppen Dostums die Hauptstadt Kabul einnehmen. Eine ebenso wichtige Rolle kam Massud in der Bekämpfung der Taliban zu, denn er trat 1996 als wichtige Schlüsselfigur bei der Gründung der Nordallianz hervor.

Massaker

Bürgerkrieg und Taliban-Herrschaft führten zu erheblichen Opfern unter der afghanischen Zivilbevölkerung. Übergriffe aller Konfliktparteien richteten sich immer wieder gegen bestimmte Ethnien oder Religionsbekenntnisse. Nach dem Einmarsch in Kabul im Februar 1993 beispielsweise war Achmad Schah Massud verantwortlich für das »Afschar-Massaker« an Hunderten schiitischen Hasara. Auch im Rahmen der Kämpfe um die Stadt Masar-e Scharif ereigneten sich auf allen Seiten Übergriffe und Massaker. 1997 ließ der usbekische General Malik Pachlawan 2000 kriegsgefangene Kämpfer der Taliban ermorden und in Massengräbern verscharren, während die Taliban im nahe gelegenen Ort Kisilabad 70 Hasara-Zivilisten auf grausamste Weise töteten. Viele der Opfer wiesen nach ihrer Entdeckung 1998 Spuren schlimmster Folter auf. Am 12. August 1998 eroberten die Taliban das frühere Zentrum der Nordallianz. In den Tagen nach der Besetzung Masar-e Scharifs ermordeten ihre Milizionäre in den Straßen und Häusern der Stadt zwischen 4000 und 5000 schiitische Hasara sowie Tadschiken und Usbeken. Auch in der Provinz Bamian und in den angrenzenden Gebieten starben 1800 Hasara-Zivilisten. Kriegerische Handlungen waren häufig begleitet von Raub, Vergewaltigung und Mord. *(bc)*

Massuds Fähigkeiten gingen über die eines Kriegers hinaus. In seinem Einflussgebiet schuf er ein selbstständiges Verwaltungs-, Informations- und Organisationssystem. Eine zentrale Leistung war 1993 die Gründung der Kooperative Mohammed-Ghasali-Kulturstiftung, in der er Wissenschaftler, Gelehrte, Autoren und Künstler zur Mitarbeit einlud. Als Führer seiner Mudschaheddin war Massud allerdings in die laufenden Konflikte involviert und nutzte sie für den Kampf um den Ausbau seines Einflusses. Er selbst trug niemals höchste Regierungsverantwortung, sondern übergab diese 1992 an einen Führungsrat. Aber schon die Übernahme des Amtes des Verteidigungsministers ließ den Bürgerkrieg im Land wieder entflammen. Seinem Widersacher Hekmatyar gelang es, die junge Regierung in Kabul zu destabilisieren. Angesichts der tiefen Zerrissenheit Afghanistans, der drohenden Gefahr durch von Pakistan gesteuerte radikale Fundamentalisten und der Herrschsucht Hekmatyars lud Massud im Frühling 1994 zur traditionellen Versammlung der Ältesten (Loya Dschirga) ein. Beim ersten Treffen kamen Repräsentanten aus 15 verschiedenen Provinzen Afghanistans, beim zweiten Mal konnte Massud – inzwischen ohne alle Regierungsämter – sogar Vertreter aus 25 Provinzen zur Teilnahme bewegen. Währenddessen führten seine Gegner militärische Offensiven durch und terrorisierten die Zivilbevölkerung. Zur gleichen Zeit eroberten und erkauften sich die Taliban ein Gebiet nach dem anderen, bis sie 1996 vor den Toren Kabuls standen.

Aber auch das Verhalten Massuds war alles andere als rücksichtsvoll: Er war verantwortlich für das »Afschar-Massaker«, eines der größten Verbrechen gegen Zivilisten in Kabul. Als die Stadt von verschiedenen Seiten aus unter massiven Beschuss der Taliban geriet, befahl Massud den Rückzug seiner Streitkräfte nach Pandschir. Aus dem afghanischen Führer wurde erneut ein Krieger.

Krieger, Held, Staatsmann?

Auf Drängen von Abgeordneten, die die Gelegenheit gehabt hatten, Massud zu begegnen, wurde er im April 2001 vom Europäischen Parlament nach Paris eingeladen, um dort über seinen

Kampf in Afghanistan zu berichten. Die Parlamentspräsidentin Nicole Fontaine nannte ihn einen »Pol der Freiheit«. In Paris appellierte Massud an alle Nationen, das afghanische Volk in seinem Widerstand nicht allein zu lassen. Denn der Sieg der Taliban sei auch eine Niederlage für die ganze Welt. Nur wenige Monate später erwies sich, dass der politische Stratege mit dieser Einschätzung richtig gelegen hatte. Achmad Schah Massud wurde am 9. September 2001 in Chodscha Bahauddin in der Provinz Tachar durch zwei als Journalisten getarnte ausländische Selbstmordattentäter getötet. Wenige Tage später wurde er auf dem Hügel von Saritscha im Pandschir-Tal beigesetzt. Er selbst hatte diesen Platz für seine Grabstätte ausgesucht. Massud hinterließ eine Frau und sechs Kinder.

Rückblickend spielte Massud eine bedeutende Rolle in der jüngsten Geschichte Afghanistans, auch wenn Kritiker zu Recht auf Gräueltaten seiner Mudschaheddin während der für Land und Leute verheerenden und gewalttätigen Kriegsjahre hinweisen. Seine Beliebtheit bei den Tadschiken beruht außer auf den Erfolgen gegen die Kommunisten vor allem auf seinem Kampf gegen die zumeist paschtunischen Taliban. Vielen Nicht-Paschtunen galt Massud darum zumindest als Bollwerk gegen die paschtunische Vorherrschaft. Der nachhaltige Widerstand sowohl gegen die sowjetischen Besatzer als auch die Taliban und Osama Bin Laden stellten seine taktische und strategische Überlegenheit unter Beweis.

Gleichzeitig weist die Biografie Massuds bei näherer Betrachtung die gesamte für Afghanistan typische Bandbreite von Verhaltensweisen auf, die der Schaffung, dem Erhalt und dem Ausbau der eigenen Machtbasis dienen. Der »Löwe von Pandschir«, das ist heute zweifelsfrei belegt, paktierte fallweise selbst mit der sowjetischen Besatzungsmacht und ließ Kommandeure Hekmatyars sowie eigene Leute aus dem Weg räumen, wenn dies seinem taktischen Kalkül entsprach. Für viele Nicht-Tadschiken ist Massud daher Ziel von Spott und Verachtung, und natürlich verherrlichen die Anhänger Hekmatyars oder Dostums ihrerseits die Taten der eigenen Führer.

Ein »Held« gibt ein Beispiel an Mut und Tapferkeit, an Charakterstärke, Verstand und nicht zuletzt an Emotion und Gefühl. Sein Leben wirkt beispielhaft für jene, die bei ihm Halt und

Achmad Schah Massud

Parade zum 84. Jahrestag der Unabhängigkeit Afghanistans im Kabuler Stadion, 19. August 2003. Im Hintergrund ein Plakat mit dem Bild Massuds.

Schutz suchen und vielleicht im Bewunderten gerne auch sich selbst sehen möchten. Der »Held« Massud hatte mehrere Gesichter: Er war tadschikischer Kämpfer und ebenso einflussreicher wie erfolgreicher Führer im gesamtafghanischen Machtpoker. Seiner Idealisierung kam während der Besatzung durch die Sowjets, der grauenvollen Bürgerkriege sowie im Kampf gegen Gulbuddin Hekmatyar, gegen die Taliban oder gegen die Terrororganisation eines Osama Bin Laden ganz besondere und sinnstiftende Bedeutung zu.

Karl Ernst Graf Strachwitz

Die durch den Islam geprägte Kultur in Afghanistan weist Frauen und Männern unterschiedliche Rollen zu. Diese können allerdings in Abhängigkeit der sozialen und wirtschaftlichen Lebensbedingungen sehr stark variieren. Generell fällt es traditionell denkenden afghanischen Männern schwer, das öffentliche Auftreten von Frauen außerhalb des Familienverbandes zu akzeptieren. Einen starken Unterschied der Wahrnehmungen gibt es zwischen den Städten – insbesondere in der Hauptstadt Kabul – und den ländlichen Gebieten. Dort sind noch immer viele Mädchen und junge Frauen selbst von elementarer Schulbildung ausgeschlossen, obwohl der afghanische Staat und die Internationale Gemeinschaft diesbezüglich seit 2001 eine respektable Erfolgsbilanz vorweisen können.

Eine Frage der Ehre: Rollenbilder von Frauen und Männern in Afghanistan

Dem afghanischen König Amanullah, der während seiner Regierungszeit (1919–1929) sein Land grundlegend umgestalten und modernisieren wollte, war die Verbesserung der Lage der afghanischen Frau ein großes Anliegen. Eine Reform, so war er überzeugt, war nicht möglich, solange die Frauen seines Landes in strenger Abgeschlossenheit leben mussten und vom öffentlichen Leben völlig ausgeschlossen waren. 1921 erließ Amanullah ein neues Ehegesetz: Zwangs- und Kinderheiraten wurden verboten, die Vielweiberei eingeschränkt und der Brautpreis abgeschafft. Amanullah verkündete eine konstitutionelle Verfassung, gründete Schulen für Jungen und Mädchen und schickte junge Afghaninnen zum Studium in die Türkei. Dies war den konservativen Kräften des Landes, allen voran den religiösen Autoritäten und den Stammesführern, zu viel. Unmut machte sich breit. Viele befürchteten, der König werde seiner Funktion als Hüter der Religion nicht gerecht, untergrabe islamische Werte und propagiere dafür westliche Vorstellungen. Erste Revolten brachen aus.

1927 unternahm Amanullah mit seiner Frau, Königin Soraya, eine Europareise. In den europäischen Städten zeigte sich die Königin unverschleiert und trug auf Empfängen sogar ein Dekolleté. Dies war für die Konservativen eine Provokation und zugleich ein willkommener Anlass, die Tugendhaftigkeit der Königin infrage zu stellen und die Autorität des ungeliebten Königs zu untergraben: Sie druckten Fotos der Königin nach, die während der Europareise in westlichen Zeitungen erschienen waren, und verteilten sie in ländlichen Regionen mit dem Ziel, die Bevölkerung gegen den König aufzubringen. Doch Amanullah ließ sich nicht von seinen Reformvorhaben abbringen. Nach seiner Rückkehr verordnete er, dass in Kabul westliche Kleidung zu tragen sei, Religion und Staat getrennt werden müssten und der Schleier sowie die ganze Tradition der Wegschließung der Frauen abgeschafft werden sollten. Das wurde weithin als Provokation empfunden. Neue Aufstände und Revolten waren die Folge. 1929 musste Amanullah abdanken. Nach einem nur wenige Monate andauernden Intermezzo der Herrschaft Habibullahs II.

> Umgang mit Frauen in Afghanistan
> - Ehre ist ein wichtiger Aspekt in der afghanischen Gesellschaft. Die männlichen Familienmitglieder tragen die Hauptverantwortung für die Erhaltung der Ehre in der Familie, die Frauen sind ein wichtiger Teil dieser Ehre. Beschämt oder entehrt man durch sein Verhalten die Frau, so verletzt man die Ehre des Mannes.
> Daher: Für Männer, die nicht zum nächsten Umfeld der Familie gehören, sind Frauen ein absolutes Tabu!
> - Schauen Sie Frauen (verschleiert oder unverschleiert) nicht an und blicken Sie ihnen auch nicht nach!
> - Sprechen Sie afghanische Männer nie auf ihre weiblichen Verwandten an!
> - Kündigen Sie Ihre Ankunft in einem Haus immer so rechtzeitig an, dass den anwesenden Frauen Zeit bleibt, sich angemessen zurückzuziehen!
> - Denken Sie daran: Die Missachtung einer dieser Regeln hat Konsequenzen, vor allem für die betroffenen Frauen! *(ml)*

machte der neue Machthaber Nadir Schah die Frauenreformen sofort rückgängig: Die Afghaninnen verschwanden erneut hinter dem Schleier und hinter den vier Wänden ihrer Häuser, die Mädchenschulen wurden geschlossen, die Studentinnen aus der Türkei zurückbeordert. Neuerungen zugunsten der Frauen, welche die patriarchale Grundlage des Staates antasteten, wurden für viele Jahre zum Tabu; neue (und erfolgreichere) Versuche gab es erst in den 1950er-Jahren. Das Scheitern von Amanullahs Modernisierung von oben war ein einschneidendes Ereignis in der Geschichte des Landes, das bis heute nachwirkt. Es warf die Entwicklung Afghanistans um Jahrzehnte zurück.

Historische Konflikte um die Rolle der Frau

Die Frage, wie sich Frauen zu benehmen und zu kleiden haben, welche Rechte ihnen zustehen und welcher ihr Platz in der Gesellschaft zu sein hat, ist in Afghanistan seit Anfang des 20. Jahrhunderts immer wieder Auslöser zahlreicher Konflikte. Denn

Frauen und Männer in Afghanistan

Junge Afghanin in Kabul.

eine Veränderung der Stellung der Frau stellt letztlich die gesamte Gesellschaftsordnung infrage. Als 1978 die prosowjetische Demokratische Volkspartei Afghanistans (DVPA) putschte und die Macht übernahm, tappte sie in dieselbe Falle wie zuvor König Amanullah. Die Volkspartei versuchte, emanzipatorische Reformen von oben durchzusetzen – auch mit Gewalt. So sollte etwa die gesamte erwachsene Bevölkerung innerhalb eines Jahres lesen und schreiben lernen. In der Hauptstadt war dies weniger problematisch, hatte doch die gesellschaftliche und ökonomische Entwicklung des Landes dazu geführt, dass Frauen die Burka (Ganzkörperschleier) abzulegen begannen, studierten und sogar einer Lohnarbeit nachgingen. Doch auf dem Land – und Afghanistan ist überwiegend ländlich geprägt – stieß die Alphabetisierungskampagne auf heftigen Widerstand. Dorfbewohner weigerten sich, ihre Frauen und Töchter zur Schule zu schicken, weil dort die Geschlechtertrennung nicht eingehalten und Kommunismus und Revolution gepriesen wurden. Die traditionellen Stammesführer und die religiösen Autoritäten befürchteten, dass Frauen durch Bildung und Berufstätigkeit von »dekadenten« und »unmoralischen« westlichen und weltlichen Ideen beeinflusst würden und dies dann an ihre Kinder weitergäben. Der Widerstand gegen die Volkspartei formierte sich schnell, und erneut war von der Bedrohung der Religion die Rede. Ende 1979 marschierte die Rote Armee in Afghanistan ein, um die Volkspartei zu unterstützen. Doch das verschlimmerte die Situation nur: Das Eingreifen der UdSSR war in den Augen vieler Afghanen nicht mehr als der Versuch, das Land zu unterwerfen und die Gesellschaftsform zu verändern.

Die Taliban, in ihrer Mehrheit Paschtunen aus einem ländlichen Milieu, knüpften mit ihrer Geschlechterpolitik an bestehende Wertvorstellungen an und übersteigerten diese. Sie versuchten, die Frauen Regeln zu unterwerfen, die vor den ersten Modernisierungsschritten gegolten hatten. In den Städten setzten sie ihre rigiden Gesetze besonders brutal durch, weil die Reformen dort die meisten Spuren hinterlassen hatte. Vor allem Kabul galt als dekadent und als Hort des Kommunismus. Die Taliban verbannten bei ihrer Machtübernahme die Frauen völlig aus dem öffentlichen Leben: Sie zwangen sie zum Tragen der Burka, verboten ihnen zu arbeiten und schlossen die Mädchenschulen. Ehebrecherinnen (auch vermeintliche) wurden öffentlich gesteinigt.

Der traditionelle Wertekanon

Die Taliban waren weniger von den Moralvorstellungen der Scharia als von den Wertvorstellungen des Paschtunwali geprägt, dem Rechts- und Ehrenkodex der Paschtunen, der größten Volksgruppe in Afghanistan. Das Paschtunwali kreist wesentlich um die Begriffe »Ehre« und »Schande« und sieht vor, dass Frauen in strenger Abgeschlossenheit leben müssen. Frauen sind gemäß dem Paschtunwali den Männern untergeordnet und müssen beschützt werden, da sie als schwächer und moralisch anfälliger gelten. Sexualität ist nur in der Ehe gestattet. Durch den Schutz und die Kontrolle der Frauen und ihrer Ehre wahren die Männer ihre eigene Ehre und diejenige der Familie sowie der Stammesgemeinschaft. Das führt dazu, dass die Paschtunen die Mobilität ihrer Frauen massiv einschränken, damit diese keinen oder nur sehr beschränkten und klar geregelten Umgang mit Männern außerhalb der Kernfamilie haben.

Frauen und Männer in Afghanistan

Gemüseverkäuferin auf dem Basar von Baharak.

Das System der Isolierung der Frauen von den Männern wird »Purda« genannt. Purda ist die verhüllende Burka, Purda diktiert die Architektur der Häuser mit den hohen Mauern, die das Haus von den Blicken von außen abschirmen. Unter der Berufung auf Purda kann der Mann seiner Frau verbieten, das Haus zu verlassen – selbst zum Besuch der Eltern oder eines Arztes. Das Paschtunwali erlaubt außerdem, dass Streitigkeiten mit dem Austausch von Frauen gelöst werden: So kann die Familie eines Mörders die Tat sühnen, indem sie eine ihrer Frauen einem Mann der Familie des Opfers zur Ehefrau gibt. Dieser für die Frauen oftmals traumatische Tausch ist bis heute Praxis in Afghanistan.

Das Stammesrecht der Paschtunen ist die Grundlage für eine Gesellschaft, in der die sozialen Kernaufgaben vormodern organisiert sind. Pflichterfüllung wird nicht mit Geld, sondern mit Ehre und Ansehen entlohnt, Pflichtvergessenheit hingegen wird mit Schande und Ausstoßung bestraft, unter Umständen sogar mit dem Tod. Das rigide Geschlechterverhältnis geht von einer eindeutigen Arbeitsteilung zwischen Mann und Frau aus. Der

II. Strukturen und Lebenswelten

Mann muss Schwache, insbesondere Frauen und Kinder, schützen und mit der Waffe so umgehen können, dass er Frauen, Familie, Boden und Ehre erfolgreich verteidigen kann. Den Frauen ist die Rolle der Ehefrauen und Mütter zugewiesen, sie müssen den Großhaushalt führen und gewisse Bereiche der landwirtschaftlichen Produktion übernehmen. Und sie geben den islamischen Glauben und die Traditionen von einer Generation zur nächsten weiter. Deshalb ist ihre Rolle in der Gesellschaft so zentral.

Die beschriebenen Strukturen weisen erhebliche regionale Unterschiede auf. In Nord- und Zentralafghanistan herrschen andere Traditionen vor, welche die Stellung der Frauen beeinflussen. Frauen der Volksgruppen der Hasara, der Tadschiken und Usbeken sind weniger stark in ihrer Mobilität eingeschränkt als die Paschtuninnen. Ganz anders liegt der Fall bei den Nomaden: Die Nomadinnen sind unweigerlich unterwegs und unterstehen deshalb nicht denselben strikten Tabus in Bezug auf Kontakt mit Fremden wie die anderen Afghaninnen. Nomadenfrauen tragen deshalb auch keine Burka. Gleiches gilt übrigens auch für die Frauen auf dem Land (sogar Paschtuninnen), da sie ihre harte Arbeit mit dem Ganzkörperschleier gar nicht verrichten könnten.

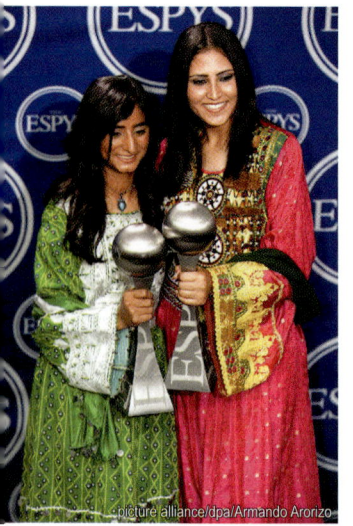

Kommt ein Fremder vorbei, begnügen sie sich damit, das Gesicht abzuwenden. Die Burka ist hauptsächlich ein städtisches Phänomen. Überhaupt gilt die Burka für die Afghaninnen nicht generell als Symbol der Unterdrückung. Obgleich zahlreiche Afghaninnen froh darüber waren, das behindernde Kleidungsstück ablegen zu können, verstehen doch viele Frauen den Ganzkörperschleier als Teil ihrer Tradition oder sogar als Statussymbol. Die Burka hat auch

Im Juli 2006 erhielten Rola Nur Achman (links) und Schamila Abdul Wakil den amerikanischen Arthur Ashe Award for Courage. Die Frauen wurden mit der Auszeichnung für ihre Verdienste um die Bekanntmachung des Frauenfußballs in Afghanistan geehrt.

praktische Seiten: Die Frauen können sich darunter kleiden, wie es ihnen gefällt, und sich sogar schminken. Zudem müssen sie in der Öffentlichkeit nicht befürchten, belästigt zu werden und können unerkannt bleiben.

Aktuelle Entwicklungen

Heute, nach dem Sturz der Taliban, hat die alte Frage nach der Stellung der Frau nichts von ihrem Konfliktpotenzial eingebüßt. Die neue politische Ordnung, die dank der Intervention und der Unterstützung aus dem Ausland im Entstehen ist, geht einher mit der Präsenz ausländischer Soldaten, Entwicklungsexperten und Hilfswerksmitarbeiter. Ihre Wertvorstellungen und diejenigen der zurückgekehrten Exil-Afghanen und -Afghaninnen prallen mit denjenigen der im Lande sozialisierten Afghanen aufeinander. Der westliche Lebensstil mit Alkohol, Partys und freizügiger Kleidung, den Ausländer in Kabul vorleben, wirkt auf viele als Provokation. Aber auch der alte Stadt-Land-Gegensatz, der Afghanistans Geschichte prägt, ist mit neuer Dringlichkeit spürbar. Frauen in den Städten drängen auf eine Gleichstellung von Frau und Mann, und auch auf dem Land ergreifen Frauen die Möglichkeit der politischen Teilhabe. Bei den Herbstwahlen zum afghanischen Parlament im Sommer 2005 waren 328 der insgesamt 2709 Kandidaten Frauen, von den 3027 Bewerbern für die Provinzräte stellten Frauen 248. Trotzdem leben bei den meisten Afghanen, vor allem bei den Landbewohnern, die patriarchalen Vorstellungen weiter. Die konservative männliche Bevölkerung versteht viele Forderungen der Frauen nach größerer Freiheit und Rechten als eine westliche Einflüsterung, ja sogar als ein Aufzwingen westlicher und christlicher Ideologie. Diese ablehnende Haltung mündet in die Einschüchterung und »Bestrafung« weiblicher Kandidaten bis hin zu ihrer Ermordung. Die Erfahrungen aus der Geschichte lassen selbst Politikerinnen, die sich für Frauenrechte einsetzen, vorsichtig sein. Nicht wenige fürchten, dass zu schnelle Reformen erneut eine gewalttätige Gegenreaktion auslösen und die erreichten positiven Entwicklungen wieder rückgängig machen könnten.

Judith Huber

Mit fast 33 Millionen Einwohnern (Deutschland: 82 Mio.) und einer Fläche von 647 500 Quadratkilometern (Deutschland: 357 021) ist Afghanistan dünn besiedelt. Etwa 73 Prozent der Afghanen leben auf dem Land. Von etwa 6,5 Millionen Stadtbewohnern sind weit mehr als drei Millionen im Großraum Kabul zu Hause. Erhebliche Teile des Territoriums, dessen Gebirge sich bis in eine Höhe von 7485 Meter erstrecken, sind von der landwirtschaftlichen Nutzung ausgeschlossen. Dennoch ist die Landwirtschaft der dominierende Faktor der afghanischen Ökonomie und macht 60 Prozent des Bruttoinlandsproduktes (BIP) aus. Dieses liegt bei etwa 1000 US-Dollar pro Kopf (Deutschland: 34 400 $). Lediglich 280 000 Afghanen verfügen Ende 2008 über einen Telefonanschluss, immerhin ca. 2,5 Mio. über ein Mobiltelefon und 535 000 über einen Internetanschluss (Zahlen nach CIA World Factbook, 2008). Vor allem beim Gebrauch von Mobiltelefonen erhöhten sich die entsprechenden Zahlen in den letzten zwei Jahren erheblich. Afghanistan gehört aber nach wie vor zu den infrastrukturell am schlechtesten versorgten Ländern der Erde.

■ Traditionelle Wirtschaftsformen: Landwirtschaft und Nomadismus

Die Topografie Afghanistans erlaubt menschliche Siedlungen nur in einigen begünstigten Räumen. Für eine Eingrenzung des afghanischen Wirtschaftsraums und seine Qualitäten sind diese einschränkenden Rahmenbedingungen von entscheidender Bedeutung. Fast drei Viertel der Oberfläche Afghanistans sind von jeglicher Nutzung ausgeschlossen. Zentrales Merkmal ist die Zugehörigkeit zum iranisch-afghanischen Hochland, das zur Kammerung des Landes beiträgt. Die aufgefächerten nördlichen und südlichen Bergketten werden im Nordosten zum Hindukusch zusammengeführt. Damit ergibt sich die Großgliederung in den gebirgigen Nordosten (mit über 7000 Meter hohen Gipfeln in Pamir und Hindukusch), der das Grenzgebiet zu Pakistan und Tadschikistan sowie das Zentrum Afghanistans umfasst. Der Süden und der Westen des Landes hingegen sind wesentlich flacher und wüstenhaft gestaltet, ebenso wie die baktrische Tiefebene im Norden, die im Höhenbereich um 300 Meter durch den Grenzfluss Amudarja durchschnitten wird. Zwischen Peschawar und Kabul führt die historische Verbindung durch eine grenznahe Landsenke bei Dschalalabad. Hier bildet der in 1100 Meter Höhe liegende Khaiber-Pass das verkehrsgeografische Verbindungsglied, ebenso wie der Chodschak-Pass zwischen Quetta und Kandahar den Übergang vom Indus-Tiefland ins zentrale Afghanistan erlaubt. Der Kabul-Fluss ist der einzige Wasserlauf, der über das Indus-System zum Arabischen Meer entwässert, alle anderen Gewässer versickern im Boden oder enden in Seen.

Afghanistan liegt fast vollständig im zentralasiatischen Trockengürtel, der hier in gleicher Breitenlage wie Nordafrika durch Wüsten und Steppengebiete ausgeprägt ist. Natürliche Waldgebiete sind rar und nur spärlich im Osten des Landes zu finden. Wasserverfügbarkeit in Form von Niederschlägen ist ein wichtiger Begrenzungsfaktor für menschliches Wirtschaften. Wüstenhafte Bedingungen charakterisieren nicht nur die westliche Beckenzone mit ihren Salzseen an der Grenze zum iranischen Sistan, sondern auch die Steinwüste Dascht-e Margo im Süden sowie die Dünenfelder der salzreichen Registan-Wüste. Allgemein weisen die tief liegenden Gebiete nur sehr geringe Niederschläge auf, die in der Regel für die ackerbauliche Nutzung des Bodens nicht ausreichen. Höhere Niederschlagswerte werden in den fächerförmig auslaufenden Ketten des Hindukusch verzeichnet, die im Osten und Nordosten beträchtliche Werte erreichen und in einzelnen Gebirgsinseln über 1000 Millimeter betragen. Hier begrenzen allerdings die starken Hanggefälle die Verfügbarkeit von terrassierbaren Anbauflächen. Mit weiter ansteigender Höhe bildet die Kombination aus Hochgebirgsökologie und kontinentaler Lage eine klimatische Grenze für Vegetation sowie Agrar- und Weidewirtschaft.

Intensiver Ackerbau im Bewässerungsfeld

Landwirtschaftliche Anbaumethoden sind in Afghanistan vorwiegend auf künstliche Bewässerung angewiesen, während andere kaum nutzbare Gebiete im Wesentlichen nur der nomadischen Viehzucht offen stehen. Die Landwirtschaft ist durch den Gegensatz eines intensiven Ackerbaus in Flussoasen und durch extensive und saisonale Weidewirtschaft in weiten Teilen des Landes bestimmt. In den fruchtbaren Zonen spielen besondere agrarsoziale Strukturen eine wesentliche Rolle, die trotz aller Umbrüche in den vergangenen 250 Jahren eine erhebliche Beharrlichkeit aufweisen. Die Eigentumsverhältnisse an den Schlüsselressourcen Wasser und Boden sind in einem Land, in dem drei Viertel der Bevölkerung direkt oder indirekt von der Landwirtschaft leben, von zentraler Bedeutung. Sie variieren und sind

Junge mit seiner Ernte, Provinz Kundus.

Traditionelle Wirtschaftsformen

Umwelt und Sicherheit in Afghanistan
Dass die Umwelt eine enorme Bedeutung für die Sicherheit der afghanischen Bevölkerung hat, zeigt ein Blick auf die Statistik: Laut FAO sind nur zwölf Prozent der Landesfläche ackerbaulich nutzbar, weitere drei Prozent sind bewaldet, 46 Prozent (meist minderwertige) Weidegebiete. Ein erheblicher Teil der Landesfläche, 39 Prozent, besteht aus Ödland, aus Gebirgen und Wüsten. Natürliche Lebensgrundlagen, also Boden, Wald und Wasser, sind demnach äußerst knapp. Umweltbedingungen und -veränderungen prägen und gefährden somit die Lebensgrundlagen der Bevölkerung in starkem Maße. Die ursächlichen Zusammenhänge sind dabei vielfältiger Natur. Natürliche Erwerbsquellen stellen die Voraussetzung für Ernährungssicherung und Einkommen dar, aber auch für den Drogenanbau. Gefahren der Natur und Umweltzerstörung bedrohen die Sicherheit der Bevölkerung. Konflikte um natürliche Ressourcen wie etwa Wasserquellen oder Land haben sich in vielen Regionen zu einem ernsten Problem entwickelt.

Die prekäre Sicherheitslage wirkt sich jedoch umgekehrt auch auf die Umwelt aus. In Afghanistan ist hierbei weniger deren Belastung durch militärische Altlasten oder ähnliche Gefährdungen von Bedeutung, sondern vor allem die Zerrüttung der Gesellschaft und damit auch der traditionellen Nutzungsmechanismen durch den allgegenwärtigen Krieg. Traditionelle Verfahren zur gemeinsamen und friedlichen Verteilung von Wasser, Wald und Land funktionieren vielerorts nicht mehr. Dies zieht Raubbau, Übernutzung und Umweltzerstörung nach sich. Die Voraussetzungen für den Erhalt der natürlichen Erwerbsgrundlagen müssen daher innerhalb der afghanischen Gesellschaft selbst gestärkt werden. Eine Reihe von Fragen sind in diesem Zusammenhang von zentraler Bedeutung: Welche traditionellen Nutzungsstrukturen sind noch vorhanden? Funktionieren sie effektiv, gerecht und neutral oder werden sie einseitig dominiert? Wie kann man herkömmliche Methoden fördern und modernisieren?

Die Zeit drängt, denn die Rahmenbedingungen haben sich dramatisch verändert. Zwar gibt es in Afghanistan heute ein Umweltgesetz und eine Umweltschutzbehörde, ebenso Pilotprojekte im Umweltbereich. Aber das sind Tropfen auf den sprichwörtlichen heißen Stein. Denn auch der Druck auf die vorhandenen Ressourcen nimmt drastisch zu.

II. Strukturen und Lebenswelten

So explodierte beispielsweise die Einwohnerzahl Kabuls von circa einer auf weit mehr als drei Millionen Menschen – die etwa in den harten Wintern fast ausnahmslos Holz zum Heizen verwenden. Die Folge ist eine extreme Zunahme der Abholzung. Es ist absehbar, dass es schon in Kürze zu Versorgungsengpässen und Verteuerung von Holz kommen wird. Betroffen sind vor allem die Armen. In den letzten Jahren gab es bereits zunehmend Fälle von Kältetod, und dies nicht nur in abgelegenen Gebieten, sondern auch in den Elendsvierteln Kabuls. Ein gezieltes Management der natürlichen Ressourcen und wirksame Projekte zur Aufforstung sind dringend notwendig, um dieser Entwicklung entgegenzuwirken.

Ein zweites Beispiel sind die Naturgefahren. Afghanistan ist von Erdbeben und Dürren bedroht, aber auch Überflutungen haben stark zugenommen. Die Hauptursache ist im ständigen Vegetationsrückgang durch Dürre und Übernutzung zu suchen. Ein Großteil der Bevölkerung lebt auf den fruchtbaren Böden der Talsohlen und angesichts knapper Bewässerungsmöglichkeiten nahe an Flüssen, also genau in den am meisten gefährdeten Gebieten. Die Bedrohung durch Überschwemmungen wird oft unterschätzt. Weil solche Ereignisse meist regional und lokal begrenzt sind, werden sie international kaum wahrgenommen, obwohl die Schäden und Opferzahlen in der Summe sehr hoch sind.

Viele Probleme sind auch beim Verhalten der internationalen Organisationen zu suchen. Bürokratie, penible Richtlinien und weitere Negativfaktoren schränken bestehende Förder- und Einsatzmöglichkeiten ein. Probleme der natürlichen Umgebung genießen insgesamt wenig Priorität, zumal Umweltprojekte erhebliche Vorbereitungen und Arbeit »im Feld« erfordern und kurzfristige Ergebnisse (Quick Impact) kaum erwarten lassen. Förderung im Umweltbereich gilt daher als unattraktiv, geeignete Maßnahmen sind schwierig durchzusetzen. In Afghanistan entsteht ein Teufelskreis: Probleme werden ebenso wie Potenziale deutlich unterschätzt, die Zusammenhänge zu wenig verstanden. Und je später wirksame Schritte unternommen werden, desto umfassender gestaltet sich die zu bewältigende Aufgabe. Ohne Schutz der natürlichen Ressourcen als Lebensgrundlage der Bevölkerung ist kein nachhaltiger Wiederaufbau möglich. *(uk)* sowohl durch einen hohen Anteil an kleinbäuerlichen Strukturen (ungefähr zwei Drittel) als auch – vor allem in West- und Teilen Nordafghanistans – durch augenfällige Großgrundbesitzstrukturen geprägt (ein Drittel der Erntefläche), wobei die Größenklassen je nach Anbauprodukten und Bodengüte schwanken. Großer Landbesitz ist mit Herrschaftsstrukturen verbunden, die sich aus den Eliten der Stämme, der Fürstenfamilien und auch der religiösen Würdenträger ableiten. In jüngster Zeit sind ökonomisch einflussreiche Schichten wie städtische Händler und bewaffnete Kommandeure hinzugekommen, die von Gewaltwirtschaft und Drogenhandel profitieren. Ihren Einfluss machen sie geltend und sichtbar, indem sie sowohl in den Handel als auch in Landbesitz investieren. Die Betriebsgrößen sind hingegen überwiegend kleinteilig, da auch Großgrundeigentum bei näherem Hinsehen in eine Vielzahl ausgegliederter Pachtbetriebe zerfällt. Regionale Unterschiede sind hinsichtlich Teilbau- und Pachtstrukturen zu berücksichtigen.

Staatliche Großbetriebe im Norden Afghanistans stellen eine Ausnahme von der weitgehend privatwirtschaftlich organisierten Landwirtschaft dar. Der Norden des Landes diente als Experimentier- und Expansionsfeld. So ist auch die 1940 erfolgte Einfüh-

Nomadenjunge mit seiner Ziegenherde in der Nähe Kabuls.

rung des Zuckerrübenanbaus mit deutscher Hilfe zu verstehen. Gegenwärtig wird ein Wiederaufbau der Zuckerproduktion bei Baghlan in der bewährten Kooperation angestrebt. Einen grundsätzlichen Einschnitt verfolgte die Landreform von 1979, die als zentrales Anliegen der Revolution zwar propagandistisch ausgeschlachtet wurde, jedoch in ihrer Wirkung weit hinter den gesteckten Zielen zurückblieb. In der Taliban-Zeit verfestigten sich vorrevolutionäre agrarsoziale Strukturen, die auch heute als Kernelement der afghanischen Landwirtschaft nichts von ihrer Bedeutung verloren haben. Militärische Macht und politischer Einfluss drücken sich in den ländlichen Strukturen aus, die durch eine Vielzahl von Kleinbauern und Pächtern erhalten bleiben und das ackerbauliche Rückgrat der afghanischen Gesellschaft bilden.

Ergänzende extensive Landnutzung durch Viehzucht

Der ländliche Raum ist im Gebirgsbereich durch lang gestreckte Flussoasen, ansonsten durch gegliederte Oasensiedlungen charakterisiert. Dezentralität und Isolation kennzeichneten die ländlichen Siedlungen vor der »Saur-Revolution« im April 1978. Gleiches gilt für die bedeutende Gruppe der Nomaden und Bergbauern, die in extensiver Wirtschaftsweise das karge Nahrungspotenzial der Naturweiden erschließen. Im jahreszeitlichen Rhythmus durchziehen sie weit voneinander verstreute Gebiete. Saisonalität und regionale Unterschiede bestimmen die räumlichen Nutzungsstrategien. Die besten Weidegründe erstrecken sich in der baktrischen Tiefebene Nordafghanistans zwischen den nördlichen Bergketten und dem Amudarja. Traditionell fand sich hier der höchste Bestand an Kleinvieh, das auch durch die Karakul-Schafzucht in Form von »Persianer«- bzw. »Astrachan«-Fellen zu einem wirtschaftskräftigen Exportgut Afghanistans aufstieg. Die südlichen wüstenhaften Weideflächen dienten umherziehenden Nomaden und ihren Herden als extensives Nutzungsfeld. Im Laufe des 20. Jahrhunderts engte sich der Weidespielraum durch ackerbauliche Maßnahmen vor

Traditionelle Wirtschaftsformen

Hochebenen und Gebirge beschränken die landwirtschaftliche Nutzung.

allem im Norden immer weiter ein. Diese Tendenz dürfte sich in Zukunft noch verstärken, wenn neu geplante Bewässerungsprojekte am Amudarja verwirklicht werden sollten. Insgesamt dehnen sich Acker- und Siedlungsland auf Kosten von Weidegebieten aus.

Dennoch gibt es auch im viehwirtschaftlichen Sektor eine erhebliche Kontinuität. Der Anteil nomadischer Viehzucht ist zwar deutlich geschrumpft, bestimmte Muster saisonaler Nutzung zwischen Winterweidegebieten in den tiefer liegenden Arealen der baktrischen Tiefebene, des Beckens von Nangarhar, aber auch der südlichen Steppen und Wüsten lassen sich jedoch im Wanderwechsel mit den produktiven Hochweiden des gebirgigen Kernlandes der Hindukuschketten und des Pamir weiterhin beobachten. Die Bewirtschaftung natürlicher Weiden über große Distanzen und Höhenunterschiede charakterisiert den nomadischen Bereich. Der Viehzuchtsektor wird ergänzt durch die bäuerliche Haltung von Klein- und Großvieh, das auf Tagesweiden oder auch sommers auf Hochweiden gehütet wird. Viehzucht ist ein wichtiges Element der Fleischversorgung für die städtischen Basare.

Selbst angesichts einer erheblichen Gefährdung durch Minen gehen Nomaden und sesshafte Viehzüchter nach wie vor einer mobilen Weidewirtschaft nach, obgleich die weiten, nur extensiv nutzbaren Vegetationsdecken nicht mehr als ein bescheidenes Überlebenspotenzial für Nomaden und Sesshafte bilden. Gerade in Zeiten der Krise nimmt der Druck auf die natürlich vorhandenen Ressourcen weiterhin zu.

Landwirtschaft und Siedlungsschwerpunkte

Der Gegensatz von Wüste und Oase prägt das Siedlungsbild Afghanistans. Entlang der wenigen ganzjährig Wasser führenden Flussläufe konzentrieren sich die Siedlungen, so an der Ost-West-Achse vom Becken von Dschalalabad über Kabul ins Tal des Harirud mit dem westlichen Zentrum um Herat. Hier verläuft die klassische Zentralroute durch Afghanistan, die in der Blütezeit des Karawanenhandels verstärkt begangen wurde. Im Süden finden sich Siedlungskonzentrationen im oberen Helmand-Tal und im Arghandab-Tal um Kandahar. Der dritte wichtige Siedlungsraum liegt in der baktrischen Tiefebene um Masar-e Scharif und erstreckt sich über Kundus bis hin zum östlich anschließenden Badachschan. Mit diesen Räumen, in denen die

Basar von Faisabad.

agrarische Produktivität allenthalben durch künstliche Bewässerung sichergestellt wird, werden die Bevölkerungsschwerpunkte Afghanistans umrissen. Hier befinden sich die großen Städte Kabul, Kandahar, Herat, Dschalalabad und Masar-e Scharif, die im Zuge der Kriegswirkungen weiter gewachsen sind und nun fast alle die Millionen-Einwohner-Schwelle überschritten haben. Durch die in den 1960er-Jahren fertig gestellte Ringstraße konnten diese Städte miteinander verbunden werden. Dies bedeutete nicht nur, dass der motorisierte Verkehr zunahm, sondern auch, dass der Gegensatz zwischen Stadt und Land durch dieses Straßenbauprojekt, seinerzeit finanziert durch die USA und die Sowjetunion, weiter verschärft wurde.

Die genannten Siedlungskonzentrationen bilden einen wesentlichen Bezugsrahmen für den ländlichen Raum Afghanistans als Absatz- und Versorgungszentren. Aus den Basarorten machen sich mobile Aufkäufer in die abgelegenen ländlichen Regionen auf, um im Tauschhandel wertvolle agrarische und viehwirtschaftliche Produkte zu erwerben. Auch wenn die Kriegswirtschaft und die machtvolle Kontrolle der regionalen Kommandeure viel zur Modifizierung der örtlichen Versorgungsstrukturen beigetragen haben, bleiben diese Stadt und Land verbindenden Beziehungsnetze doch weitgehend erhalten.

Hermann Kreutzmann

Auf seinem Feld im sudafghanischen Helmand gewinnt ein Bauer Rohopium aus Mohnkapseln. Jahre nach Vertreibung der Taliban aus Kabul wird die Drogenwirtschaft ebenso eine zunehmende Belastung für die afghanische Regierung wie für die Internationale Gemeinschaft. Die erklärte Anti-Drogenpolitik Präsident Karsais gleicht trotz westlicher Hilfe bislang einem Kampf gegen Windmühlen. Örtlichen Erfolgen afghanischer und ausländischer Bekämpfungsversuche stehen politische, wirtschaftliche und kulturelle Rahmenbedingungen entgegen, die Anbau, Verarbeitung und Verkauf von Drogen für einen erheblichen Teil der Bevölkerung zum einzigen lukrativen Wirtschaftszweig machen. Will die Zentralregierung von Kabul aus die Drogenökonomie in die Knie zwingen, muss sie zwangsläufig dieses Umfeld verändern. Neben der Ausbildung eines verlässlichen Staatsapparates bedeutet dies vor allem die Schaffung von Erwerbsalternativen – angesichts der damit verbundenen Kosten bis auf weiteres eine unlösbare Aufgabe.

Opium als Wirtschaftsmotor: Drogenökonomie ohne Alternativen?

Afghanistan ist ein ländlich geprägter Wirtschaftsraum. Obwohl die kultivierbare Fläche lediglich zwölf Prozent des afghanischen Territoriums ausmacht, werden ungefähr 38 Prozent des Bruttoinlandsprodukts (BIP) von 65–80 Prozent der erwerbstätigen Bevölkerung in der Landwirtschaft erarbeitet (vgl. den Beitrag von Hermann Kreutzmann). Dies schließt die Drogenökonomie noch nicht ein. Je nach Statistik machen der Anbau betäubungsmittelhaltiger Pflanzen und Einnahmen aus dem Rauschgifthandel noch einmal zwischen einem und zwei Drittel der gesamtwirtschaftlichen Produktionskraft Afghanistans aus. Das Land gilt als Herkunftsort für mehr als 92 Prozent des weltweit produzierten Opiums. Seit Anfang der 1990er-Jahre dominiert die Drogenwirtschaft – Schlafmohnanbau zur Gewinnung von Rohopium, Verarbeitung zu Derivaten bis hin zu Heroin in speziell eingerichteten Labors sowie der Schmuggel dieser Produkte – die ökonomischen Aktivitäten Afghanistans.

Dabei mutet ein Anteil von 2,05 Prozent oder 157 000 Hektar der kultivierbaren Gesamtfläche, die 2008 zum Anbau von Schlafmohn genutzt wurden, zunächst gering an. Doch selbst der erstmalige Rückgang der Anbaufläche seit 2005 um fast ein Fünftel (19 Prozent, siehe Grafik S. 233) hat aufgrund der erzielten Ertragssteigerungen nur ein geringfügiges Produktionsminus von sechs Prozent nach den Rekordzahlen von 2006 und 2007 bewirkt.

Eine neue Qualität in der Drogenökonomie stellt darüber hinaus die ansteigende Verarbeitung im Erzeugerland dar. Beschränkte sich der Schmuggel bis 2005 noch hauptsächlich auf Rohopium, so werden heute bereits 90 Prozent der Ernte in Afghanistan zu Heroin und Morphiumprodukten verfeinert. Seit 2005 haben zudem die Anbaufläche für Hanf (Cannabis) und die Produktion von Cannabis-Harz im Schatten der Opiumökonomie explosionsartig zugenommen. Es mangelt an verlässlichen Daten, jedoch gibt es Anzeichen dafür, dass Afghanistan Marokko 2008 als weltweit bedeutendsten Haschisch-Produzenten überholt hat. Obwohl mit Cannabis fast schon ähnliche Preise wie für Rohopium erzielt werden, steht vor allem die Opium- und Heroinproduktion samt ihrer sozio-ökonomischen Auswirkungen für das In- und Ausland im Vordergrund.

Ursachen für die Schlafmohnkultivierung

Die Kultivierung von Schlafmohn zur Rohopiumgewinnung für den Eigenbedarf hat in einzelnen Landesteilen wie der Hochgebirgsprovinz Badachschan im Nordosten eine lange Tradition. Eine nennenswerte Ausweitung des Anbaus und Handels mit Opiaten setzte jedoch erst zu Beginn der 1990er-Jahre ein, nachdem im Kriegsjahrzehnt zuvor der Konsum aufgrund der schwierigen sozio-ökonomischen Verhältnisse erstmals merklich anstieg: Einheimische wie auch sowjetische Soldaten griffen vermehrt auf örtlich angebaute Rauschmittel zurück. 1989 verbot das Nachbarland Pakistan Anbau und Konsum von Opium, zudem erlangte Heroin insbesondere in westlichen Ländern im Laufe der 1980er-Jahre große Popularität. Beides rief eine verstärkte Nachfrage nach Opiaten hervor. Die Mohnanbauregion Helmand–Kandahar–Urusgan produzierte zwischen 1994 und 2000 rund 60 Prozent des insgesamt in Afghanistan angebauten Schlafmohns, die östliche Provinz Nangarhar zusätzliche 25–40 Prozent.

Der Abzug der Roten Armee sowie die Auflösung der UdSSR hatten zur Folge, dass die Supermächte USA und Sowjetunion/Russland Militärhilfe und weitere Unterstützungsleistungen an die verschiedenen Widerstandsparteien in Afghanistan einstellten. Diese gingen nun dazu über, sich gegenseitig zu bekriegen (vgl. den Beitrag von Katja Mielke zum Bürgerkrieg). Auf der Suche nach alternativen Einkommensquellen zur Finanzierung der militärischen Unternehmungen begannen Akteure wie beispielsweise Gulbuddin Hekmatyar (vgl. Infokasten auf S. 205), Führer der konservativ-fundamentalistischen Partei Hisb-e Islami, den Opiumanbau und -handel aktiv zu fördern. So verlagerte sich in den frühen 1990er-Jahren der Schwerpunkt der großflächigen Schlafmohnproduktion und der Rohopiumerzeugung von Südostasien (»Goldenes Dreieck«) nach Afghanistan.

Opium als Wirtschaftsmotor: Drogenökonomie ohne Alternativen?

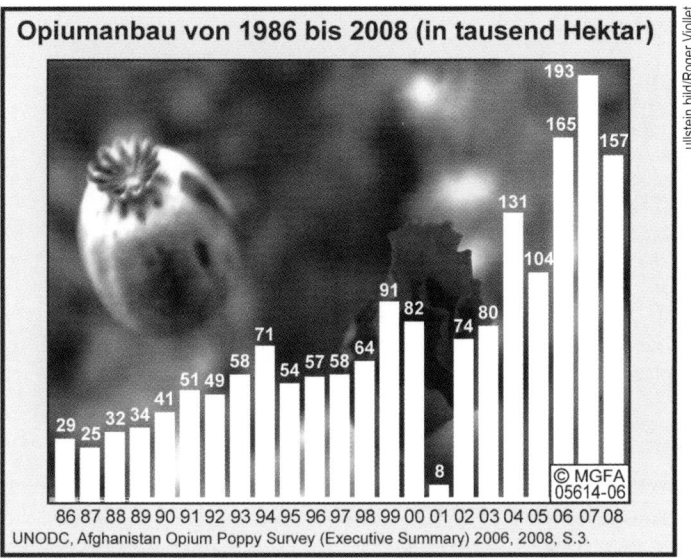

Opiumanbau von 1986 bis 2008 (in tausend Hektar)
UNODC, Afghanistan Opium Poppy Survey (Executive Summary) 2006, 2008, S.3.

In den letzten zehn Jahren ließ sich eine hohe Dynamik hinsichtlich der Ausbreitung der Anbaugebiete beobachten. Während 1999 lediglich 18 von 34 Provinzen Schlafmohn kultivierten, waren zwischen 2003 und 2006 fast alle – nämlich 28 – Verwaltungseinheiten betroffen, 2007 noch 21, 2008 nur 16. Auch hier bestehen erhebliche regionale Unterschiede: Einer kleinen Zahl von Distrikten und einzelnen Provinzen mit außerordentlich hohen Anbauraten steht eine opiumfreie Mehrheit gegenüber.

Steigende Produktionszahlen sind nicht allein mit der Armutssituation der Bevölkerung zu erklären, denn es sind gerade nicht die ärmsten Provinzen, in denen großflächig angebaut wird. Bei genauerer Betrachtung scheint eine Zentrum-Peripherie-Erklärung eher plausibel: Opium produzieren vor allem die weiter abgelegenen Regionen, die über keine alternativen legalen Einkommensmöglichkeiten verfügen. Fruchtbares Land ist knapp, Dürre und Klimaverhältnisse vernichten immer wieder die Ernten herkömmlicher Anbaukulturen. In vielen ländlichen

II. Strukturen und Lebenswelten

Drogenhandel: Fahrzeugkontrolle an der insgesamt unzureichend gesicherten afghanisch-tadschikischen Grenze.

Regionen leben die Bauern mit hohen Schulden. Die Kultivierung von Schlafmohn eröffnet ihnen oftmals die einzige Möglichkeit, ein Einkommen zu erwirtschaften. Es gibt weder staatliche Unterstützung noch irgendeine Form sozialer Sicherungssysteme.

Opium erbringt durchschnittlich zwölf Mal höhere Gewinne als andere Anbaukulturen, so etwa das Neun- bis Zehnfache im Vergleich zu Weizen. Darüber hinaus kommt die klimatisch robuste Mohnpflanze mit viel weniger Wasser aus als Getreidesorten. Angesichts der in verschiedenen Regionen periodisch auftretenden, lang anhaltenden Dürren und der im Krieg weitgehend zerstörten Bewässerungsinfrastruktur kommt diesem Faktor erhebliche Bedeutung zu. Dazu lässt sich Rohopium unkompliziert lagern und kann zur Befriedigung verschiedenster Bedürfnisse – Ernährungssicherheit, Hochzeit, Krankheit usw. – auch kurzfristig verkauft oder wie eine Währung gehandelt werden. Die Absatz- und Handelsmärkte für Opiate sind gut ausgebaut, was man für andere Landwirtschaftserzeugnisse nicht behaupten kann. Opiumaufkäufer und -händler stellen in der Regel die einzige Kreditquelle im ländlichen Raum dar. Sie gewähren

Opium als Wirtschaftsmotor: Drogenökonomie ohne Alternativen?

Dorfstrukturen in Afghanistan
Die Gestalt afghanischer Dörfer weicht in all ihren regionalen Facetten stark von Erscheinungsformen in Deutschland ab. Das Dorf – auf Dari *mantika, karia, kischlok* oder auf Paschto *keley* – stellt weder rechtlich noch faktisch eine Ebene der administrativen Gliederung dar. Im Laufe der Geschichte vermochte es bislang keine afghanische Regierung, den ländlichen Raum politisch zu durchdringen. Die zumeist vom Ackerbau lebenden Bewohner der Siedlungen und Dörfer bewahrten über weite Etappen der Vergangenheit ihre Autonomie gegenüber dem Staat. Dies hat weitreichende Konsequenzen: Zum einen weiß heute niemand genau, wie groß eigentlich die Bevölkerungszahl des Landes ist. Geburten und Todesfälle werden in der Regel nicht registriert.

Dorf am Khaiber-Pass.

Personaldokumente (*taskira*) besitzt nur eine Minderheit der Afghanen, wobei selbst in diesen Dokumenten weder der genaue Wohnort noch eine konkrete Adresse vermerkt sind. Zum anderen ist unbekannt, wo sich welche Siedlungen befinden, und wie viele landesweit überhaupt bestehen. Selbst die Zahl der Distrikte lässt sich nur schwer erfassen, weil es regelmäßig neue Gebietsaufteilungen und Verschiebungen innerhalb der derzeit 34 Provinzen gibt. Auch die afghanische Verfassung von 2004 bleibt in den Artikeln zur Verwaltungshierarchie recht vage und benennt lediglich die Provinz als administrative Einheit.

Die Bewohner ländlicher Siedlungen definieren sich nicht über die Zugehörigkeit zu staatlichen Verwaltungseinheiten. Sie begreifen ihr Zuhause eher als sozialen und wirtschaftlichen Raum, in dem sie ihr tägliches Leben bestreiten, in dem ihre Großfamilie wohnt, wo sie ihre Felder bestellen und Dinge des täglichen Bedarfs einkaufen, eigene Erzeugnisse vermarkten, Nachbarn besuchen, auf Hochzeiten und Begräbnisse oder zum Freitagsgebet gehen. Im Vergleich zur Vorkriegs-

II. Strukturen und Lebenswelten

zeit ist das örtliche Netz von Verwandtschafts- und Klientelbeziehungen in sich jedoch meist nicht mehr vollständig auf sich bezogen und von der Außenwelt abgeschnitten. Vielmehr unterhalten Dorfbewohner inzwischen landesweit und international Verbindungen durch saisonale und längerfristige Arbeitsmigration einzelner Familienmitglieder, so etwa in den Iran und nach Pakistan. Vertreibung und Exil während der Kriegsjahre sowie Landflucht in die Städte haben gleichfalls zur Aufweichung dörflicher Strukturen beigetragen.

Die zu ca. 80 Prozent auf dem Land lebende Bevölkerung Afghanistans ist im Laufe des 20. Jahrhunderts stark gewachsen. In Oasenlandschaften wie in der Umgebung von Kundus beispielsweise hat dies zu einer weiträumigen Ansiedlung und späteren Zersiedlung entlang von Bewässerungskanälen geführt. In gebirgigeren Zonen ließen sich Dörfer allerdings nicht unbegrenzt ausweiten. Aus diesem Grund gibt es heute in den Vor- und Hochgebirgsregionen Nordafghanistans klar erkennbare und naturräumlich abgegrenzte Siedlungsstrukturen, also Ortschaften mit eigener Tradition, die bereits in der Vergangenheit als Dörfer mit einem bestimmten Namen und einer Moschee bekannt waren. In den Oasengebieten findet man hingegen Ortsteile und »neue« Dörfer dort, wo im Verlauf der letzten Jahrzehnte mehrere Familien Höfe, Häuser und schließlich eine Moschee errichtet haben. Diese Orte sind in keiner Statistik verzeichnet. Während der sowjetischen Besatzung und des Bürgerkrieges wurden zahlreiche Siedlungen verwüstet und von den Einwohnern aufgegeben. Auch hierüber existieren meist keine Aufzeichnungen.

Die Benennung von Ansiedlungen wechselt häufig mit dem Verschwinden der jeweiligen Namenspatrone, oft regionale Führer wie Mudschaheddin-Kommandeure, Mullahs oder Dorfälteste. Die Lokalverwaltungen auf Distriktebene registrieren solche Veränderungen nicht einmal. Wer ihre Auflistungen über Dörfer und Gemeinden benutzt, die sich kaum jemals auf aktuellem Stand befinden, wird nach vielen der dort verzeichneten Ortschaften vergeblich suchen.

Kleinbauern und Landlosen Darlehen auf eine zukünftige Ernte, wobei die Tilgung der Schulden mit dem vergleichsweise risikofreien Anbau und Verkauf von Opium am aussichtsreichsten ist. Arbeitskräfte gibt es aufgrund der verbreiteten Armut und

Opium als Wirtschaftsmotor: Drogenökonomie ohne Alternativen?

Ein Plakat warnt in Kabul vor den Gefahren des Drogenkonsums.

der strukturell bedingten Arbeitslosigkeit im ländlichen Raum in ausreichendem Maße, sodass die arbeitsintensive Ernte des Rohopiums in der Regel kein Problem darstellt. Nicht selten bietet sie auch Frauen und Kindern die Möglichkeit, zum Familieneinkommen beizutragen: Im Vergleich zu Getreide oder anderen Kulturen erfordert der Schlafmohnanbau das Zehnfache an Arbeitskraft. Ein Fruchtwechsel von Getreide zu Opium schafft mindestens fünf zusätzliche Arbeitsplätze pro Hektar Anbaufläche.

Rahmenbedingungen für die Drogenwirtschaft

Das häufig von Politikern vorgebrachte Argument, es gebe einen Zusammenhang zwischen fehlender Sicherheit und Drogenanbau, hält einer genaueren Betrachtung nicht wirklich stand. Offiziellen Darstellungen zufolge werden in einer Region umso mehr Drogen angebaut, je größer dort die Unsicherheit ist. Diese Behauptung erklärt scheinbar das Vordringen der Taliban in Südafghanistan ebenso wie die Finanzierung des Internationalen Terrorismus. Dabei richtet sich der Blick westlicher Analysten meist auf den instabilen Süden (Helmand, Kandahar, Urusgan, Sabul, Dalkundi), wo 2008 mit etwa 7000 Tonnen 90 Prozent der gesamtafghanischen Produktion (ca. 7700 Tonnen) ihren Ursprung hatten. Als Paradebeispiel gilt das Ausmaß des Schlafmohnanbaus in der Provinz Helmand, die 2008 mit 103 509 Hektar allein 66 Prozent der gesamtafghanischen Anbaufläche beisteuerte. Aber schon zwei weitere Beispiele sprechen gegen allzu einfache Erklärungen. So kommt in der ebenfalls als Unruheherd geltenden Provinz Paktika gar kein Opiumanbau vor. Und auch die bis 2007 stark verzeichnete Zunahme der Produktionsraten in Badachschan, das stets als sichere Provinz im äußersten Nordosten galt, weist darauf hin, dass das Unsicherheitsargument allein nicht überzeugen kann.

Vielmehr bietet das komplexe Zusammenwirken mehrerer Umstände eine Erklärung für die in den letzten Jahrzehnten stattgefundene Ausbreitung der Drogenwirtschaft in Afghanistan. Hierzu zählen die verbreitete Armut und das Vorhandensein funktionierender Absatzmärkte für Opium, aber auch naturräumliche Ursachen wie Klima und Naturkatastrophen (in Badachschan zwang 2006 eine Dürre die Bauern, in größerem Maßstab auf die Kultivierung von Opium zurückzugreifen). Kulturell-historische Einflüsse wie die lange Tradition des Opiumanbaus treten neben gesellschaftlich-politische Rahmenbedingungen wie eine fehlende Ordnungsmacht des Staates in abgelegenen Regionen. Obwohl der Islam den Anbau, Handel und Konsum von Rauschgift eigentlich verbietet, bilden die genannten Faktoren in ihrer Summe einen idealen Nährboden für die Drogenökonomie.

Auch die Argumente gegen den Mohnanbau sind vielschichtiger Natur. Das zuständige UN-Büro für Drogen und Kriminalität (UNODC) führte beispielsweise 2006 erstmals eine Erhebung zu der Frage durch, warum viele Bauern trotz ökonomischer Schwierigkeiten nicht auf Schlafmohnanbau umsteigen. Dabei gab immerhin ein Drittel der Befragten an, sie würden aus religiösen Gründen niemals Opium produzieren. An zweiter Stelle nannten die ausgewählten Landbesitzer, dass sie kein Opium anbauen würden, wenn der lokale Ältestenrat dies verurteile. Dagegen stellten Bedenken und Angst vor möglichen Ernteausfällen aufgrund der Mohnvernichtung durch Regierungstruppen, Polizei oder internationale Einheiten für die Befragten kein überzeugendes Argument gegen den Anbau von Schlafmohn dar.

Versuche der Eindämmung

Der Taliban-Regierung gelang es in der Erntesaison 2001 erfolgreich, einen von Mullah Omar verhängten Opiumbann in den von ihr kontrollierten Gebieten durchzusetzen, und dies trotz einer vorangegangenen dreijährigen Dürreperiode. Wie dies

Opium als Wirtschaftsmotor: Drogenökonomie ohne Alternativen?

möglich war, bleibt angesichts all der bislang erfolglosen Bekämpfungsversuche der Internationalen Gemeinschaft und der unzähligen Kampagnen der afghanischen Regierung wie auch einzelner einflussreicher Akteure in jüngerer Zeit eine ungeklärte Frage. Bereits 1999 hatte die Nordallianz unter Führung Achmad Schah Massuds die Drogenproduktion verurteilt. Sie konnte jedoch damals ihrem Verbot keine Geltung verschaffen, weil sie das Territorium nur unzureichend kontrollierte, während lokale Kommandeure sich selbst bereicherten und Mittel zum Kauf von Waffen und Munition beschafften. Letztlich standen auch der Nordallianz keine alternativen Ressourcen zur Verfügung, um das Überleben der Bevölkerung sicherzustellen. Der seinerzeitige Erfolg der Taliban scheint am ehesten darauf zurückzuführen zu sein, dass ihre Herrschaft – vermittelt über die Mullahs – auch die lokale Ebene erreichte und somit religiöse Argumente gegen den Drogenanbau auf breiter Basis zur Wirkung bringen konnte, bevor ihre Bewegung dann selbst immer stärker auf den Opiumhandel zurückgriff, um nach 2001 den erneut propagierten »Dschihad« im Lande zu finanzieren.

Die Übergangsregierung unter Führung von Hamid Karsai richtete Ende 2001 ein Ministerium zur Drogenbekämpfung ein. Der Präsident selbst rief Anfang 2002 öffentlich zum »Heiligen Krieg« gegen Opiumproduktion, Schmuggel und Drogenkonsum auf und 2004 eine Task Force für die Drogenbekämpfung (Eradication) ins Leben. Diese weist eine gemischte Erfolgsbilanz auf: 2006 und 2007 wurden offiziellen Angaben zufolge enorme Flächen an Opiumkulturen – 2007 angeblich mehr als 19 000 Hektar – zerstört, trotzdem kam es zu Rekordernten. Im Gegensatz dazu konnten 2008 mit 3,5 Prozent oder 5480 Hektar nur auf einem Bruchteil der Anbaufläche Vernichtungsmaßnahmen durchgeführt werden.

Ein grundlegendes Hindernis für umfassende Drogenbekämpfungsmaßnahmen bildet die weit verbreitete und auf allen Ebenen existierende Korruption. Selbst hochrangige Regierungsvertreter sind in den Drogenschmuggel involviert. Die Bevölkerung sieht hierin eine Doppelmoral. Einerseits prangert die afghanische Führung alle Rauschgiftaktivitäten an und bedroht mit Vernichtungskampagnen grundlegende Einkommensmöglichkeiten jenes Teils der Bevölkerung, die auf den Anbau von

Opium angewiesen sind. Andererseits zählen Regierungsvertreter selbst zu den größten Nutznießern der Drogenwirtschaft. In den Augen des Volkes verliert die politische Führung in Kabul deshalb zunehmend an Glaubwürdigkeit und Legitimität.

Dementsprechend lassen sich auch mit diesem gegenwärtig fast ausschließlich auf die Vernichtung der Feldbestände und Ernten ausgerichteten Lösungsansatz nicht die erhofften Erfolge erzielen. Vernichtungskampagnen treffen allein die Bauern, die in der Regel am wenigsten von der Opiumproduktion profitieren. Regionale Händler und die in den internationalen Drogenschmuggel verwickelten Akteure, die ca. 80 Prozent der Profite abschöpfen, bleiben hingegen ungeschoren. Von der Regierung und ihren Verbündeten angestoßene Vernichtungsaktionen – am stärksten engagiert sind dabei die USA und Großbritannien – führen insbesondere im Süden Afghanistans zu einer verstärkten Hinwendung der einfachen Leute zu den Taliban, weil sie als Bauern ihre Felder vor Übergriffen schützen wollen, um so ihr Überleben zu sichern. Dies eröffnet neue Fronten im bewaffneten Kampf zwischen Regierungstruppen, Alliierten und Taliban. Im Teufelskreis von Verbrechen und zunehmender Destabilisierung sorgen korrupte Polizeikräfte dafür, dass gerade die ärmsten Bauern am härtesten von Vernichtungsaktionen betroffen sind: Sie können es sich nicht leisten, Bestechungsgelder an die für die Bekämpfung Verantwortlichen sowie Angehörige von Sicherheitsorganen zu zahlen.

Denkbare ökologische und gesundheitliche Folgen der Besprühung aus der Luft sprechen ebenso gegen ausschließliche Vernichtungsaktionen von Mohnkulturen auf den Feldern wie ein zu erwartender Preisanstieg für Drogen als Folge des knapper werdenden Angebots – Letzterer würde wiederum nur die Verdienstspanne der Händler erhöhen. Um die Drogenwirtschaft in Afghanistan langfristig in den Griff zu bekommen, muss vielmehr auf mehreren Ebenen angesetzt werden. Dies beinhaltet einerseits sozialpolitische Maßnahmen zur Nachfragereduzierung nach Heroin und anderen Drogen im Westen, andererseits multisektorale Interventionen im Herkunftsland.

Die unter den Begriffen »alternative Entwicklung« angesiedelten Ansätze gehen davon aus, dass der Kampf gegen die Armut eine der wirksamsten Strategien zur Drogenbekämpfung

Opium als Wirtschaftsmotor: Drogenökonomie ohne Alternativen?

darstellt. Dabei liegt der Schwerpunkt auf der Einführung alternativer Kulturen, z.B. der Anbau von Rosen zur Rosenölgewinnung und Safran, aber auch Heilpflanzen oder Trockenfrüchte, die den Bauern vergleichbare Gewinne in Aussicht stellen könnten wie der Schlafmohn. Am erfolgversprechendsten erscheint eine Kombination von Interventionsstrategien.

Um die Masse der Bevölkerung von der Aufrichtigkeit der Bemühungen zur Drogenbekämpfung zu überzeugen und letztlich ihre Unterstützung zu gewinnen, ist eine Vielzahl kostenintensiver Maßnahmen notwendig, die zur Zeit nur die Internationale Gemeinschaft tragen könnte. Hierzu zählen die Schaffung eines sicheren Umfeldes ebenso wie der Aufbau funktionierender Marktstrukturen mit entsprechenden Beschäftigungsmöglichkeiten sowie die Vergabe landwirtschaftlicher Kredite und Subventionen. Infrastrukturelle Leistungen wie im Bereich der Bewässerung sollten neben die Verbesserung der rechtlichen Rahmenbedingungen durch Korruptionsbekämpfung und die Verfolgung von Zwischenhändlern und Schmugglern treten. Soziale Maßnahmen wie Einrichtung und Unterhalt von Entzugskliniken zur Behandlung der steigenden Zahl von Drogenabhängigen werden den Umbau des gesellschaftlichen und wirtschaftlichen Umfeldes begleiten müssen, soll der Drogenwirtschaft auf Dauer der Boden entzogen werden.

Katja Mielke

▶ Geschichte im Überblick →

Überregionale politische Entwicklung	
Politische Ereignisse in Afghanistan	
Militärische, kulturelle, religiöse, ethnische Ereignisse	2000–1500 v. Chr.: Einwanderung indogermanischer Steppenvölker; Gründung der Stadt Kabul

312–64 v. Chr.:
Seleukiden-Dynastie;
Herrschaft eines Feldherren
Alexanders

45 n.Chr.: Gründung
des Kuschan-Reiches
unter Kanischka

Mitte 3. Jh. bis 1. Jh. v. Chr.:
Griechisch-Baktrisches Reich

Das Kuschan-Reich wird zur wirtschaftlichen und kulturellen Drehscheibe zwischen dem Römischen Reich sowie China und Indien.

649 und 663: Araber
erobern Chorassan
und Baktrien (Balch).

Langsame Islamisierung bis Ende des 10. Jh. nördlich
und westlich des Hindukusch

559–330 v. Chr.: Achämeniden-Reich; Darius der Große gliedert den größten Teil des heutigen Afghanistan in das Perserreich ein.

330–326 v. Chr.: Zug Alexanders des Großen durch das heutige Afghanistan

226–642: Herrschaft der Sassaniden

5.–6. Jh.: Herrschaft der Weißen Hunnen

Bis zum 6. Jh. ist das heutige Afghanistan überwiegend buddhistisch geprägt; 6. Jh.: Schaffung der Buddha-Statuen von Bamian.

570–632: Wirken Mohammeds in Mekka und Medina

874–999: Samaniden-Herrschaft in Samarkand

977–1186: Ghasnawiden-Reich mit Ghasni als Zentrum

Schahnama (Königsbuch) des persischen Dichters Abu Firdausi (940–1020), berühmteste Sammlung persischer Epen

Überregionale politische Entwicklung	1162–1202: Ghoriden-Reich
Politische Ereignisse in Afghanistan	1221: Dschingis Khan verwüstet Herat, Balch, Bamian und Ghasni.
Militärische, kulturelle, religiöse, ethnische Ereignisse	

Anfang 16. Jh. bis Mitte 18. Jh.: Teilung des heutigen Afghanistan zwischen den Moguln in Nordindien, den usbekischen Schaibaniden in Mittelasien und den persischen Safawiden; die Stämme im heutigen Afghanistan wurden häufig nur durch Statthalter und Besatzungstruppen beherrscht.

um 1700: Im Westen und Südosten des heutigen Afghanistan etablieren sich die miteinander zerstrittenen paschtunischen Stammeskonföderationen Abdali (Durrani) und Ghilsai; Machtzentren sind Herat und Kandahar.

1736: Der persische Herrscher Nadir Schah besetzt den Südwesten und später Kandahar; er dehnt seine Herrschaft bis zu seiner Ermordung 1747 bis nach Indien aus.

1370–1405: Timur Leng (Tamerlan), Nachfahre Dschingis Khans, beherrscht Zentralasien bis zum Mittelmeer.

Herat wird zur Machtbasis der Timuriden, der Nachfahren Timur Lengs.

1273: Marco Polo durchquert das heutige Afghanistan auf seiner Reise von Italien nach China.

1722: Machmud, Sohn Mir Wais, vertreibt die Safawiden aus Isfahan und beendet ihre Herrschaft.

1709: Mir Wais Hotak aus der Stammeskonföderation der Ghilsai vertreibt die Safawiden aus Kandahar.

Entstehung des Mythos einer »nationalen« afghanischen Erhebung gegen die Safawiden als Grundlage afghanischer Staatlichkeit

---

Durrani-Reich →

1747–1773: Gründung eines selbstständigen Königreiches in Kandahar durch den paschtunischen Stammesführer Achmad Schah Durrani, das sich vom Osten Persiens bis nach Indien ausdehnt; Durranis Reich ist ein lockerer Herrschaftsverbund von Stämmen und Fürstentümern.

Achmad Schah benennt seinen Stamm Abdali in Durrani um und macht Kandahar zu seiner Hauptstadt.

	Durrani-Reich →	
Überregionale politische Entwicklung	1773–1793: Timur Schah, Sohn Achmad Schahs	1793–1826: Schwächung des Durrani-Reiches durch innere Machtkämpfe; neben Kabul entstehen gleichwertige Machtzentren in Herat, Kandahar und Peschawar.
Politische Ereignisse in Afghanistan		
Militärische, kulturelle, religiöse, ethnische Ereignisse	Verlegung der Hauptstadt von Kandahar nach Kabul	

Afghanistan zwischen den Kolonialmächten England und Russland: »The Great Game« →

1830er-Jahre: »Forward Policy« Englands mit dem Ziel, in Afghanistan einen Pufferstaat gegen das Vordringen Russlands zu etablieren

1838–1842: Erster Anglo-Afghanischer Krieg; mit englischer Hilfe besteigt Schah Schoja den Thron.

1826–1863: Dost Mohammed

Januar 1842: Tod von 17 000 britischen Soldaten und Zivilisten bei Chord Kabul

Entstehung persischsprachiger Kriegsepen (Dschangnama) vom Kampf gegen die Engländer

Monarchie →

1853–1856: Krimkrieg; zwischen 1864 und 1884 unterwirft das Russische Reich große Teile Zentralasiens.

1879: Zweiter Anglo-Afghanischer Krieg; der Vertrag von Gandomak, 26.5.1879, macht Afghanistan zum halbautonomen Protektorat Britisch-Indiens; Stationierung britischer Truppen in Afghanistan; 27.7.1880: Niederlage der britischen Armee in offener Feldschlacht in Maiwand bei Kandahar.

Zur mythischen Volksheldin wird die Paschtunin Malalai, die in der Schlacht von Maiwand angeblich mit einer afghanischen Flagge den englischen Truppen entgegenstürmte.

1801: Erstmalige Erwähnung des Namens »Afghanistan« (Land der Afghanen) im Anglo-Persischen Friedensvertrag.

September und Oktober 1842: Zerstörung von Istalef und Tscharikar durch britische Truppen, Massaker an der Zivilbevölkerung, Plünderung und Zerstörung des Basars von Kabul.

1863–1878: Regierung Scher Ali, Sohn von Dost Mohammed

12.11.1893: Ein Vertrag zwischen Sir Mortimer Durand und Abdurrachman legt die Grenze zum heutigen Pakistan fest; Teilung des paschtunischen Siedlungsgebietes durch die Einverleibung der Gebiete südöstlich der Durand-Linie in die indische Kronkolonie.

1907: Britisch-Russische Konvention von St. Petersburg; beide Parteien erklären den Verzicht auf eine Intervention in Afghanistan.

1880–1901: Emir Abdurrachman

1901–1919: Habibullah I.

Im April 1881 verlassen die letzten britischen Truppen das Land; 1888–1893: Unterwerfung der schiitischen Hasara.

	Erster Weltkrieg →
Überregionale politische Entwicklung	1914–1918: Oskar Ritter von Niedermayer versucht vergeblich, afghanische Truppen für den Kampf in den englischen Kolonien zu mobilisieren;
Politische Ereignisse in Afghanistan	24.1.1916: Ein deutsch-afghanischer Freundschafts- und Handelsvertrag sichert Afghanistan die Anerkennung seiner Unabhängigkeit zu.
Militärische, kulturelle, religiöse, ethnische Ereignisse	

8.8.1919: Vertrag von Rawalpindi sichert die Unabhängigkeit Afghanistans.

1921: Freundschaftsvertrag mit der UdSSR

10.4.1923: Verkündung einer konstitutionellen Verfassung; die Modernisierung nach dem Vorbild der Türkei Kemal Atatürks ruft erbitterten Widerstand unter den afghanischen Stämmen hervor.

1929–1930 (Nadir Schah)

16.1.1929: Sturz Amanullahs durch Habibullah II.; neunmonatiger Bürgerkrieg

1930–1933: Nadir Schah

31.10.1931: Neue Verfassung mit religiösen Akzenten

Monarchie ⟶

1901–1919
(Habibullah Khan)

1919: Dritter Anglo-Afghanischer Krieg

1919–1929: Amanullah, Sohn Habibullahs I.

1916: Erste Große Ratsversammlung (Loya Dschirga), vor der Habibullah I. die Gründe für die Neutralität im Ersten Weltkrieg darlegt.

1927: Europareise Amanullahs; 1928: Staatsbesuch Amanullahs in Berlin und deutscher Großkredit

1919–1928
(Amanullah Khan)

1924: Einrichtung der deutschen Amani-Schule in Kabul; unter Leitung des deutschen Architekten Walter Horten entstehen der Königspalast und der neue Vorort Darulaman sowie Bauten wie die Horten-Brücke, das Kabul Museum, das Postgebäude, die Moschee Schah-e Doschamschera und zahlreiche Straßenbauprojekte.

1930er-Jahre: Enge Beziehungen zu Deutschland, Italien, Japan und den USA; 1936 Großkredit für Warenaustausch und Rüstungshilfe; im Zweiten Weltkrieg versucht Deutschland erneut, von Afghanistan aus die Paschtunen in Britisch-Indien zum Aufstand zu bewegen

1933–1973: Nominelle Regierung Sahir Schahs

1936: Aufbau einer »Musterdivision« sowie der afghanischen Luftwaffe mit deutscher Hilfe

	Monarchie →
Überregionale politische Entwicklung	18.10.1937: Verwaltungsabkommen mit Deutschland über den Austausch von Ingenieuren und Studenten; 3.8.1939: Deutsch-afghanisches Kreditabkommen
Politische Ereignisse in Afghanistan	
Militärische, kulturelle, religiöse, ethnische Ereignisse	1.8.1938: Aufnahme der Flugverbindung Berlin – Kabul durch die Lufthansa

Monarchie →

1947: Gründung Pakistans; bis 1970 Paschtunistan-Konflikt mit Grenzzwischenfällen und Handelsblockaden	31.1.1958: Vertrag mit der Bundesrepublik Deutschland über technische Zusammenarbeit
1947: Erster Kaschmir-Krieg zwischen Pakistan und Indien	1953–1963: Führung der Regierungsgeschäfte durch Mohammed Da'ud Khan
	1959: Aufhebung des Schleierzwanges für Frauen

1965: Zweiter Kaschmir-Krieg zwischen Pakistan und Indien

1971: Indisch-Pakistanischer Krieg endet mit der Loslösung Bangladeschs von Pakistan

1.10.1964: Konstitutionelle Verfassung in Anlehnung an den westlichen Parlamentarismus; 1965 und 1969 Parlamentswahlen; Fertigstellung der afghanischen Ringstraße

1939–1945 Zweiter Weltkrieg

Oktober 1941: Ausweisung deutscher Berater und Fachleute; Afghanistan erklärt seine Neutralität im Zweiten Weltkrieg.

1933–1946: Führung der Regierungsgeschäfte durch Mohammed Haschem Khan

1946–1953: Führung der Regierungsgeschäfte durch Schah Machmud Khan

Konstitutionelle Monarchie

17.6.1962: Wirtschafts- und Kreditabkommen mit der Bundesrepublik Deutschland

1930–1974
(Sahir Schah)

1963–1973: Konstitutionelle Monarchie und Regierung Sahir Schah

Republik Afghanistan

1974–1978 (Mohammed Da'ud Khan)

17.7.1973: Putsch Mohammed Da'ud Khans während einer Europareise Sahir Schahs

1973–1978: Mohammed Da'ud Khan

24.2.1977: Neue Verfassung spiegelt die autoritäre Stellung Da'uds wider und soll einen republikanischen und demokratischen Einheitsstaat schaffen.

	Demokratische Republik Afghanistan
Überregionale politische Entwicklung	5.12.1978: Vertrag über »Freundschaft, gute Nachbarschaft und Zusammenarbeit« zwischen Afghanistan und der UdSSR
Politische Ereignisse in Afghanistan	27.4.1978: Sturz Da'uds und Machtübernahme durch die Demokratische Volkspartei Afghanistans (DVPA); Ernennung von Mohammed Taraki zum Präsidenten
Militärische, kulturelle, religiöse, ethnische Ereignisse	

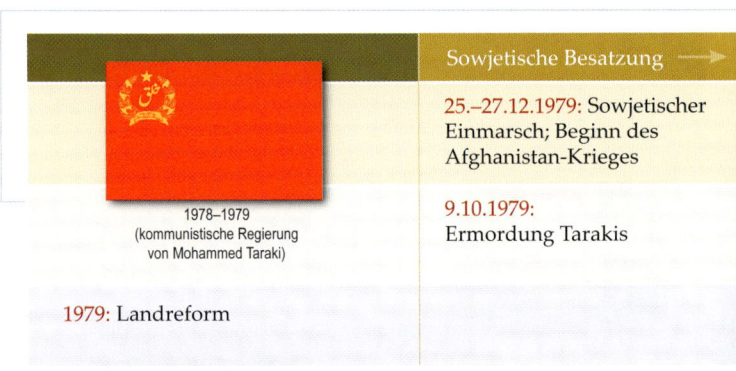

	Sowjetische Besatzung →
	25.–27.12.1979: Sowjetischer Einmarsch; Beginn des Afghanistan-Krieges
1978–1979 (kommunistische Regierung von Mohammed Taraki)	9.10.1979: Ermordung Tarakis
1979: Landreform	

14.4.1988: Friedensvertrag zwischen den Regierungen Afghanistans, Pakistans, der USA und der UdSSR (Genfer Afghanistan Abkommen)	15.2.1989: Abzug der letzten sowjetischen Truppen

1987–1992
(kommunistische Regierung von Mohammed Nadschibullah)

16.9.1979: Amin proklamiert sich zum Präsidenten.

Kämpfe zwischen Truppen der kommunistischen Regierung, königstreuen, islamischen und moderaten Kräften; die DVPA versucht erfolglos, ganz Afghanistan nach sowjetischem Vorbild zu modernisieren.

1971–1987 (kommunistische Regierung von Hafisullah Amin/Babrak Karmal)

seit 1986: Lieferung amerikanischer »Stinger« an die Mudschaheddin

27.12.1979: Liquidierung Amins, Babrak Karmal wird als Präsident eingesetzt.

4.5.1986: Nadschibullah wird auf Weisung Moskaus neuer Regierungschef.

1985 und **1987:** Neue afghanische Verfassungen

Islamische Republik Afghanistan und Bürgerkrieg

1.1.1992: Ende der militärischen Unterstützung durch die USA und die UdSSR bzw. Russlands

28.4.1992: Sturz Nadschibullahs; Regierungsübernahme durch die Mudschaheddin

1992–1996: Zerfall Afghanistans in die Einflussbereiche verschiedener Warlords: weitgehende Zerstörung Kabuls

	Islamische Republik Afghanistan und
Überregionale politische Entwicklung	
Politische Ereignisse in Afghanistan	Absprachen zur Regierungsbildung am 27.4.1992 in Peschawar und am 7.3.1993 in Islamabad
Militärische, kulturelle, religiöse, ethnische Ereignisse	Februar 1993: Massaker an mehreren Hundert Hasara in Kabul durch die Truppen Massuds nach Einnahme der Stadt

Herrschaft der Taliban ⟶

Iran und Russland unterstützen die Nordallianz, Pakistan und Saudi-Arabien die Taliban.

September 1996: Taliban nehmen Kabul ein; 10.10.1996: Bildung der Nordallianz.

24.–28.5.1997: Besetzung Masar-e Scharifs durch die Taliban

Lediglich das Pandschir-Tal und Teile der Provinz Badachschan sind der Kontrolle der Taliban entzogen (Achmad Schah Massud); im Rahmen der Kämpfe um Masar Massaker an 600 Taliban-Kämpfern und Hasara-Zivilisten; usbekische Einheiten ermorden in den Nordprovinzen 2000 gefangene Taliban.

1999: Neuerliche militärische Auseinandersetzungen zwischen Indien und Pakistan in Kaschmir

19.12.2000: UNO-Resolution 1333 wirft den Taliban Unterstützung des Terrorismus, Menschenrechtsverletzungen und Drogenhandel vor.

12.3.2001: Zerstörung der Buddha-Statuen von Bamian

1996–2001 (Taliban: Mohammed Omar)

Bürgerkrieg →

1992–1996 (Mudschaheddin: Burhanuddin Rabbani)

Sommer 1994: In Südostafghanistan treten die Taliban auf.

1996: Bündnis zwischen Hekmatyar und Rabbani; Hekmatyar wird Premierminister.

7.8.1998: Terroranschläge auf die US-Botschaften in Nairobi und Daressalam

12.8.1998: Zweite Einnahme Masar-e Scharifs durch die Taliban; Ermordung von 4000–5000 Hasara in den Straßen von Masar-e Scharif durch die Taliban

1999: Ernte von 4500 t Mohn

1992–2001 (Nordallianz: Rabbani/Massud)

Operation Enduring Freedom →

7.10.2001: Offensive der Nordallianz unter Führung und mit massiver Unterstützung der USA

8.11.2001: Einnahme von Masar-e Scharif durch die Nordallianz;
12./13.11.2001: Fall von Kabul an die Nordallianz

November 2001: Über 2000 gefangene Taliban werden von Kämpfern Dostums ermordet.

	International gesicherter Wiederaufbau
Überregionale politische Entwicklung	27.11.–5.12.2001: Afghanistan-Konferenz auf dem Petersberg bei Bonn
Politische Ereignisse in Afghanistan	7.12.2001: Mit Kandahar verlieren die Taliban ihre letzte Hochburg.
Militärische, kulturelle, religiöse, ethnische Ereignisse	

Januar 2002: Geberkonferenz in Tokio	2.12.2002: Zweite internationale Konferenz auf dem Petersberg bei Bonn über den Wiederaufbau in Afghanistan
	11.–19.6.2002: Bestätigung Karsais als Präsident der Übergangsregierung durch eine »Emergency Loya Jirga« (Außerordentliche Große Ratsversammlung)

31.3.–1.4.2004: Internationale Afghanistan-Konferenz in Berlin endet mit der »Berliner Erklärung«, in der 56 Staaten ihr Engagement beim Wiederaufbau verlautbaren.	26.6.2004: Erhöhung der Truppenstärke der ISAF von 6500 auf 10 000 Mann
	9.10.2004: Hamid Karsai wird in den ersten freien Präsidentschaftswahlen bestätigt.
	2004: Ernte von 5000 t Mohn

der Islamischen Republik Afghanistan →

20.12.2001: Der Sicherheitsrat der Vereinten Nationen legt mit Annahme der Resolution 1386 Mandat und Auftrag einer Internationalen Sicherheitsbeistandstruppe (International Security Assistance Force, ISAF) fest.

22.12.2001: Ende der Taliban-Herrschaft und Installierung einer Übergangsregierung unter Hamid Karsai

(seit 2001: Hamid Karsai)

7.6.2003: Tod von vier deutschen Soldaten der ISAF und Verwundung weiterer 29 deutscher Soldaten nach einem Bombenanschlag in Kabul

14.12.2003–5.1.2004: Verabschiedung einer Verfassung durch eine »Constitutional Loya Jirga« (Verfassunggebende Große Ratsversammlung)

26.1.2004: Verkündung der Verfassung der Islamischen Republik Afghanistan, die Werte des Islam mit Demokratie nach westlichem Vorbild verbindet

23.5.2005: »Joint Declaration of the United States-Afghanistan Strategic Partnership« sagt Afghanistan ein dauerhaftes Engagement der USA zu.

18.9.2005: Parlamentswahlen

19.12.2005: In Kabul tritt erstmals seit 32 Jahren ein afghanisches Parlament zusammen; die Eröffnungssitzung beider Häuser beendet formell den Ende 2001 auf dem Petersberg bei Bonn vereinbarten Demokratisierungsprozess.

5.1.2006: Selbstmordanschlag in der Provinz Urusgan mit zehn Toten und 35 Verletzten

	International gesicherter Wiederaufbau
Überregionale politische Entwicklung	
Politische Ereignisse in Afghanistan	22.6.2006: Präsident Hamid Karsai fordert die Internationale Gemeinschaft auf, ihre Strategie im Kampf gegen den Terror zu ändern und millitanten Islamisten ihre finanzielle Basis zu entziehen.
Militärische, kulturelle, religiöse, ethnische Ereignisse	

6.9.2006: Abkommen zur Entspannung im pakistanisch-afghanischen Grenzgebiet. Präsident General Musharraf zu Besuch in Kabul.

27.9.2006: Der Deutsche Bundestag stimmt einer Verlängerung des Afghanistan-Einsatzes zu.

2006: NATO-Operation »Medusa« in Kandahar (September)

8.9.2006: Bei einem Selbstmordanschlag nahe der US-Botschaft sterben in Kabul mindestens 17 Menschen.

8.2.2007: NATO-Verteidigungsminister beraten in Sevilla über die zukünftige Strategie in Afghanistan.

15.2.2007: US-Präsident George W. Bush gibt die Verstärkung der amerikanischen Truppen in Afghanistan bekannt und fordert größeres Engagement von den NATO-Partnern.

26.2.2007: Selbstmordanschlag mit mehreren Toten vor der US-Base in Bagram während der Anwesenheit des amerikanischen Vizepräsidenten Dick Cheney auf dem Stützpunkt.

der Islamischen Republik Afghanistan →

23.6.2006: Achmad Wali Karsai, Bruder des Präsidenten, wird beschuldigt, in den Drogenhandel verstrickt zu sein.

2006: Im Jahresverlauf eskalieren in mehreren südlichen Provinzen (u.a. Kandahar, Urusgan und Helmand) die Kämpfe mit den Taliban zu größeren militärischen Auseinandersetzungen.

31.7.2006: Die NATO übernimmt von den Vereinigten Staaten die militärische Verantwortung für Südafghanistan.

6.10.2006: Das UN-Flüchtlingshilfswerk UNHCR meldet, wegen der Kämpfe im Süden des Landes hätten bis zu 90 000 Menschen die Flucht ergriffen.

4.1.2007: Pakistanisch-afghanische Gespräche in Kabul. Pakistan kündigt an, einen Grenzzaun zu errichten, um die Bewegungsfreiheit von Terroristen einzuschränken.

7.10.2006: Ermordung zweier deutscher Journalisten in Nordafghanistan; die Tat hatte offenbar kriminelle Hintergründe.

7.3.2007: Die NATO gibt den Beginn der »Operation Achilles« mit Schwerpunkt auf der Provinz Helmand bekannt. Beteiligt sind mehr als 4000 NATO-Soldaten und 1000 afghanische Sicherheitskräfte.

9.3.2007: Der Deutsche Bundestag stimmt dem Einsatz von sechs Tornados und 500 zusätzlichen Soldaten in Afghanistan zu.

15.4.2007: Erste Aufklärungsflüge deutscher Tornados von Masar-e Scharif aus.

16.4.2007: Neun afghanische Polizisten sterben bei einem Selbstmordanschlag in Kundus.

8.3.2007: Ermordung eines deutschen Entwicklungshelfers in Sar-i Pul.

	International gesicherter Wiederaufbau
Überregionale politische Entwicklung	
Politische Ereignisse in Afghanistan	**17.6.2007:** Start der EU-Polizeimission EUPOL **2007:** »Peace Jirga« mit Stammesautoritäten aus Afghanistan und Pakistan (August)
Militärische, kulturelle, religiöse, ethnische Ereignisse	

12.10.2007: Der Deutsche Bundestag stimmt der Verlängerung des Einsatzes deutscher Soldaten in Afghanistan um weitere zwölf Monate zu.

28.11.2007: Der pakistanische Präsident Pervez Musharraf tritt als Armeechef zurück.

27.12.2007: Die pakistanische Ex-Ministerpräsidentin Benazir Bhutto fällt einem Attentat zum Opfer.

17.2.2008: 80 Tote durch Anschlag während eines Hundekampfes in Kandahar

18.8.2008: In Pakistan kündigt Präsident Musharraf seinen Rücktritt an, ihm folgt am 9.9. Asif Ali Zardari nach. Zehn französische Marineinfanteristen sterben durch einen Hinterhalt 50 Kilometer östlich von Kabul.

7.7.2008: 44 Menschen sterben bei einem Anschlag auf die indische Botschaft in Kabul.

1.7.2008: Die Bundeswehr übernimmt die Verantwortung für die Quick Reaction Force (QRF) des RC North von Norwegen.

2008: Die afghanischen Behörden verbieten Marc Forsters Film »Drachenläufer« nach dem Roman von Khaled Hosseini, da er »fragwürdige« und »inakzeptable« Szenen enthalte.

4.9.2007: Das Bundeskabinett verabschiedet das neue Afghanistan-Konzept der Bundesregierung, das neben der Schaffung militärischer Sicherheit vor allem den zivilen Wiederaufbau sowie Ausbildungshilfe für die afghanischen Sicherheitskräfte in den Vordergrund stellt.

19.5.2007: Bei einem Selbstmordanschlag im Stadtzentrum von Kundus werden drei Bundeswehrsoldaten getötet und fünf weitere sowie ein afghanischer Sprachmittler zum Teil schwer verletzt.

12.6.2008: Auf der Pariser Afghanistan-Konferenz kündigt Bundesaußenminister Frank-Walter Steinmeier eine deutlich erhöhte deutsche zivile Aufbauhilfe von jährlich 140 Millionen Euro bis zum Jahr 2010 an. Das zivile Gesamtengagement Deutschlands beträgt damit bis zum Jahr 2010 mehr als eine Milliarde Euro.

2.3.2008: Während einer Stammesversammlung in der pakistanischen Nordwestprovinz tötet ein Selbstmordattentäter mehr als 40 Personen.
27.4.2008: Spektakulärer Anschlag während einer Militärparade in Kabul, unter den drei Toten ist der Parlamentsabgeordnete Nasir Ahmad Latifi.

20.9.2008: Bei einem Bombenanschlag auf das Marriott-Hotel in Islamabad sterben mehr als 50 Menschen, fast 300 werden verletzt.
16.10.2008: Der Bundestag verlängert das ISAF-Mandat um 14 Monate und erhöht die Obergrenze um 1000 auf 4500.

24.–27.9.2008: Treffen einer Kabuler Regierungsdelegation mit Vertretern der Taliban in Mekka

26.8.2008: Die UN bestätigen den Tod von 90 Zivilisten bei einem US- Luftangriff in der westafghanischen Provinz Herat.

27.8.2008: Bei einem Anschlag auf eine deutsche ISAF-Patrouille unweit des PRT Kundus stirbt ein deutscher Soldat. Drei weitere werden verletzt. Einen Tag später kommen eine Frau und zwei Kinder an einem ISAF-Checkpoint ums Leben.

Erinnerungstage – Festtage – Feiertage

Bei schwarzen und roten Einträgen handelt es sich um Feier- bzw. Gedenktage nach dem Sonnenkalender (365 Tage); grüne Einträge bezeichnen Feiertage nach dem islamischen Mondkalender (354 Tage). Die angegebenen Daten gelten für 2009.

Das islamische Mondjahr besteht aus zwölf Monaten á 29 Tagen, die jeweils zum Neumond beginnen. Somit ist das islamische Mondjahr mit 354 Tagen kürzer als unser Sonnenjahr, und die islamischen Feste »wandern« im Laufe von 33 Sonnenjahren einmal durch alle Jahreszeiten.

Die genaue Festlegung der Kalenderdaten der islamischen Feiertage richtet sich nach der tatsächlichen örtlichen Mondbeobachtung. Erst wenn die islamischen Geistlichen beispielsweise den Neumond gesichtet haben, beginnt der Feiertag Id al-Fitr. Es ergeben sich aufgrund der geografischen Lage bzw. unterschiedlicher Zeitzonen zwischen den einzelnen islamischen Ländern Verschiebungen um einen oder mehrere Tage. Da der islamische Tag mit dem Sonnenuntergang beginnt, finden die eigentlichen Feiern oft am Vorabend des angegebenen Datums statt.

Datum	Bezeichnung	Bezug
6.1.	Niederlage der Briten bei Kabul	Vernichtung der britisch-indischen Armee bei Chord Kabul 1842
7.1.	Aschura	Gedenk- bzw. Trauertag der Schiiten anlässlich des Martyriums Husseins
15.2.	Tag der Befreiung	Sowjetischer Abzug 1989
9.3.	Mawlid al-Nabi	Geburtstag des Propheten
21.3.	Naurus (Tulpenfest)	Neujahr nach dem persischen Kalender
1.5.	Maifeiertag	Internationaler Tag der Arbeit
26.5.	Vertrag von Gandomak	Afghanistan wird 1879 zum halbautonomen britischen Protektorat
27.5.	Unabhängigkeitstag	Sieg General Nadir Schahs (des späteren Königs) gegen die Engländer 1919
17.7.	Republiktag	Gründung der Republik unter Mohammed Da'ud 1973
27.7.	Schlacht bei Maiwand	Niederlage der britischen Armee in offener Feldschlacht 1880

Kalender

19.8.	Unabhängigkeitstag	Unabhängigkeit 1919, Nationalfeiertag
21.8.	Erster Tag des Ramadan	Beginn des Fastenmonats
9.9.	1. Tag der Nationalversammlung 2. Attentat von Chodscha Bahauddin	1. begangen unter der Regierung Da'ud in den 1970er-Jahren 2. Todestag von Achmad Schah Massud
21.9.	Id al-Fitr (Fastenbrechenfest)	Dreitägiges Fest beginnend am letzten Abend des Ramadan
12.11.	Durand-Linie	Durand-Vertrag legt 1893 die Grenzziehung zwischen Afghanistan und Britisch-Indien fest und teilt das paschtunische Siedlungsgebiet
27.11.	Afghanistan-Konferenz auf dem Petersberg	Beginn der wichtigsten internationalen Beratung 2001 bei Bonn
18.12.	El am Hejir	Neujahr nach dem islamischen Mondkalender (1431 n.H.)
19.12.	Konstituierung des Parlaments	erste Zusammenkunft nach den Wahlen 2005
22.12.	Ende der Taliban-Herrschaft	Einsetzung der Übergangsregierung Karsai 2001
25.12.	Beginn der sowjetischen Besatzung	Einmarsch 1979
27.12.	Aschura	Gedenk- bzw. Trauertag der Schiiten anlässlich des Martyriums Husseins
27./28.12.	Id al-Adha (Opferfest)	Gedenken an das biblische Opfer Abrahams

Anhang

Erinnerungsorte
(siehe hierzu die Klappkarte am Ende des Buches)

1. Pol-e Chomri ....
Die Lage an einer wichtigen Verkehrsader bedingte die historische Bedeutung des in der Provinz Baghlan gelegenen Pol-e Chomris als Handelszentrum. Nahe der Stadt befindet sich in Such Kotal eine Tempelanlage mit fünf Altären aus dem 2. Jh. vor unserer Zeitrechnung. Im September 1998 besetzten die Taliban die Region, in der im Tal Dara-ye Kayan nahe Pol-e Chomri auch das geistliche Zentrum der Ismailiten lag. Bei den Ismailiten handelt es sich um einen Zweig der Schiiten (Siebenerschiiten, vgl. den Beitrag von Lutz Rzehak zum Islam).

2. Balch ....
Die Provinz Balch (Baktrien) hieß bis 1964 »Masar-e Scharif« und erhielt dann ihren heutigen Namen. Baktrien war eine östliche Provinz des Persischen Reiches und prosperierte als Verkehrsknotenpunkt für den Metall- und Warenhandel von Sibirien und Indien. Die heute kaum erwähnenswerte Stadt Balch kann auf eine erhebliche Bedeutung in der Vergangenheit zurückblicken. Im 6. Jh. v. Chr. wirkte hier Zarathustra (Zoroaster), dessen monotheistische Lehre bis zur Ausbreitung des Islams im 7. Jh. n. Chr. die Staatsreligion im persischen Weltreich war und auf dem Gebiet des heutigen Afghanistan Verbreitung fand. Alexander der Große machte Balch im 4. Jh. v. Chr. zu einem seiner wichtigsten Stützpunkte. Zur Zeit des Kuschan-Reiches war Balch reich an buddhistischen Tempeln und die Heimat bedeutender Dichter. Die Araber nannten es »Mutter der Städte«. Im 9. Jh. n. Chr. befanden sich in Balch etwa 40 Moscheen. Von ihnen ist die »Grüne Moschee« zum Teil erhalten und das älteste bislang in Afghanistan bekannte islamische Bauwerk. Vom einstigen Reichtum der Stadt zeugen heute noch antike Reste der Stadtbefestigung sowie zahlreiche religiöse Stätten. Dschingis Khan zerstörte Balch 1220 fast vollständig. Die Stadt lag in Trümmern, bis die Timuriden sie im frühen 16. Jh. wieder als Handelsplatz aufbauten. Verbunden mit der Provinz ist der Name Emir Abdurrachmans (Regierungszeit 1880–1901), der als Kommandeur der Streitkräfte von Balch zunächst die usbekischen Stammesoberhäupter von Kataghan und Badachschan unterwarf und sie zur Reunion mit Kabul zwang. Um sein Herrschaftsgebiet auszuweiten, unterwarf der Emir die Hasara und Nuristani.

3. Masar-e Scharif ....
Die Hauptstadt der Provinz Balch ist bekannt als Handelsplatz insbesondere für Teppiche und Textilien. Hier befindet sich der Schrein Ali ibn Abi Talibs, des vierten Kalifen. Ali, ermordet 661, war ein Vetter des Propheten und heiratete dessen Tochter Fatima. Der Überlieferung nach brachten seine Anhänger die sterblichen Überreste von Kufa bei Bagdad nach Masar. Beim heutigen Schrein handelt es sich um ein Bauwerk aus dem 15. Jh. Auch andere wichtige geistliche und weltliche Führer haben ihre letzte Ruhestätte in der Stadt gefunden, darunter Mohammed Akbar Khan, der eine wichtige Rolle im Ersten Anglo-Afghanischen Krieg spielte. Masar-e Scharif ist der wichtigste Wallfahrtsort der Schiiten. Jährlich am 21. März (persischer Kalender) beginnt dort das Neujahrsfest (Naurus), das 40 Tage andauert und viele Pilger aus dem In- und Ausland anzieht. Masar-e Scharif war eines der Zentren der innerafghanischen Kämpfe seit Abzug der Sowjets. Der usbekische General Raschid Dostum beherrschte Masar-e Scharif ab 1992 als einer der zent-

ralen Führer der Nordallianz, bevor er nach 2001 zum Akteur beim dortigen Wiederaufbau wurde. Sein Rivale und Stellvertreter Abdul Ali Malik Pachlawan lieferte die Stadt den Taliban-Milizen aus, um dann erneut die Seiten zu wechseln und 1997 gefangene Taliban massakrieren zu lassen. Im August fiel Masar endgültig an die Taliban. Die schiitische Bevölkerung hatte schlimmste Übergriffe von allen Konfliktparteien zu erdulden.

4. Bamian ....

Die Stadt und Region im Hasaradschat (Zentralafghanistan) hat seit 1964 den Status einer Provinz. Bamian war zwischen 50–220 n. Chr. ein Zentrum des Kuschan-Reiches, Handels- und Religionszentrum an der Seidenstraße und später buddhistischer Wallfahrtsort. Im 6. Jh. entstanden hier zwei 35 und 53 Meter hohe Buddha-Statuen aus Sandstein (vgl. den Infokasten auf S. 87). Während der Herrschaft der Weißen Hunnen (Hephthaliten) bis 550 wurde Bamian zur wichtigen Pilgerstätte. Im 5. und 6. Jh. gruben Mönche Wohngrotten in den Fels, die heute noch zu besichtigen sind. Die Grundlage für die Übernahme des Islams schufen die Ghasnawiden erst im späten 10. Jh. Im 12. Jh. machten die Ghoriden Bamian zu ihrer Hauptstadt, bevor Dschingis Khan 1221 das Bamian-Tal einnahm und verwüstete. Die Dominanz der Hasara, der Übertritt zum schiitischen Islam und die geografische Isolation brachten eine gewisse Abschottung des Hasaradschats mit sich. Emir Abdurrachman eroberte es 1893 und gliederte es seinem Herrschaftsgebiet ein. Bamian war und blieb im 20. Jh. eine arme und strukturschwache Region, die allerdings bis in die kommunistische Zeit eine erhebliche Anziehungskraft auf Touristen ausübte (vgl. den Infokasten auf S. 43 f.). Die Taliban besetzten Bamian am 13. September 1998 und lagerten in den alten Klostergrotten Munition und Sprengstoff ein. Im Verlauf der folgenden Kämpfe verübten sie ebenso wie ihre Gegner Massaker an der Hasara-Bevölkerung. Im März 2001 wurden die berühmten Buddha-Statuen gesprengt, als formales Argument diente ein religiös begründetes Bilderverbot. Die Zerstörung dieser Statuen stand jedoch auch in Zusammenhang mit UN-Sanktionen gegen die Taliban-Regierung.

5. Ghasni ....

Das im Süden Kabuls gelegene Ghasni ist Zentrum der seit 1958 eigenständigen, gleichnamigen Provinz. Ghasni erreichte seine erste Blüte bereits im 10. Jh., als die Ghasnawiden hier die Hauptstadt ihres Reiches errichteten. Ghasni war zu dieser Zeit eine der prunkvollsten Städte des gesamten Orients. An die einstige Größe der Stadt erinnert heute nicht viel mehr als die Grabstätte Machmuds von Ghasni, der seit seinem Regierungsantritt im Jahr 998 Gelehrte und Künstler aus allen Ländern Asiens nach Afghanistan holte und Ghasni zu einer Konkurrentin Bagdads aufsteigen ließ. Das Ghasnawiden-Reich umfasste zum Zeitpunkt seiner größten Ausdehnung große Teile des Irans, Kaschmirs und des Pandschabs.

6. Girischk..

Die kleine Oasenstadt Girischk liegt am rechten Flussufer des Helmand in der gleichnamigen Provinz an der Straße zwischen Herat und Kandahar. Die dortigen Flussübergänge machten den Ort zur bedeutenden Verkehrskreuzung in Richtung Sistan und stromaufwärts nach Ghur und in das Hasaradschat sowie an der Route Chorassan (Herat) über Kandahar nach Indien. Im 19. Jh. entstand auf dem Gebiet der heutigen Stadt eine eindrucksvolle Festung, deren Besatzung die Furten kontrollierte. Diese Aufgabe lag damals bei den Mohammadsai, einem

Anhang

Clan der Durrani-Paschtunen. In der Festung residierte der Gouverneur des Bezirks Puscht-e Rud. Die Briten besetzten das Werk im Verlauf des Ersten Anglo-Afghanischen Krieges und belegten es mit einer kleinen Garnison von Soldaten aus Britisch-Indien, die angeblich neun Monate lang dem Angriff afghanischer Stammeskrieger trotzten. Im Zweiten Anglo-Afghanischen Krieg bildete die Festung einen Ausgangspunkt der Schlacht bei Maiwand, in der britische Truppen 1880 eine Niederlage gegen paschtunische Stammeskrieger erlitten, die gegen den von den Engländern eingesetzten Emir Abdurrachman rebellierten: Britische Truppen versuchten von Kandahar aus das von Einheiten Abdurrachmans verteidigte Girischk zu entsetzen, das der Gouverneur von Herat, Sirdar Ayub Khan, belagerte. Am 11. Juli meuterte die Besatzung von Girischk und lief zu den Aufständischen über. Der Führer der britischen Truppen, Brigadier George Burrows, entschloss sich in der Folge, Ayub Khan bei Maiwand den Weg abzuschneiden und wurde dort am 27. Juli vernichtend geschlagen. Die Reste von Burrows Truppen schlugen sich nach Kandahar durch, wo sie schließlich von Soldaten der Kabuler Garnison entsetzt wurden. Heute hat Girischk keine überregionale Bedeutung mehr.

7. Bust

Die Stadt Bust liegt im fruchtbaren Tal zwischen den Flüssen Arghandab und Helmand. Die Araber eroberten Bust, die Region wurde als eine der ersten auf dem Gebiet des heutigen Afghanistan islamisiert. Im 9. Jh. war Bust nach Ghasni die zweitgrößte Stadt im Südwesten und erreichte ihre Blüte während des Ghasnawiden-Reichs (977–1186). Sultan Massud errichtete hier einen großen Palast und machte Bust zum Winterquartier für seine Armee. Als zweiter Regierungssitz entwickelte sich Bust zu einem Zentrum für Kunst und Dichtung.

8. Herat

Die Stadt war lange Zeit ein kulturelles Zentrum der Persisch sprechenden Welt und des Islams und bis zum Ende des Safawiden-Reiches die wichtigste Metropole im Osten Persiens. Hiervon zeugen unter anderem die Reste einer von Alexander dem Großen begonnenen Zitadelle (vgl. das Foto auf S. 25) sowie eine Vielzahl religiöser Bauwerke und Andachtsstätten (Freitagsmoschee). Die Stadt wurde durch die Mongolen und 1381 durch Timur Leng weitgehend zerstört, entwickelte sich aber unter den Timuriden erneut zu alter Blüte und zu einem kulturellen Zentrum. Nach zahlreichen blutigen Kämpfen im Verlauf des »Great Game« (vgl. den Infokasten auf S. 30) fiel Herat 1880 endgültig an Afghanistan. Die Stadt beherbergte bereits vor der sowjetischen Invasion eine große Zahl sowjetischer Militärberater und ihre Familien. Ismail Khan führte zwischen dem 10. und 20. März 1979 einen Aufstand gegen die Zentralregierung an, zu dessen Opfern neben vielen afghanischen Zivilisten auch eine erhebliche Anzahl sowjetischer Staatsbürger gehörte. Der Aufstand von Herat dürfte die sowjetische Entscheidung für den Einmarsch nach Afghanistan erheblich beeinflusst haben. Nach dem sowjetischen Abzug beherrschten die Mudschaheddin Ismail Khans die Stadt, 1995 eroberten sie die Taliban. Am 12. November 2001 marschierten Truppen der Nordallianz in Herat ein und brachten Ismail Khan erneut an die Macht.

9. Kabul

Iranische Stämme gründeten die Stadt Kabura bereits vor 2500 Jahren. Die Ansiedlung entwickelte sich rasch zu einem wichtigen Handelsknotenpunkt. Im Kuschan-

Erinnerungsorte

Reich war Kabul ein Zentrum der iranisch-buddhistischen Kultur, später wieder Teil des Perserreiches, wurde im 7. Jh. arabisch und zu Beginn des 16. Jh. Hauptstadt des Mogulnreiches. 1738 nahm Nadir Schah von Persien Kabul ein, Timur Schah, der zweite Sohn Achmad Schah Durranis, machte sie 1776 anstelle von Kandahar zur Hauptstadt Afghanistans. Im Ersten Anglo-Afghanischen Krieg besetzten 1839 britische Truppen die Stadt und brannten sie 1842 teilweise nieder. 1879 verübte britisches Militär ein Massaker in Kabul. Die Hauptstadt wurde nach dem Abzug der sowjetischen Besatzungstruppen neuerlich zum Kriegsschauplatz. Zwischen 1992 und 1994 verloren in ihren Straßen wahrscheinlich bis zu 50 000 Menschen ihr Leben, bevor 1996 die Taliban Kabul besetzten. Seit dem Einmarsch der Nordallianz am 12. November 2001 ist Kabul Hauptstadt der Islamischen Republik Afghanistan. Die Kriegszerstörungen betreffen bis heute vor allem die südlichen und westlichen Stadtteile. Eine Vielzahl historischer Bauwerke, Museumsexponate und fast die gesamte Infrastruktur fielen den Kämpfen und dem fundamentalistischen Regime der Taliban zum Opfer. Erhalten geblieben sind Reste des Darulaman-Palastes (vgl. das Foto auf S. 178), das von Mudschaheddin und Taliban weitgehend seiner Exponate beraubte Nationalmuseum, Grabmäler wie die von Großmogul Sahiruddin Mohammed Babur, Timur Schah (Sohn von Achmad Schah Durrani) und Emir Abdurrachman, Gotteshäuser wie die Sachi-Sahib-Moschee (vgl. das Foto auf S. 120) sowie Festungsbauwerke wie Teile der alten Stadtmauer, die Festung Bala Hissar, die Zitadelle Arg oder das Fort Kolola Puschta, dessen Einnahme durch die Rebellen Habibullahs II. 1928 zum Sturz Amanullahs führte.

10. Kandahar..
Die vielen Namen der Stadt Kandahar (Mundigak, Quandhar, Alexandria, Nadirabad) kennzeichnen ihre Bedeutung seit der Bronzezeit. Kandahar war die erste Hauptstadt Afghanistans nach 1747 und liegt an der wichtigen Verkehrsverbindung zwischen Kabul und Herat. Alexander der Große errichtete hier eine Garnison. Im 13. Jh. wurde die Stadt von Dschingis Khan, 1383 noch einmal von Timur Leng zerstört. Der Überlieferung nach soll 1414 in Kandahar die erste Große Ratsversammlung (Loya Dschirga) stattgefunden haben, zu der die Stämme der Paschtunen zusammenkamen. Bis ins 17. Jh. blieb Kandahar die Schnittstelle zwischen den persischen (schiitischen) Safawiden im Westen und den indischen Moguln im Osten, bevor paschtunische Stämme laut afghanischer Geschichtsüberlieferung Achmad Schah Durrani, dessen Grabmal sich in Kandahar befindet, zum König Afghanistans (zunächst unter der Bezeichnung »Großchorassan«) wählten. Im Ersten und Zweiten Anglo-Afghanischen Krieg standen britische Truppen in der Stadt, und auch die sowjetischen Streitkräfte nutzten Kandahar als Militärbasis. Dessen südlicher Teil wurde 1987 durch Luftangriffe weitgehend zerstört. Im Raum von Kandahar bis zur pakistanischen Grenze war in kommunistischer Zeit die Achaksai-Miliz aktiv, die ihre Verbindungen zum pakistanischen Geheimdienst auch für lukrativen Schmuggel nutzte, später aber von diesem zerschlagen wurde. Vom Februar 1990 an beherrschten die Mudschaheddin die Stadt, bis Ende 1994 die Taliban Kandahar zu ihrem Hauptquartier machten. Mit dem Schrein Cherka Scharif beherbergt Kandahar bis heute eine der heiligsten Reliquien des Islams in Afghanistan. Der Schrein birgt gemäß der Überlieferung den Mantel des Propheten Mohammed, den Achmad Schah Durrani nach Kandahar brachte. In eben diesen Mantel gekleidet ließ sich im April 1996 der Anführer der Taliban, Mullah Omar, in Kandahar zum »Amir al-Muminin« (»Führer der Gläubigen«) ausrufen und stellte sich damit an die Spitze Afghanistans. Luftangriffe der Vereinigten Staaten leiteten

den Fall Kandahars am 7. Dezember 2001 ein, doch blieben Stadt und Region eine Hochburg gegen die Regierung Hamid Karsais.

11. Kundus

In Kundus, im Zentrum der vier nordöstlichen Provinzen Kundus, Badachschan, Baghlan und Tachar gelegen, leben Tadschiken und Usbeken. Die Stadt – bis ins 20. Jh. bekannt für moskitoverseuchte Sümpfe – erreichte wie die gesamte Provinz durch die heute wieder bestehende »Spinzar Cotton Company« (Spinzar ist die Bezeichnung für »Weißes Gold«, Baumwolle, auf Paschto) erheblichen Wohlstand. Kundus erlebte vor dem Zweiten Weltkrieg als eine der wenigen Städte die Anfänge einer Industrialisierung. Aus der Provinz stammt der 1947 geborene Ghilsai-Paschtune Gulbuddin Hekmatyar, Gründer der Hisb-e Islami Gulbuddin. Hekmatyar war in den neunziger Jahren zweimal afghanischer Premierminister. Im Bürgerkrieg war die Provinz Kampfgebiet. 2001 wurde die Stadt Kundus Schauplatz eines Massakers an gefangenen Kämpfern der Taliban durch usbekische Verbände der Nordallianz.

12. Dschalalabad

Dschalalabad ist durch seine Nähe zum Khaiber-Pass ein strategisch wichtiger Ort, da von hier aus der Zugang zu den Konar- und Laghman-Tälern überwacht werden kann. Der Großmogul Akbar erbaute das heutige Dschalalabad 1570. In der Folge war die mit warmem Klima und fruchtbarem Umland ausgestattete Stadt Garnison und Erholungsort. Im Ersten Anglo-Afghanischen Krieg hielten britische Truppen die dortige Festung über längere Zeit gegen paschtunische Krieger. Die im Januar 1842 von den Paschtunen bei Chord Kabul vernichtete britische Marschkolonne befand sich auf dem Weg nach Dschalalabad. Im Bürgerkrieg wurde die Stadt weitgehend zerstört. Gegen Ende der sowjetischen Besatzung scheiterte ein groß angelegter Angriff der Mudschaheddin auf Dschalalabad. Im September 1996 brachten die Taliban die gesamte Provinz Nangarhar unter ihre Kontrolle.

13. Faisabad

Badachschan mit seinem Zentrum Faisabad gehörte in der Antike zum Königreich Baktrien, stand im 15. Jh. unter der Herrschaft der Timuriden, und wurde später zum unabhängigen usbekischen Fürstentum. Am Fluss Koktscha in 1200 Meter Höhe gelegen, bezog Faisabad seinen Wohlstand aus der Herstellung bzw. dem Abbau von Salz, Eisen, Schwefel sowie Edelsteinen wie Lapislazuli. Während der Herrschaft Achmad Schah Durranis (1747–1773) besetzten dessen Truppen die Stadt, Teile der Bevölkerung wurden umgesiedelt. 1821 zerstörte Morad Beg, Herrscher im benachbarten Kundus, Faisabad, bevor die Provinz Badachschan 1859 gegenüber Kabul tributpflichtig und 1881 dem afghanischen Reich eingegliedert wurde. Faisabad erlangte in dieser Zeit seine alte Bedeutung teilweise wieder. Einem Erdbeben fielen 1955 große Teile der Stadt zum Opfer. Die Rote Armee nahm Faisabad 1979 ein und unterhielt hier ab 1980 eine Garnison. Zwischen 1996 und 2001 beherbergte Faisabad die Regierung von Burhanuddin Rabbani. Mehrere Versuche der Taliban, Badachschan und Faisabad unter ihre Kontrolle zu bringen, konnte die Nordallianz vereiteln. Heute hat Faisabad, überwiegend von Tadschiken und Usbeken bewohnt und ausgestattet mit einem internationalen Flughafen, Bedeutung als regionales Marktzentrum. Eine Fernstraße verbindet die Stadt mit Kundus im Westen und führt nach Osten in Richtung der chinesischen Grenze. Zu den historischen Sehenswürdigkeiten zählen Reste von Befestigungsanlagen sowie einige Moscheen.

Literatur, Film und neue Medien

Soweit vorhanden, sind bei Buchtiteln die deutschen Übersetzungen aufgeführt. Die genannten Werke sind zum Teil im Buchhandel vergriffen. Bitte wenden Sie sich in diesem Fall an Bibliotheken oder suchen Sie nach antiquarischen Ausgaben (www.zvab.com).

Wissenschaftliche Literatur

Afghanistan – A Country Without a State? Hrsg. von Christine Nölle-Karimi, Conrad Schetter und Reinhard Schlagintweit, Frankfurt a.M. [u.a.] 2002 [Artikelsammlung von über 20 internationalen Afghanistan-Experten]

Afghanistan in Geschichte und Gegenwart. Hrsg. von Conrad Schetter und Almut Wieland-Karimi, Frankfurt 1999 [viele Einzelbeiträge, die Hintergründe und Ursachen des Bürgerkrieges untersuchen]

Afghanistan. Ländermonographie. Hrsg. von Paul Bucherer-Dietschi und Christoph Jentsch, Liestal 1986 [allgemeine Informationen]

Afghanistan Research and Evaluation Unit (AREU). The A to Z Guide to Afghanistan Assistance, 2. Aufl., Kabul 2003 [gute Einführung in die Welt der Internationalen Gemeinschaft]

Dorronsoro, Gilles, Revolution Unending. Afghanistan: 1979 to the Present, London [u.a.] 2005 [kritische Betrachtung der Ereignisse in Afghanistan]

Dupree, Louis, Afghanistan, Princeton 1973 [Klassiker, gut lesbar, englisch]

Elger, Ralf, Kleines Islam-Lexikon. Geschichte – Alltag – Kultur, Bonn 2003

Elphinstone, Mountstuart, An Account of the Kingdom of Caubul and Its Dependencies in Persia and India – Comprising a View of the Afghan Nation and a History of the Douraunee Monarchie, London 1815, Nachdruck Graz 1969 [englischsprachiger Klassiker vom Beginn des 19. Jh., bis heute überaus lesenswert]

Die ethnischen Gruppen Afghanistans – Fallstudien zu Gruppenidentität und Intergruppenbeziehungen. Hrsg. von Erwin Orywal, Wiesbaden 1986

Fundamentalism Reborn? Afghanistan and the Taliban. Hrsg. von William Maley, New York 2001 [analysiert die Wurzeln der Taliban]

Gerber, Gerlinde, Die neue Verfassung Afghanistans. Verfassungstradition und politischer Prozess, Berlin 2007 [Spezialstudie über die Entwicklung seit Mitte des 18. Jh.]

Giustozzi, Antonio, Koran, Kalashnikov, and Laptop: The Neo-Taliban Insurgency in Afghanistan, London 2007

Glassner, Rainer, Frieden in Afghanistan durch Regionale Wiederaufbauteams? – Erfahrungen aus zwei Jahren unterschiedlicher Konzepte der zivil-militärischen Zusammenarbeit. In: Südasien, 25 (2005), 1, S. 48–53 [Überblick über unterschiedliche Philosophien beim Aufbau der PRTs]

Goodson, Larry, Afghanistan´s Endless War – State Failure, Regional Politics, and the Rise of the Taliban, Seattle 2001 [Überblick über den Krieg in Afghanistan]

Griffin, Michael, Reaping the Whirlwind. Afghanistan, Al-Qa'ida, and the Holy War, Sterling 2003 [gut lesbar]

Grötzbach, Erwin, Afghanistan. Eine geographische Landeskunde, Darmstadt 1990 [sehr guter Überblick]

Hahn, Helmut, Die Stadt Kabul (Afghanistan) und ihr Umland, 2 Tle., Bonn 1964/65 (= Bonner Geographische Abhandlungen 34 f.) [nur noch antiquarisch zu beziehen, kurze und übersichtliche Darstellung über Vorkriegskabul]

Hammoudi, Abdellah, Saison in Mekka. Geschichte einer Pilgerfahrt, München 2007 [beschreibt ein zentrales Ereignis im Leben gläubiger Muslime und führt so in Geschichte und Kultur des Islam ein]

Huber, Judith, Risse im Patriarchat – Frauen in Afghanistan, Zürich 2003 [über das Leben der Frauen nach den Taliban]

Kessel, Joseph, The Horsemen, New York 1968 [schildert die Mentalität afghanischer Stämme, erschien ursprünglich auf Französisch]

Klimburg, Max, Afghanistan. Das Land im historischen Spannungsfeld Mittelasiens, München 1966 [Standardwerk]

Maley, William, Rescuing Afghanistan, London 2006 [überzeugende Analyse der Ereignisse nach 2001 im Überblick]

Merey, Can, Die afghanische Misere: warum der Westen am Hindukusch zu scheitern droht, Weinheim 2008 [aktuelle Analyse eines dpa-Korrespondenten]

Moltmann, Gerhard, Die Verfassungsentwicklung Afghanistans von 1901 bis 1986. In: Jahrbuch des öffentlichen Rechts der Gegenwart, N.F. 35, Tübingen 1986, S. 509–574 [gut lesbarer Überblick bis in die sowjetische Zeit, Dokumentenanhang]

Nation-Building, Unraveled? Aid, Peace and Justice in Afghanistan. Hrsg. von Antonio Donini, Norah Niland und Karin Wermester, Bloomfield, IN 2004 [Überblick über den politischen Wiederaufbau, überwiegend UN-Autoren]

Pakistan. Nationalism without a Nation? Ed. by Christophe Jaffrelot, New Delhi 2001 [enthält u.a. einen Beitrag von Gilles Dorronsoro zum Verhältnis zwischen der pakistanischen Regierung und den Taliban]

Rashid, Ahmed, Descent Into Chaos: How the War Against Islamic Extremism Is Being Lost in Pakistan, Afghanistan and Central Asia, London 2008 [Regionale Analyse]

Rashid, Ahmed, Taliban: Afghanistans Gotteskrieger und der Dschihad, München 2002 [Übersetzung des englischsprachigen Standardwerkes über die Taliban]

Rubin, Barnett R., Humayun Hamidzada und Abby Stoddard Rubin, Afghanistan 2005 and Beyond: Prospects for Improved Stability, Den Haag 2005 [konzise aktuelle Analyse]

Schetter, Conrad, Afghanistan zwischen Chaos und Machtpolitik. In: Politik und Gesellschaft, 1998, 2, S. 173–190

Schetter, Conrad, Ethnizität und ethnische Konflikte in Afghanistan, Bonn 2003 [umfassende wissenschaftliche Abhandlung zu Ethnizität in Afghanistan]

Schetter, Conrad, Kleine Geschichte Afghanistans, München 2004 [knappe, leicht zugängliche historische Darstellung]

Seidt, Hans-Ulrich, Berlin, Kabul, Moskau. Oskar Ritter von Niedermayer und Deutschlands Geopolitik, München 2002

Steul, Willi, Paschtunwali – Ein Ehrenkodex und seine rechtliche Relevanz. Wiesbaden 1981 [Standardwerk]

The Taliban and the Crisis of Afghanistan. Ed. by Robert D. Crews and Amin Tarzi, Cambridge, MA 2008

Unterwegs in die Zukunft, Afghanistan – drei Jahre nach dem Aufbruch vom Petersberg. Grundlagen und Perspektiven deutsch-afghanischer Sicherheitskooperation. Hrsg. von Claudia Gomm-Ernsting und Annett Günther, Berlin 2005 [Überblick über deutsche Ansätze in der Afghanistan-Politik]

Literatur, Film und neue Medien

Belletristik, Reisebeschreibungen,
Erinnerungsliteratur, Bildbände, Lyrik ....

Barschow, Boris, Kabul, ich komme wieder, Lüneburg 2007 [eindringliche Schilderung der Einsatzrealität von ISAF. Barschow, ZDF-Redakteur und Reporter, war 2007 als Chefredakteur verantwortlich für die Herausgabe der NATO-Zeitung Sada-e-Azadi, Stimme der Freiheit, die alle zwei Wochen in einer Auflage von 390 000 erscheint]

Byron, Robert, Der Weg nach Oxiana, Frankfurt a.M. 2004 [Reisebeschreibung von 1933, durch den Mittleren Osten bis in den Norden Afghanistans]

Carew, Tom, In den Schluchten der Taliban – Erfahrungen eines britischen Elitesoldaten in geheimer Mission, Bern [u.a.] 2001 [unterhaltsamer Roman]

Clancy, Tom, Der Kardinal im Kreml, München 1999 [kurzweiliger Spionage-Thriller, spielt während des Kalten Krieges, einer der Schauplätze im Geheimdienstkampf um das Raketenabwehrprogramm SDI ist Afghanistan]

Conte, Carl, Treffpunkt Kabul. Reisen durch das neue Afghanistan, Norderstedt 2006 [erzählt die Suche eines Vaters nach seinem Sohn, den Rahmen bilden das heutige Afghanistan und die ISAF-Mission]

Deutsche in Afghanistan – Die Abenteuer des Oskar von Niedermayer am Hindukusch. Hrsg. von Matthias Friese und Stefan Geilen, Köln 2002 [Reprint eines Reiseberichts von 1915, ergänzt um aktuelle Informationen]

Doubleday, Veronica, Die Kluge, die Bedrückte, die Unabhängige. Drei Frauen in Afghanistan, Reinbek bei Hamburg 1989 [eindringliche Berichte über das Leben von drei Frauen in Herat vor der sowjetischen Intervention]

Ellis, Deborah, Die Sonne im Gesicht, München 2003 [gut recherchierter Roman über das Schicksal eines afghanischen Mädchens]

Erös, Reinhard, Tee mit dem Teufel. Als deutscher Militärarzt in Afghanistan, Hamburg 2004 [Geschichte eines Bundeswehrarztes, der vor 15 Jahren nach Afghanistan ging, um Kriegsopfern zu helfen]

Erös, Reinhard, Unter Taliban, Warlords und Drogenbaronen. Eine deutsche Familie kämpft für Afghanistan, Hamburg 2008 [Einblick des früheren Sanitätsoffiziers der Bundeswehr in die Praxis der Aufbauarbeit]

Fesperman, Dan, The Warlord's Son, New York 2004 [Thriller, spielt im afghanisch-pakistanischen Grenzgebiet während des Sturzes der Taliban]

Firdausi, Abu, Die schönsten Sagen aus Firdausis Königsbuch. Hrsg. von Werner Heiduczek, Berlin 1989

Forsyth, Frederick, Der Afghane, München 2006 [Thriller um die Vereitelung eines Terroranschlags durch islamische Fundamentalisten. Der spannende Roman enthält ebenso gut recherchierte wie verpackte Hintergrundinformationen zu Landeskunde und (Konflikt)geschichte Afghanistans sowie zur Arbeit internationaler Terrornetzwerke]

Hafis, Mohammed Schams ad-Din, Die Ghaselen des Hafis. Neu in deutsche Prosa übersetzt, mit Einleitung und Lesehilfen von Joachim Wohlleben, Würzburg 2004

Holl, Norbert Heinrich, Mission Afghanistan. Erfahrungen eines UNO-Diplomaten, München 2002 [autobiografischer Rückblick]

Hosseini, Khaled, Drachenläufer, Berlin 2003 [zeichnet ein Bild von Kabul in den 1970er-Jahren]

Hosseini, Khaled, Tausend strahlende Sonnen, Berlin 2007 [neben dem »Drachenläufer« ein zweites Muss für jeden Afghanistan-Interessierten, erzählt von der

Freundschaft zweier Frauen im krisengeschüttelten Afghanistan der letzten Jahrzehnte]
Levi, Peter, Im Garten des Lichts. Mit Bruce Chatwin durch Afghanistan, München [u.a.] 2002 [Beschreibung einer Reise von Peter Levi und Bruce Chatwin durch das Afghanistan der späten 1960er-Jahre]
Koelbl, Susanne, Olaf Ihlau, Geliebtes, dunkles Land. Menschen und Mächte in Afghanistan , München 2007 [Reportagen mit Talibankämpfern, Drogenbaronen, verschleierten Polizistinnen, westlichen Diplomaten und Soldaten]
Maillart, Ella, Der bittere Weg. Mit Annemarie Schwarzenbach unterwegs nach Afghanistan, Basel 2003 [Reisebeschreibung kurz vor Ausbruch des Zweiten Weltkriegs]
Michaud, Roland und Sabrina, Unbekanntes Afghanistan. Seine Landschaften, seine Menschen, München 2002 [eindrucksvoller Bildband mit Fotos aus den Jahren 1964 bis 1978]
Michener, James A., Karawanen der Nacht, München 1964 [Thriller mit Schauplatz Afghanistan kurz nach dem Zweiten Weltkrieg]
Mühlan, Eberhard, Gefangen in Kabul. Die dramatischen Erlebnisse der »Shelternow«-Mitarbeiter in Afghanistan, Asslar 2002 [100 Tage Gefangenschaft unter den Taliban]
Neudeck, Rupert, Jenseits von Kabul – Unterwegs in Afghanistan, München 2003 [gut lesbare Beschreibung von Afghanistan]
Newby, Eric, A Short Walk in the Hindu Kush, London 1981 [Reisebericht, vor allem aus Nuristan, ein Klassiker]
Petersen, Britta, Einsatz am Hindukusch. Soldaten der Bundeswehr in Afghanistan, Freiburg i.Br., Basel, Wien 2005 [legt den Schwerpunkt auf den Alltag deutscher ISAF-Soldaten]
Saadi (Moscharref od-Din Abdullah), Hundertundeine Geschichte aus dem Rosengarten. Ein Brevier orientalischer Lebenskunst, Zürich 2004
Schulze, Helmut R., Afghanistan. Bilder aus einer anderen Welt, Speyer 2007 [Katalog einer Ausstellung im Historischen Museum der Pfalz, u.a. mit Fotos, die den Alltag deutscher ISAF-Soldaten zeigen]
Seierstad, Åsne, Der Buchhändler aus Kabul, München 2003 [die norwegische Journalistin schildert eine märchenhafte Familiengeschichte]
Shah, Saira, Die Tochter des Geschichtenerzählers. Meine Heimkehr nach Afghanistan, München 2003 [die gebürtige Afghanin und englische Journalistin thematisiert die umfassende Zerstörung des Landes durch den Krieg]
Shakib, Siba, Nach Afghanistan kommt Gott nur noch zum Weinen. Die Geschichte der Shirin-Gol, München 2001 [Geschichte einer afghanischen Flüchtlingsfrau]
Toynbee, Arnold J., Ströme und Grenzen. Eine Fahrt durch Indien, Pakistan, Afghanistan, Stuttgart 1963 [packende Reisebeschreibung]
Willemsen, Roger, Afghanische Reise, Frankfurt a.M. 2006 [aktuelle Eindrücke von Kabul bis Kundus]

Literatur, Film und neue Medien

Filme..
Die meisten Filme, die Afghanistan zum Thema haben, stammen aus dem Ausland. Zeigten die Regisseure bis zur sowjetischen Invasion eher ein romantisierendes Bild des Landes, traten später Krieg, Gewalt und Zerstörung in den Vordergrund. Die Taliban untersagten sowohl die Herstellung wie auch das Ansehen von Filmen. Nach Jahren des anschließenden Bürgerkriegs standen junge Regisseure im zerstörten Afghanistan vor einem Neuanfang. Die folgende Liste reicht von westlichen Spielfilmklassikern über aktuelle Dokumentarfilme bis hin zu Arbeiten afghanischer Regisseure wie Siddiq Barmak, die sich mittlerweile auch international einen Namen machen konnten. Viele der aufgeführten Filme sind in deutscher oder englischer Fassung über einschlägige Internetanbieter zu beziehen. *(bc)*

3,2,1 ?, Afghanistan 2005. Regie: Alka Sadat [Dokumentarfilm über die Misshandlungen, denen afghanische Frauen ausgesetzt sind]

5 to Five Kabul City, Schweiz 2002. Regie: Eileen Hofer [medizinische Situation in Kabul sieben Monate nach dem Sturz der Taliban]

Die 9. Kompanie (9 rota), Russland 2005. Regie: Fjodor Bondartschuk [kommerziell äußerst erfolgreicher Film über das Scheitern des Afghanistan-Feldzugs; zeigt in schonungsloser Weise junge Rekruten, die in der Ausbildung geschunden werden und dann als Zielscheiben für afghanische Mudschaheddin dienen]

Afghanische Kinder träumen vom Frieden, Deutschland 1987–1989. Regie: Elke Jonigkeit [Dokumentarfilm über die sowjetische Besatzung in Kabul]

Afghanistan Unveiled, Afghanistan 2003. Regie: Brigitte Brault, Florent Milesi [Dokumentarfilm afghanischer Kamerafrauen über die Lebensbedingungen im Land]

Auf abenteuerlicher Fahrt durch Iran und Afghanistan, Afghanistan 1939. Regie: Ella Maillart [ungeschnittenes dokumentarisches Filmmaterial]

Bestie Krieg (The Beast), USA 1988. Regie: Kevin Reynolds [erschütternder Anti-Kriegsfilm, der die sowjetische Besatzung Afghanistans sowie die Gräueltaten beider Parteien thematisiert]

Buda az sharm foru rikht (Buddha zerfiel vor Scham), Frankreich/Iran 2007. Regie: Hana Makhmalbaf [Drama im Tal von Bamian nach dem Ende der Taliban-Herrschaft]

La Fiancée (Die Verlobte), Frankreich 1974. Regie: Annie Zorz [Hochzeitsvorbereitungen eines 15-jährigen Mädchens in Nordafghanistan. Sie wird einen viel älteren Mann heiraten und dessen zweite Ehefrau sein]

Die Frauen von Kabul - Sterne am verbrannten Himmel, Deutschland 2002. Regie: Sigrid Dethloff [Dokumentarfilm über das Schicksal von Frauen in Kabul]

Drachenläufer (The Kite Runner), USA 2007. Regie: Marc Forster [Verfilmung des gleichnamigen Romans von Khaled Hosseini]

Edame Rah (The Path to Follow), Afghanistan 2006. Regie: Nazifa Zakizada [Kurzfilm über eine Gruppe junger Mädchen, die Taekwondo trainieren und damit ein gesellschaftliches Tabu brechen]

Enemies of Happiness, Dänemark 2006. Regie: Eva Mulvad, Anja Al-Erhayem [Dokumentarfilm über den Wahlkampf der 28-jährigen Malalai Joya, die als Abgeordnete der Provinz Farah für die Nationalversammlung kandidiert]

Ghame Afghan – Die Trauer des Afghanen, Afghanistan/Schweiz 1986. Regie: Mark M. Rissi, Zmarei Kasi [Djumas Vater war noch vor dem Einmarsch der sowjetischen Truppen von der Geheimpolizei eingekerkert worden. Sein Bruder Hakeem wird jetzt deren Opfer, weil er einem Widerstandskämpfer

Anhang

gegen das kommunistische Regime das Leben zu retten versuchte. Daraufhin beschließt die Familie, nach Pakistan zu fliehen]

High sein, frei sein, überall dabei sein. Auf dem Hippie-Trail nach Kabul, Frankreich/Deutschland 2007. Regie: Maren Niemeyer [Dokumentation über die Reisegewohnheiten der »Blumenkinder«]

Die Hoffnung bleibt ... Afghanistan unter der Herrschaft der Taliban, Deutschland 1998. Regie: Siba Shakib [Dokumentarfilm]

If I stand up, Afghanistan 2005. Regie: Shakiba Adil, Halima Hussaini, Kristina Tikke Tuura [Porträt der 2007 ermordeten Radiojournalistin Zakia Zaki]

Im Reich der Finsternis, England 2001. Regie: Saira Shah [eindringliche und mehrfach preisgekrönte Dokumentation über das Leben unter den Taliban]

Im Tal der Kalash, Deutschland 1990/91. Regie: Hartmut Kaminski [Dokumentarfilm über das kleine Volk der Kalash, das nach uralten Sitten und Gebräuchen in einer abgelegenen Bergregion siedelt und seit Urzeiten den Glauben an die Schöpfergottheit Chadei pflegt]

Kabul, Kabul, Afghanistan/USA 2000. Regie: Sedika Mojadidi [Roadmovie über die Reise von Pakistan nach Kabul. Rückkehr der Filmemacherin in ihre Heimat nach 23 Jahren Exil]

Kabul Transit, USA 2006. Regie: David Edwards, Gregory Whitmore, Maliha Zulfacar [Alltag in der afghanischen Hauptstadt]

Khakestar-o-khak (Earth and Ashes), Afghanistan/Frankreich 2005. Regie: Siddiq Barmak [lakonisch erzählte Geschichte von der Vernichtung einer Familie und eines Dorfes im Krieg]

Der Krieg des Charlie Wilson (Charlie Wilson's War), USA 2007. Regie: Mike Nichols [Unterstützung der Mudschaheddin mittels eines amerikanischen Kongressabgeordneten, Erfolge und Versäumnisse der US-Außenpolitik]

Madjid, Deutschland 2000. Regie: Siba Shakib [Geschichte des afghanischen Schuhputzjungen Madjid, der in Kabul lebt]

Der Mann, der König sein wollte, USA/Großbritannien 1975. Regie: John Huston [Sean Connery und Michael Caine als rauhbeinige Abenteurer in Britisch-Indien, die beschließen, sich im legendären Königreich Karfiristan als Könige einsetzen zu lassen]

Massud, ein afghanischer Kämpfer (Massoud, l'Afghan), Frankreich 1998. Regie: Christophe de Ponfilly [mehrfach preisgekrönter Dokumentarfilm über Achmad Schah Massud]

Mein Vater ist ein Märtyrer, Deutschland 1987–1989. Regie: Elke Jonigkeit [Dokumentarfilm über die Kriegserlebnisse afghanischer Kinder während der sowjetischen Besatzung]

Nacht vor Augen, Deutschland 2007/2008. Regie: Brigitte Bertele [beklemmende Studie über einen aus Afghanistan heimkehrenden Bundeswehrsoldaten, der unter dem Posttraumatischen Stresssyndrom leidet]

Nilofar Dar Baraan (Nilofar in the Rain), Frankreich/Afghanistan 2003. Regie: Homayoun Karimpour [Familiendrama: Machtspiele und Blutrache unter Exilafghanen vor dem Hintergrund einer arrangierten Ehe]

Opium War, Afghanistan 2006. Regie: Siddiq Barmak [Drama: zwei verwundete amerikanische Soldaten stoßen in der Wüste auf einen alten sowjetischen Panzer, in dem eine Gruppe Afghanen lebt]

Osama, Afghanistan 2003. Regie: Siddiq Barmak [Geschichte eines Mädchens, das während der Taliban-Herrschaft in Jungenkleidern aufwachsen muss. Barmak, Jahrgang 1962, schloss 1987 ein Studium am Moskauer Filminstitut

ab und ging 1996 ins Exil. »Osama« gewann u.a. 2004 einen Golden Globe für den besten ausländischen Film]
Das Paradies ist anderswo (Behesht Ja-ye Digari Ast), Iran 2003. Regie: Abdolrasoul Golbon [zeigt die Enge der dörflichen Traditionen im afghanisch-iranischen Grenzgebiet]
Postcards from Tora Bora, USA 2007. Regie: Kelly Dolak, Wazmah Osman [Selbstporträt der Regisseurin, die nach 20 Jahren Exil wieder in ihre Heimat kommt; angereichert mit szenischen Kindheitserinnerungen und privaten Super-8-Aufnahmen]
Rambo III, USA 1988. Regie: Sheldon Lettich, Sylvester Stallone [erfolgreicher und spannender Actionthriller mit Sylvester Stallone: Rambo befreit seinen ehemaligen Vorgesetzten aus den Fängen eines sadistischen russischen Offiziers in Afghanistan und mischt mithilfe der Mudschaheddin die Sowjetarmee auf. Erhielt erstaunlicherweise das Prädikat »wertvoll«]
Die Reise nach Kafiristan, Deutschland 2001. Regie: Fosco und Donatello Dubini [Abenteuerfilm über die authentische Reise zweier Schweizerinnen nach Afghanistan]
Return to Kandahar, Afghanistan 2003. Regie: Nelofer Pazira [die Protagonistin kehrt in ihre Heimat zurück, die nach Jahren des Krieges zerstört ist und erneut von Kriegsfürsten und Drogenbaronen regiert wird]
The Road to Guantanamo, Großbritannien 2006. Regie: Michael Winterbottom, Mat Whitecross [Dokumentarfilm über die Odyssee vier pakistanischstämmiger Briten, die am Vorabend des Afghanistankrieges 2001 ins Land reisen, im Kampfgebiet von US-Truppen gefangengenommen und in Guantanamo inhaftiert werden]
Se noughta (Three dots), Afghanistan 2005. Regie: Roya Sadat [Schilderung des Überlebenskampfes einer alleinerziehenden afghanischen Mutter]
Die Steppenreiter, USA 1971. Regie: John Frankenheimer [Omar Sharif in einer Glanzrolle: Sohn eines Stammesfürsten versucht, sich nach der Niederlage beim Buskaschi-Turnier doch noch als Held zu beweisen und startet mit wenigen Männern einen Gewaltritt durch die Bergwelt Afghanistans]
Der Stern des Soldaten, Frankreich/Deutschland/Afghanistan 2008. Regie: Christophe de Ponfilly [der junge russische Wehrpflichtige Nikolai fällt in die Hände der Mudschaheddin]
Spingiri – Die weissen Bärte, Deutschland 2006. Regie: Karin Mlodoch, Ernst Meyer [Vorstellung eines Projektes in Südostafghanistan, das den Dialog zwischen traditionellen Stammesstrukturen, afghanischer Regierung und der internationalen Gemeinschaft fördert]
Talabgar (The Marriage Candidate), Afghanistan 1969. Regie: Khaleq A'lil [Geschichte der jungen Sima, die das Studium einer Ehe vorzieht]
Texas – Kabul, Deutschland 2003. Regie: Helga Reidemeister [mit dem Adolf-Grimme-Preis 2005 ausgezeichnetes politisches Roadmovie, in dem engagierte Kriegsgegnerinnen vor Ort zu Wort kommen]
Tschadari & Buz Kaschi – Afghanische Frauen heute, Deutschland 1989. Regie: Elke Jonigkeit [Rollenverteilung von Männern und Frauen in der afghanischen Gesellschaft]
Un Village Turkmene, Afghanistan 1974. Regie: Annie Zorz [ethnografischer Film über ein traditionelles turkmenisches Dorf in Nordafghanistan]
Von Löwen und Lämmern, USA 2007. Regie: Robert Redford [Robert Redford, Meryl Streep und Tom Cruise in einem mäßig spannenden US-Politdrama

Anhang

um den Afghanistan-Einsatz, das auch die Verflechtungen von Politik und Medien und die Widersprüche der US-Politik zeigt]

Willkommen zuhause, Deutschland 2009. Regie: Andreas Senn [Fernsehproduktion für die ARD: Die Geschichte eines durch einen Anschlag traumatisierten Afghanistan-Heimkehrers feierte »Die Welt« als »Sternstunde des Fernsehens«]

Wounds of Afghanistan (Afganistani armid), Estland 2005. Regie: Ivar Heinmaa [Dokumentarfilm über die Rückkehr zweier estnischer Afghanistan-Veteranen an die Orte, an denen sie als sowjetische Soldaten gekämpft haben]

Internettipps..

Bitte nutzen Sie für die Internetrecherche die ständig aktualisierten Webtipps des Militärgeschichtlichen Forschungsamtes: http://www.mgfa.de/html/einsatzunterstuetzung/

Neben nützlichen Weblinks finden Sie auf diesen Seiten auch die Beiträge der Reihe »Wegweiser zur Geschichte«, die über Geschichte, Kultur und aktuelle Strukturen informieren, sowie Karten und Diagramme im PDF-Format. Bitte beachten Sie: Wir haben keinerlei Einfluss auf die Gestaltung und die Inhalte der verlinkten Seiten. Trotz sorgfältiger Auswahl können wir nicht immer für die Ausgewogenheit der angebotenen Fremdbeiträge garantieren. Für entsprechende Hinweise sowie Anregungen, Korrekturen und Ergänzungsvorschläge an MGFAPresseEingang@bundeswehr.org sind wir dankbar.

Register

Nicht aufgenommen wurden die Begriffe »Afghanistan«, »Kabul« und »Pakistan«.
Fett ausgezeichnete Zahlen verweisen auf Infokästen im Text.

5. Motorisierte Schützendivision 61
11. September 2001 47, 84–86, 99, 114, 181
53. Division 76
103. Luftlandedivision 61
108. Motorisierte Schützendivision 61
162. (Turk.) Infanteriedivision 48, 58
Abbas III. 23
Abdali siehe Durrani
Abdullah, Abdullah 91
Abdurrachman 21, 26, 30, 32, 34 f., 37, 131, 152, 247, 264–267
Abdurraschid 126, 170, 194
ABP (Afghan Border Police) 118
Abraham 170
Abstammung 159, 169, 171, 179, 194 f.
Abu Dschahl 169
Achämeniden 243
Achaksai-Miliz 267
Achilles (NATO-Operation) 259
Achmad Schah Durrani 13, 19 f., 23, 139, 180, 245 f., 267 f.
Achman, Rola Nur 218
Achsenmächte 55 f.
Achund (Leiter islam. Bildungseinrichtung) 179
Ackerbau siehe Land- und Forstwirtschaft
Adenauer, Konrad 36
Administration 10–12, 26, 32, 37, 76, 90, 98, 104, 107, 115, 120, 127, 129, 142, 178, 235
Ägypten 183
Afghanische Grenzpolizei siehe ABP
Afghanistan Compact 89
Afghan Face 12, 103, 121, 162 f.

Afghan Ownership 12, 120
Afifi, Julia 198 f.
Agrarsektor siehe Land- und Forstwirtschaft
Aids 105
Aimak 123 f., 129, 171
Akbar 264, 268
Al-Kaida 85, 93, 115, 117, 160
Al-Azhar-Moschee (Kairo) 205
Aleppo 171
Alexander der Große 18, 21, 242 f., 264, 266 f.
Algerischer Bürgerkrieg 66
Ali ibn Abi Talib (4. Kalif) 171, 173, 177, 179, 264
Alkoholismus 73
Allah 80, 83, 170
Allianz für die Rettung des Vaterlands siehe Nordallianz
Alliierte 56, 240
Almosen 80, 170, 174
Alphabetisierung 128, 177, 215
Amani-Oberrealschule 39–41, 51, 249
Amanullah 30, 37–40, 50–53, 57, 82, 134 f., 213–215, 248 f., 267
Amin, Hafisullah 45, 61–63, 66, 68, 82, 253
Amir al-Muminin (Oberhaupt der Gläubigen) 85, 180, 267
Amt Ausland/Abwehr (OKW) 55
Amudarja 23, 43, 61, 195, 221, 226 f.
Analphabetismus 11, 38, 40, 97, 192 f., 199 f., 215
ANA (Afghan National Army) 102, 118, 120, 182

Anglo-Afghanische Kriege 13, 26, **30**, 35, 87, 181, 183, 197, 246, 249, 264, 266–268
Anglo-Persischer Friedensvertrag 247
ANP (Afghan National Police) 120
Anschläge 9 f., 85 f., 93, 100 f., 105, 107 f., 111 f., 114, 116 f., 148, 151, 199, 202, 206 f., 255, 257, 260 f.
Antiamerikanismus 117
Anti-Terrorkampf 95, 99, 114 f.
Aprilrevolution siehe Saur-Revolution
Araber 22, 121, 131, 151, 169–171, 183, 194 f., 242, 264, 266
Arabisch 13, 18, 23, 80, 170, 206, 221
Arabisches Meer 13, 18, 23, 221
Arbakee (Stammespolizei) 149 f.
Arbeitsmarkt 11, 41, 97, 116, 215, 223, 230, 236 f.
Arbeitsmigration 98, 110, 116, 236
Archäologie 87
Arg 267
Arghandab-Tal 228
Ariana 18 f., 21
Arier 18, **20**, 51, 159
Aristokratie 23, 38, 91, 133
Armut 97, 105, 120, 165, 224, 233, 236, 238, 240, 265
Arthur Ashe Award for Courage 218
Arusi siehe Wade
Aryana Afghan Airline 20
Asan (Gebetsaufruf) 174
Aschraf 23

277

Anhang

Aschura 174, 262 f.
Aserbaidschan 129
Asia Foundation 102
Asymmetrische Bedrohung 101, 108, 112, 183
Atatürk siehe Pascha, Kemal
Attentate 23, 66, 84, 89, 165, 181, 260, 263
Aufstände 30, 34 f., 38, 48, 65 f., 112, 150, 153, 213, 249, 266
Auswärtiges Amt 43, 48, 54–56
Ayub Khan, Mohammed 115
Ayub Khan, Sirdar 266
Babylon 18, 194
Badachschan 14, 69, 84, 104, 139, 156, 173, 205, 228, 232, 237 f., 254, 264, 268
Badal (Blutrache) 84, 110, 126, 182, 187–189, 199, 205
Badraga (Geleitschutz) 189
Bagdad 40, 264 f.
Bagdad-Pakt 40
Baghlan 104, 226, 264, 268
Bagram 188, 258
Baharak 217
Baktrien siehe Balch
Baktrische Tiefebene 226–228
Bala Hissar 267
Balch 180, 242, 244, 264, 268
Balkankrieg 66
Baltikum 72
Baluchen 151
Bamian 18, 85, 87, 173, 208, 243 f., 254, 265
Bangladesch 250
Barakat (göttl. Segenskraft) 180
Basare 160, 165, 200, 217, 227–229, 247
Bauern 41, 97 f., 139, 143, 147, 166, 170, 225–227, 230, 234, 236, 238, 240 f.
Baumwolle siehe Spinzar
Beerdigungen 174, 235
Beitan (Sohn Abdurraschids) 194
Belutschen 123 f., 130, 171, 185, 196 f.
Belutschi 124, 128, 130
Belutschistan 118, 185
Bengalisch 20
Berlin 39 f., 51–54, 56–58, 95, 249 f., 256
Berliner Erklärung 256
Berufsausbildung 11, 39 f., 51, 156
Besatzung (sowj.) 10, 13 f., 43, 46, 61, 66, 68, 72–74, 79 f., 87, 107, 110, 113 f., 124, 136, 205, 211, 236, 252, 263, 265 f., 268
Beschneidung siehe Sonnat
Bevölkerungswachstum 97
Bewegung 2. Juni 43
Bhutto, Benazir 260
Bilderverbot 265
Bildung 8 f., 11, 38–40, 42, 45, 48, 51, 57, 64, 84, 95, 102, 110, 116, 127 f., 134, 156, 158 f., 163, 165, 167, 177, 198 f., 212–216, 249, 254
Bin Laden, Osama 85 f., 93, 208, 210 f.
Bismillah Khan 203 f.
BKA (Bundeskriminalamt) 43
Blaue Moschee (Masar-e Scharif) 168
Blockfreie Nationen 40
Blutrache siehe Badal
BND (Bundesnachrichtendienst) 158
Bolan-Pass 30, 185
Bombay 29
Bonn 8 f., 47, 88, 91, 100, 256 f., 263
Bose, Subhas Chandra 55–57
Bosnien 66
Brahimi, Lakhdar 86
Brahmanen 20
Brahui 51, 131
Brandenburg (Division z.b.V.) 55 f.
Brautpreis 213
Breschnjew-Doktrin 46, 66
Britisch-Indien 19, 26, 30, 32, 34, 37, 49, 55, 183, 246, 249, 263, 266
Bruttoinlandsprodukt 16, 97, 220, 231
Buddha-Statuen 18, 85, **87**, 243, 254, 265
Buddhismus 20, 87, 243, 264, 267
Bürgerkrieg 10, 14, 38, 43, 46, 73–75, 79, 82 f., 107, 116, 129, 148, 154, 204, 208 f., 232, 236, 248, 253 f., 268
Bundestag 9, 92, 258–261
Bundeswehr 7–9, 92, 160, 182, 260
Burka (Ganzkörperschleier) 84, 213–218
Burnes, Alexander 30
Burrow, George 266
Bush, George W. 258
Buskaschi (Pferdesport) 199
Bust 266
Byron, Robert 43
Canaris, Wilhelm 54
Cannabis siehe Drogen
Chalk (Fraktion DVPA) 62 f., 66
Chamberlain, Houston Stewart 20
Chateb (Prediger) 177, 179
Chatna siehe Sonnat
Checkpoints 73, 107, 118, 152, 182
Cheney, Dick 258
Cherka Scharif 267
China 21, 49, 62, 87, 242, 245, 268

Register

Chodschak-Pass 221
Chodscha Bahauddin 202, 210, 263
Chorassan 19, 23, 139, 242, 265
Chord Kabul 185, 246, 262, 268
Chost 111
Christen 18, 168, 200, 219
CIA (Central Intelligence Agency) 66, 70, 220
CIMIC (Civil-Military Cooperation) 160
Coalition against Terrorism 86, 99
Coalition Forces 83
Comprehensive Approach 12
Connery, Sean 131
Constitutional Loya Jirga 88, 257
Dalkundi 237
Daressalam 85, 255
Darius der Große 243
Dari (Persisch) 51, 85, 124, 127, 129 f., 195 f., 206, 235
Darmesteter, James 197
Darulaman 39, 51, 82, 249
Dascht-e Margo 221
Da'ud Khan, Sattar Mohammed 45, 62 f., 135, 250–252, 262 f.
Da'us (Ehrlosigkeit/ Schande) 142, 186, 188, 214, 216 f.
DDR (Deutsche Demokratische Republik) 59
Demokratie 9, 15, 42, 51, 88 f., 98, 114, 135, 137, 163 f., 166, 251, 257
Desertion 72
Deutsch-afghanischer Vertrag 39, 50, 248
Deutsch-afghanische Beziehungen **39**, 48, 50, 59
Deutschland 13 f., 36, 39–41, 48–54, 59, 88,
92, 94, 101, 198, 220, 249–251, 261
De Meschrano Dschirga (Oberhaus) 135
De Wolesi Dschirga (Unterhaus) 135
Dialekte siehe Sprachen
Dichtung 197, 266
Diskriminierung 173
Disraeli, Benjamin 26, 31
Dorfstrukturen **235 f.**
Dorfvorsteher siehe Maliks
Doschi 173
Dostojewski, Fjodor Michailowitsch 28
Dostum, Raschid 76 f., 79, 89 f., **153**, 202, 208, 210, 255, 264
Dost Mohammed 30, 32, 35, 246 f.
Dramatic Arts Center 198
Drogenanbau 11, 16, 80, 95, 97 f., 107, 112, 152, 223, 230–232, **233 f.**, 236–241
Drogenökonomie 16, 89, 95, 97 f., 106–108, 112, 116, 145, 152, 199, 225, 230–241, 254, 259
Drogenpolitik 108, 230, 238–241
Dschafar Ibn Mohammed as-Sadik (6. Imam) 173
Dschalalabad 30, 69, 117, 131, 140, 184, 221, 228 f., 268
Dschamiat-e Islami (Islamische Gesellschaft) 77, 153, 205–207
Dschanda (Glaubensfahne) 179
Dschangnama (Kriegsepen) 197, 246
Dschat 131
Dschihad (Heiliger Krieg) 14, 50, 55, 60 f., 65 f., **80**, 84, 113, 181, 239
Dschingis Khan 22, 87, 244, 264 f., 267
Dschirgas (Ratsversammlungen) 88, 121, 126, 140, 149 f.
Dschumbesch (Partei der Nationalen Islamischen Bewegung) 76
Dschusdschan 76 f.
Dschusdschan-Miliz 76 f.
Durand-Linie 13, **32**, 95, 115, 247, 263
Durand, Sir Henry Mortimer 26, 32, 247
Durrani-Reich 18 f., 23, 25, 139 f., 245 f.
Durrani (Stamm) 13, 18 f., 23, 25, 126, 128, 139 f., 180, 244–246, 266 f.
DVPA (Demokratische Volkspartei Afghanistans) 61–66, 75, 215 f., 252 f.
Eden, George 31
Ehebruch 84, 187, 216
Ehre siehe Nang
Ehrenkodex siehe Paschtunwali
Ehrenmann siehe Ghairatman
Ehrlosigkeit siehe Da'us
Einheitspartei siehe Hisb-e Wahdat
Einmarsch (sowj.) 13 f., 39, 46, 59–62, 65 f., 91, 124, 150, 181, 195, 207 f., 252, 263, 266 f.
Elektrifizierung 39 f., 92, 153, 156 f., 165
Eliten 28, 45, 50 f., 88, 92, 107, 115, 133, 144, 154, 167, 189, 198, 225
El am Hejir (islam. Neujahr) 263
Emergency Loya Jirga 88, 137, 256
Emirat 37, 84, 180
Enduring Freedom siehe OEF
Englisch-Persischer Friedensvertrag 18

Enteignungen 90
Entführungen 105, 119
Entwicklungshelfer 10, 16, 92, 103, 156 f., 159, 161 f., 259
Entwicklungshilfe 10 f., 15, 39, 40–42, 44, 54, 59, 102, 119, 156, 261
Epen 193, 195–197, 200, 207, 243
Erbrecht 126
Erdgas 40, 76 f., 83
Erdöl 54
Ernährung 11, 97, 106, 223, 234
Erster Weltkrieg 35, 48–51, 55, 58, 133 f., 248 f.
Etehad-e Islami (Islamische Union für die Befreiung Afghanistans) 77
EUPOL (EU-Polizeimission) 260
Europäisches Parlament 209
Exil 34, 36, 38, 46, 63, 64, 205, 219, 236
Exilregierung 46, 49
Existenzsicherung 97
Export 53, 226
Fahim, Mohammed 90 f.
Faisabad 14, 92, 228, 268
Familie 15 f., 25, 38, 51, 61 f., 108, 110 f., 116, 140, 142, 165, 175, 178, 182, 187, 206, 214, 216–218, 236, 266
FAO (Food and Agriculture Organization) 223
Farsiwan 129
Faryab 14, 104
Fastenbrechenfest siehe Id al-Fitr
Fastenmonat siehe Ramadan
FATA (Federally Administrated Tribal Areas) 115
Fatima (Tochter Mohammeds) 171, 264

Finanzen 38 f., 47, 232
Firdausi, Abu 195, 243
Flüchtlinge siehe Muhadscherin
Folklore 193, 197, 201
Folter 208
Fontaine, Nicole 210
Fontane, Theodor **184 f.**
Forster, Marc 260
Frankreich 31
Französische Revolution 197
Frauenbild 16, 38, 84, 126, 156, 164, 174, 212, 214 f., 219
Frauenfußball 218
Freiheit 42, 56, 65, 210, 219
Freitagsgebet 175, 235
Freitagsmoschee (Herat) 180, 266
Friedensverhandlungen 91, 121, 189
Frontier Corps 118
Fünf Säulen (des Islams) 80, 170, 174, 177
Fundamentalisten siehe Islamisten
Gabriel (Erzengel) 170
Gandomak 246, 262
Gardes 146 f., 149 f.
Gastfreundschaft siehe Melmapalena
Gebergemeinschaft 96, 157, 161, 164
Geberkonferenzen 95, 157, 256
Gebetsrufer siehe Muezzin
Gegnerische Militante Kräfte siehe OMF
Geheimpolizei (Afghanistan) 63, 65
Geistliche Führer siehe Mullahs
Geneva Accord siehe Genfer Afghanistan-Abkommen
Genf 68, 74
Genfer Afghanistan-Abkommen 62, **68**, 74, 252

Georgien 50
Geschichtenerzähler 177
Geschlechtertrennung siehe Purda
Gesellschaft 15 f., 38, 59, 63 f., 77, 96, 98, 103, 105 f., 108, 114, 121, 126, 142, 144, 154, 175, 186, 192, 193, 214 f., 217 f., 223, 226
Gesundheitswesen 9, 102, 105 f., 174, 234
Gewalt 10 f., 16, 23, 55, 89, 101 f., 105–107, 114, 144, 150 f., 156, 189 f., 199, 215
Gewaltbereite Kräfte siehe OMF
Gewaltmonopol 79, 92, 98, 137, 144
Ghairatman (Ehrenmann) 142, 186, 207
Ghasnawiden 22, 133, 243, 265 f.
Ghasni 30, 173, 195, 243 f., 265 f.
Ghilsai (Stamm) 23, 25, 62, 111, 126, 244 f., 268
Ghor 190
Ghoriden 22, 244, 265
Ghur 169, 265
Gilani, Yousaf Raza 119
Girischk 265 f.
Gladstone, William Ewart 34
Glasnost 62
Gleichberechtigung 38, 40, 88, 96, 98, 135, 144, 159, 162, 164, 213 f., 219
Gobineau, Arthur de 20
Goethe-Institut 198
Goldenes Dreieck 232
Goldene Jahre 40, 42
Gorbatschow, Michail 70
Gortschakow, Fürst Alexander Michailowitsch 26, 29
Gottesstaat siehe Emirat
Gouverneure 90, 92, 100, 103, 111, 150

Register

Gräueltaten 84, 210
Great Game 30, 52, 65, 185, 246, 266
Grenzgebiete 10, 14, 22, 29, 86, 95, 101, 113, 115 f., 119, 221, 258
Grenzsicherung 40, 118 f., 147
Griechisch-Baktrisches Reich 21
Großbritannien 13, 19, 21, 25-37, 48-58, 86, 95, 115, 181, 183, 185, 197, 240, 246 f., 262, 266
Große Ratsversammlung siehe Loya Dschirga
Großgrundbesitz 225
Grüne Moschee (Herat) 180, 264
Gudschar 131
Günstlinge siehe Vetternwirtschaft
Guerilakampf 65 f., 183, 185, 203, 207
Gurgescht (Sohn Abdurraschids) 194
Habibullah I. 30, 50, 134, 247, 249
Habibullah II. 38, 213, 248, 267
Hadsch (Pilgerfahrt) 80, 87, 170, 179 f.
Hafis (Mohammed Schams-ad-Din) 177
Hanafitische Rechtsschule 171
Handelswege 22, 27
Hanf siehe Drogen
Haqqani, Jalaluddin 110 f.
Harirud-Tal 228
Hasaradschat (Zentralafghanistan) 77, 84, 86 f., 129, 173, 218, 265
Hasaragi 129
Hasaras 89, 124, 129, 140, 151, 171, 173, 202, 207 f., 218, 247, 254 f., 264 f.
Haschem Khan, Mohammed 251

Haschisch siehe Drogen
Hassan (Enkel Mohammeds) 171
Heilige 177, 179 f., 193, 200
Heiliger Krieg siehe Dschihad
Heilige Krieger siehe Mudschaheddin
Heirat siehe Wade
Hekmatyar, Gulbuddin 75-77, 94, 111, **205**, 207-211, 232, 255, 268
Helmand 9, 100 f., 111, 130, 145, 228, 230, 232, 237, 259, 265 f.
Hentig, Werner Otto von 48
Hepatitis 72
Herat 18, 22 f., 25, 31, 65 f., 69, 79, 83, 85, 90, 92, 128, 140, 153, 169, 173, 180, 201, 206, 228 f., 244-246, 261, 265-267
Heroin siehe Drogen
HIG (Hezb-e Islami Gulbuddin) 110 f., 113 f., 268
Hilfsgelder 34, 37, 151
Hilfsorganisation siehe NGO
Hind 71, 204
Hindenburg, Paul von 52
Hindi 20
Hinduismus 20
Hindukusch 13, 19, 22, 27 f., 37, 43 f., 55, 97, 99, 130 f., 183, 221 f., 227, 242
Hindus 131, 193
Hisb-e Islami (Islamische Partei Afghanistans) 77, 205, 232
Hisb-e Wahdat (Einheitspartei) 77
Hitler-Stalin-Pakt 54
Hitler, Adolf 52-58
HIV siehe Aids
Horten-Brücke 249

Horten, Walter 82, 249
Hosseini, Khaled 260
Hotak-Ghilsai (Stamm) 85
Hussein (Enkel Mohammeds) 173 f., 262 f.
Id al-Adha (Opferfest) 173, 263
Id al-Fitr (Fastenbrechenfest) 173, 262 f.
IED (Improvised Explosive Devices) siehe Sprengfallen
Illegale Parallelstrukturen 104, 110
Imame (Moscheevorsteher) 173 f., 179
Imamiten 173
Imam Sahib 205
Imperialismus 19, 27-29, 35
Indien 13, 19-37, 43, 48-50, 53-58, 77, 91, 99, 114 f., 123, 195, 242, 244-246, 250, 254, 260, 263-265
Indischer Ozean 45, 65
Indisch-Pakistanischer Krieg 250
Indoarier 21
Indoarische Sprachen 20, 131
Indoeuropäische Sprachfamilie 20, 51
Indus 221
Industrialisierung 39 f.
Infrastruktur 11, 39 f., 51, 54, 70, 95 f., 106, 159, 163 f., 220, 241, 267
Intellektuelle 38 f., 42, 51, 64, 91, 124, 127, 129, 179, 198, 209, 250, 265
Inter-Services Intelligence siehe ISI
Internationale Gemeinschaft 7, 10 f., 14, 16, 47, 60, 82, 89, 92 f., 95 f., 99 f., 103 f., 108, 113, 120 f., 132, 148, 163, 212, 230, 239, 241, 258

Anhang

Internationale Organisationen 85, 90, 95 f., 161
Internet 96, 220
Irak 54, 66, 93
Iran 11, 20 f., 40, 46, 58, 77, 94, 98 f., 108, 110, 127, 153, 178, 183, 195, 221, 236, 254, 265
ISAF (International Security Assistance Force) 7, 9, 11, 88, 92 f., 100–104, 108, 111 f., 118, 120, 186, 256 f., 261
Isa (Jesus) 168, 177
Isfahan 23, 245
ISI (Inter-Services Intelligence) 32, 69, 77, 83, 114 f.
Islam 10, 12, 15, 22 f., 43, 45 f., 49, 66, 73, 80, 84 f., 88, 110, 112–114, 126, 128, 130, 149, 168–181, 193–195, 212 f., 218, 238, 253, 257, 262–267
Islamabad 75, 95, 99, 113 f., 116, 254, 261
Islamische Gesellschaft siehe Dschamiat-e Islami
Islamische Partei Afghanistans siehe Hisb-e Islami
Islamische Union für die Befreiung Afghanistans siehe Etehad-e Islami
Islamisierung 169, 195, 242, 266
Islamismus 85, 114
Islamisten 32, 42, 47, 66, 74, 77, 82 f., 85 f., 90 f., 95, 111 f., 136, 153, 205, 232, 258, 267
Ismailiten 131, 173, 264
Ismail Ibn Dschafar (7. Imam) 173
Israel 194
Istalef 34, 247
Italien 40, 58, 245, 249
Japan 40, 56, 249
Jelzin, Boris 46

Joint Coordination Centers 119
Joint Declaration of the United States-Afghanistan Strategic Partnership 257
Juden 18, 168, 194
Jugoslawien 58
Jung Muslime 205
Justiz 11, 40, 106, 134, 149
Kaaba 170, 174
Kabul Connections 141
Kadis (Lokale Richter) 179
Kafiristan siehe Nuristan
Kairo 205
Kais siehe Abdurraschid
Kajaki 101
Kalaschnikow (AK 74) 203
Kala-ye Dschangi 200
Kalkutta 55
Kalter Krieg 13, 40, 71, 77
Kam siehe Nuristani
Kandahar 9, 18, 23, 25, 30, 38, 43, 86, 93, 111, 140, 173, 180, 221, 228 f., 232, 237, 244–246, 256, 258–260, 265–268
Kanischka 242
Kanuni, Junus 89, **91**
Karatschi 54
Kari (Koranrezitator) 179
Karlan 194
Karlsruhe 82
Karmal, Babrak 61–63, 65, 253
Karsai, Achmad Wali 259
Karsai, Hamid 9 f., 50, 88–90, **91 f.**, 101, 103, 110, 121, 132, 137, 153, 205, 230, 239, 256–258, 263, 268
Kasachen 131
Kasachstan 72
Kaschmir 23, 25, 66, 114, 250, 254, 265

Kaschmir-Konflikt 99
Kaschmir-Kriege 250
Kasemyar, Ismail 132
Kaspisches Meer 23
Kataghan 264
Kati siehe Nuristani
Kaukasus 29, 31, 54 f., 58, 183
Kenia 163
Kerbela 174
KGB 61, 65
Khaiber-Pass 21, 54, 58, 117, 185, 221, 235, 268
Khalilzad, Zalmay 88
Khane 13–15, 32, 35, 38, 55, 64, 101, 104, 117 f., 138–143, 145, 182, 213, 215, 245
Khan, Ismail 79, 90, 92, **153**, 266
Kindersterblichkeit 105 f.
Kipling, Rudyard 131
Kirgisen 131
Kisilabad 208
Kisilbasch 129, 173
Klima 222, 233 f., 238, 268
Kloster 87
Königspalast 51, 249, 267
Kofar (Ungläubige) 131, 168, 181
Kohistani siehe Paschai
Koktscha 268
Kolola Puschta 267
Kolonialismus 13, 21 f., 28–31, 34 f., 37, 49, 51, 55, 246, 248, 262
Kommunismus 13 f., 42, 45, 62–65, 73, 75, 80, 85, 135, 206 f., 215, 252 f., 265, 267
Kommunisten 42, 45, 60–63, 69, 90, 124, 135, 138, 153, 198, 206 f., 210, 253
Konar-Tal 268
Koran 80, 84, 168, **170**–173
Koranrezitator siehe Kari

Register

Koranschüler 83 f., 111
Koranschulen siehe Medressen
Korruption 10, 42, 89 f., 102, 107, 114, 156, 161 f., 199, 239–241
Kredite 39, 41 f., 52–54, 234, 241, 249–251
Kreml 13, 64
Kriegsepen siehe Dschangnama
Kriegsgefangenschaft 208
Kriegsverbrechen 72 f., 89, 209, 240, 247
Kriegszerstörungen 81, 267
Kriminalität 11, 84, 107, 118, 148, 238, 259
Krimkrieg 28, 246
Künstler 39, 51, 64, 209, 265
Kufa 264
Kunar 66
Kundus 14 f., 63, 86, 92, 101, 104, 113, 146 f., 151 f., 154 f., 165, 205, 222, 228, 236, 259, 261, 268
Kuraisch (Stamm) 169
Kurban siehe Id al-Adha
Kuschan-Reich 21, 242, 264–266

Laghman-Tal 268
Laizismus 38, 213
Landflucht siehe Arbeitsmigration
Landi Kotal 117
Landreform 45, 64, 226, 252
Land- und Forstwirtschaft 10, 16, 39, 98, 108, 144, 151, 195, 218, 220–228, 231, 235
Lapislazuli 268
Lashkar Gar 101
Latein 20
Latifi, Nasir Ahmad 261
Legenden 18, 51, 169, 171, 173, 177, 192–195, 198, 206, 245 f.

Legion Freies Indien 56 f.
Lenin, Wladimir 50
Lieder 177, 184, 192 f., 196–200
Lifestyle 94
Liquidierungen 64, 82, 253
Literatur 127, 133, 177, 193, 201, 260
Löwe von Pandschir siehe Massud, Achmad
Logar 100, 173
Logistik 62, 161
London 29, 34, 49 f., 58, 89, 95
Loya Dschirga (Große Ratsversammlung) 15, 32, 47, 58, 88, 130–137, 209, 249, 256–267
Lübke, Heinrich 36
Lufthansa 39, 54, 250
Lytton, Lord Edward Robert 34

Machmud Hotak 23, 245
Machmud von Ghasni 195, 265
Mädchenschulen 156, 177, 213
Männlichkeitsideal siehe Tura
Märtyrer 200, 262 f.
Märzunruhen 65
Mahdi (der Rechtgeleitete) 173
Maiwand 246, 262, 266
Malalai 246
Malang (Wanderderwische) 179
Malaria 151
Maliks (Dorfvorsteher) 104, 149, 189, 236, 265
Malik Afghan 194
Malik Talut 194
Mandat 9, 88, 92, 102, 257, 261
Mantel des Propheten siehe Reliquien
Marokko 231
Marriott-Hotel 116, 261

Masar-e Scharif 79, 84, 86, 92, 140, 168, 179 f., 208, 228 f., 254 f., 259, 264 f.
Masari, Abdul Ali 77
Massaker 34, **208 f.**, 247, 254, 265, 267
Massud, Achmad Schah 16, 69, 75, 77, 79, 84, 91, 153, 200, 202–211, 239, 254 f., 263
Massud von Ghasni 266
Maulud siehe Mawlid al-Nabi
Maut 90, 107, 152
Mawlid al-Nabi (Geburtstag Mohammeds) 173, 262
Medien 7, 9, 73, 101, 103, 119, 127, 139, 177, 197, 200, 202, 210, 259
Medina 170, 243
Medressen (Koranschulen) 84, 94, 110 f., 117, 177 f.
Medusa (NATO-Operation) 258
Mekka 121, 170, 174, 243, 261
Melmapalena (Gastfreundschaft) 43, 58, 143, 145, 165, 168, 175 f., 188 f., 191, 203
Menschenrechte 105, 114, 137, 254
Merw (Oase) 31
Mi-24 siehe Hind
Militärhilfe 32, 39, 41, 52, 54, 68, 70, 232, 249
Milizen 38, 45, 66, 72, 75, **76 f.**, 80, 84, 90, 92, 148, 150 f., 153, 202, 208, 265, 267
Minderheiten 124, 129 f., 147, 235
Minen 100, 113, 227
Mirza Ali Khan (»Fakir von Ipi«) 55
Mir Hamsa 171
Mir Wais Hotak 23, 85, 245

283

Anhang

Missionierung 86
Mittelmeer 245
Modernisierung 10, 15, 29, 37 f., 40, 42, 51, 63, 69, 82, 96, 122, 134, 141, 145, 147, 181, 213–216, 219, 223, 248, 253
Mogol 131
Moguln-Dynastie 22 f., 25, 95, 185, 244, 267
Mohammadsai (Stamm) 128, 133 f., 265
Mohammed-Ghasali-Kulturstiftung 209
Mohammed (Prophet) 80, 168 f., **170 f.**, 173, 177, 179, 193 f., 243, 262, 264, 267
Mohammed Akbar Khan 264
Mohammed al-Mahdi (12. Imam) 173
Mohaqqeq, Mohammed 89
Molotow, Wjatscheslaw 57
Momasila Loya Dschirga (Provisorischer Großer Rat) 136
Monarchie 45, 135, 246, 249–251
Mondkalender 262 f.
Mongolen 18, 22, 129, 266
Monotheismus 168, 264
Morad Beg 268
Moral 84, 175, 216
Morphium siehe Drogen
Moscheen 95, 176, 179 f.
Moskau 14, 45 f., 48–50, 54–57, 61 f., 64, 66, 68, 99, 253
Moslems siehe Muslime
Mudschaheddin (Heilige Krieger) 14, 16, 60, 62, 65, **66**, 68–77, 80, 84, 88, 90, 107, 111, 113, 124, 153, 181, 188, 202, 204 f., 208–210, 236, 253, 255, 266–268

Muezzin (Gebetsrufer) 179
Muhadscherin (Flüchtlinge) 11, 32, 38, 43, 46, 49, 54, 60, 68, 71, 79, 84 f., 101, 108, 110, 116, 119, 130, 154, 156, 189, 206, 213, 259
Mullahs (geistliche Führer) 38, 83, 85, 87, 93, 111, 126, 174, 177, 179 f., 199, 236, 238 f.
Musa-Kala-Protokoll 145
Musahiban (Stamm) 134
Musa (Moses) 177
Musa Kala 101
Musharraf, Pervez 258, 260
Musikverbot 149
Muslime 66, 69, 80, 114, 168, 171, 174, 176, 190, 200
Mystik siehe Tasawwof
Mythen siehe Legenden
Nadir Schah (afgh. König) 38, 40, 134, 149, 214, 248, 262
Nadir Schah (pers. Herrscher) 23, 129, 139, 244, 267
Nadschibullah Achmadsai, Mohammed 46, 63, 65, 75, 83, 153, 200, 202, 252 f.
Naher Osten 54
Nairobi 85, 255
Namus (Schamhaftigkeit) 186–189
Nangarhar 108, 227, 232, 268
Nang (Ehre) 126, 142, 175, 182, 186–191, 203, 213–218
Napoleon 183
Napoleonische Kriege 31
Nationale Front 90
Nationale Identität 124, 140
Nationalgeschichte (Afghanistan) 21

Nationalsozialismus 20, 58
NATO (North Atlantic Treaty Organization) 7, 71, 86, 89, 93–95, 99, 101, 117, 258 f.
Naturkatastrophen 44, 105, 199, 224, 233 f., 238, 268
Naurus (Neujahrsfest) 174, 179, 262, 264
Naw Zad 101
Nebukadnezar 18
Nenawati (Asyl/Vergebung) 188
Neujahrsfest siehe Naurus
Neutralität 34, 39, 58, 134, 249, 251
New York 99, 202
NGO (Non Governmental Organization) 7, 10 f., 16, 44, 96, 119, 148, 151, 156–158, 161–163, 165, 167
Nicht-Regierungs-Organisationen siehe NGO
Niedermayer, Oskar Ritter von 48–50, 53 f., 58, 248
Nimrus 169
Nomaden 21, 29, 122, 131, 139–141, 143, 147, 189, 195–197, 218, 221 f., 225–228
Nordallianz 9, 83, 86, 90, f., 111, 120, 182, 188, 202, 204, 208, 239, 254 f., 265–268
Nordwestgrenzprovinz siehe NWFP
Norwegen 94, 260
Nuristan 43, 131, 169–171
Nuristani 51, 128, 130 f., 169, 264
NWFP (North West Frontier Province) 115 f., 118, 261
Oasen 31, 144, 222, 226, 228, 236, 265

284

Register

Obama, Barak 102, 121
Oberdörffer, Manfred 55
Öffentliches Leben 84, 213, 216
Öffentlichkeit 7 f., 28, 31, 83 f., 100, 121, 141, 143, 145, 157, 168, 170, 176, 191, 212, 216, 219, 239
OEF (Operation Enduring Freedom) 47, 86, 93, 102, 111, 120, 255
OKH (Oberkommando des Heeres) 55
OKW (Oberkommando der Wehrmacht) 54 f.
Omar (2. Kalif) 170
Omar, Mohammed 85, 93, 180, 238, 267
OMF (Opposing Militant Forces) 9 f., 12, 14, 60, 100–104, 107–110, 112 f., 116–119, 121, 148
Opferfest siehe Id al-Adha
Opium siehe Drogenökonomie
Oppositionelle Militante Kräfte siehe OMF
Ordensgemeinschaften 179 f.
Organisierte Kriminalität 10, 89, 102, 107
Orient 49, 53 f., 265
Osmanisches Reich 49, 183
Ostgrenze 13
Ost-West-Konflikt siehe Kalter Krieg

Pachlawan, Abdul Ali Malik 208, 265
Paktia 15, 39, 66, 111, 146–155
Paktika 111, 237
Palmerston, Lord Henry John Temple 27, 31
Pamir 221, 227
Pandschab 25, 29, 265
Pandschabi 20
Pandschir-Fluss 44
Pandschiris 91

Pandschir-Tal 44, 69, 72, 84, 91, 203 f., 206 f., 209 f., 254
Parcham (Fraktion DVPA) 62
Paris 95, 157, 209 f., 261
Parlament 10, 42, 82, 89, 130, 135, 144, 219, 250, 257
Parsa, Mohammed 180
Parteien 42, 69, 76 f., 114, 247
Parteiengesetz 42
Partei der Nationalen Islamischen Bewegung siehe Dschumbesch
Partikularismus 97
Parwan 132
Paschai 128, 131, 171
Pascha, Kemal (Atatürk) 38, 248
Paschto 51, 85, 124–128, 173 f., 206, 235, 268
Paschtunen 19, 23, 32, 37, 58, 62, 69, 111, 113, 115, 123 f., 126–128, 130, 133, 141 f., 147 f., 151 f., 170 f., 173, 186–188, 194, 197, 210, 216 f., 249, 266–268
Paschtunistan-Frage **32**, 40, 113, 250
Paschtunwali (Ehren- und Verhaltenskodex) 10, 84 f., 102, 126, 142, 146, 149 f., 169, 171, 182, 186–189, 216 f.
Pazifik 49
Peace Jirga 260
Perestroika 62, 70
Persisch siehe Dari
Persischer Golf 58
Persisches Reich 13, 18 f., 22 f., 31 f., 48, 127, 133, 139, 185, 195 f., 243–245, 264, 266 f.
Peschawar 25, 69, 75, 95, 112, 116–118, 136, 221, 246, 254
Petersberger Abkommen 9, 12, 47, 86, 88 f., 91,
100, 132, 136, 156, 256 f., 263
Pilger 87, 180, 264
Pilgerfahrt siehe Hadsch
Pilgerstätten 170, 174, 179 f., 203, 264 f.
Plünderungen siehe Kriegsverbrechen
Pol-e-Cheschti-Moschee (Kabul) 180
Pol-e Chomri 264
Politbüro (UdSSR) 65
Polizei 11, 39, 59, 76, 90, 102, 105, 115, 118, 159, 162, 206, 238, 240, 259
Polygamie 213
Polytechnisches Institut 206
Popalsai (Stamm) 91
Pratap, Radscha Mahendra 48
Prediger siehe Chateb
Preußen 51
Propaganda 60, 101, 112, 226
Provisorischer Großer Rat siehe Momasila Loya Dschirga
PRT (Provincial Reconstruction Team) 14, 92, 146, 158, 162 f.
Pundschabis 116
Purda (Geschlechtertrennung) 214–217
Puscht-e Rud 266
QRF (Quick Reaction Force) 94, 260
Quetta 95, 112, 116, 118, 185, 221
Rabbani, Burhanuddin 77, 79, 88, 90, 153, 202, **205**, 207, 255, 268
Rahmat Khan 55 f.
Ramadan (Fastenmonat) 80, 170, 173, 175 f., 263
Randschit Singh 25
Rassismus 20, 51, 53
Ratsversammlungen siehe Dschirgas
Rawalpindi (Vertrag) 13, 30, 248

285

Anhang

RC (Regional Command) North 9, 14, 100 f., 104, 107, 113, 260
Rechtssicherheit 106
Rechtssystem siehe Justiz
Reformen siehe Modernisierung
Registan 221
Reichswehr 48, 50, 52 f.
Religiöse Stiftungen siehe Wakf
Religion 14 f., 36, 38, 40, 45, 65, 95, 110, 112, 122–124, 127, 131, 149, 168, 171, 173–177, 213, 215 f., 238, 248
Reliquien 180, 267
Ressourcen 80, 124, 141 f., 144, 151, 154, 223 f., 228, 239
Revolution 43, 45 f., 62 f., 75, 141, 215, 226
Rewayat (Kurzgeschichten) 201
Ringstraße 61, 104, 229, 250
Römisches Reich 21, 242
Rohopium siehe Drogenanbau
Rohstoffe 27
Rom 36, 38, 136
Rom-Prozess 136
Rommel, Erwin 58
Rote Armee 13, 39, 46, 53, 59–62, 68–76, 203 f., 206, 216, 232, 267 f.
Royalisten 90, 253
Rüstungshilfe siehe Militärhilfe
Rusa-ye Scharif 179
Russisches Reich 13, 16, 19, 21, 25–32, 34 f., 37, 50, 183, 185, 203, 246, 254
Russische Föderation 77, 86, 232, 253
Russische Revolution 50
Saadi (Moscharref od-Din Abdullah) 177
Sabul 111, 237

Sachi-Sahib-Moschee (Kabul) 178
Sachi (Ehrentitel) 178 f., 267
Sadosai (Stamm) 128
Safariden 22
Safawiden 22 f., 244 f., 266 f.
Sahiruddin Mohammed Babur 267
Sahir Schah 20, 36, 38, 41 f., 45, 58 f., 63, 88, 134, 136, 249, 251
Salang-Tunnel 151, 182
Sale, Sir Robert 184
Samaniden 22, 243
Samarkand 243
Sangin 101
Sanskrit 20
Sarbun (Sohn Abdurraschids) 194
Saritscha 210
Sar-i Pul 259
Sassaniden 243
Saudi-Arabien 42, 77, 83, 86, 99, 121, 170, 205, 254
Saul 18, 194
Saur-Revolution 43, 45, 62 f., 75, 135, 226
Sayed (Nachfahr Mohammeds) 179
Sayyaf, Rasul 77, 90
Schah-e-Doschamschera-Moschee (Kabul) 180, 249
Schahnama (Königsbuch) 195–197, 243
Schah Machmud Khan 251
Schaibaniden 22, 244
Schamgeld siehe Scharm
Schamhaftigkeit siehe Namus
Schande siehe Da'us
Schanghai 54
Scharia (islam. Gesetz) 84 f., 111, 116, 138, 149, 168, 173, 216
Scharm (Schamgeld) 182, 187, 189

Scher Ali 30, 35, 247
Schia, Schiismus, Schiiten 23, 76 f., 124, 129, 131, 171, 173 f., 202, 208, 247, 262–265, 267
Schinwari 132
Schlafmohn siehe Drogenanbau
Schleierzwang 41, 84, 175, 181, 213 f., 250
Schmuggel 107, 152, 231, 239, 241, 267
Schoja Schah 246
Schtorm 61
Schughni 128
Schulen siehe Bildung
Schura (islam. Ratsversammlung) 112, 150
Seeckt, Hans von 50, 54
Sekten 170
Selbstmordattentate 9, 93, 100, 116, 148, 159, 202, 210, 257–259, 261
Seleukiden 242
Separatisten 115
Sesshaftigkeit 141, 195 f., 227 f.
Sevilla 258
Sexualität 216
Shelter Now 86
Sibirien 264
Sicherheit 50, 73, 84, 98, 100–104, **105 f.**, 107, 113, 143–145, 150, 159, 223, 237, 261
Siebenerschiiten siehe Ismailiten
Sikhs 25, 34, 131, 193
Sistan 169, 221, 265
Siyarat 180
Slums 116, 224
Söldner 95
Sonderbotschafter 86, 88
Sonnat (Beschneidung) 174
Soraya 213
Sowjetarmee siehe Rote Armee
Sowjetunion 10, 13 f., 39–47, 50, 54–80, 84,

Register

95, 107, 113, 181, 183, 202–207, 210 f., 216, 229, 232, 236, 248, 252 f., 263 f., 266–268
Sozialismus siehe Kommunismus
Sozialstatus 174
Speznas 45, 61, 82
Spinzar (Baumwolle) 268
Sprachen 16, 20, 22, 51, 120, 122–124, 126, **127 f.**, 129–131, 171, 199
Sprengfallen 9, 100, 113, 160
St. Petersburg 29, 247
Staatlichkeit 8, 12–14, 20, 27, 29, 35, 40, 46, 80, 90, 96, 104 f., 107, 120, 133, 137, 140, 151, 245
Staatshaushalt 41, 90, 158
Staatsstreich 45, 59, 62, 65, 114, 135, 215, 251
Stabilisierung 7 f., 10, 12, 14, 31, 41, 82 f., 89, 94, 100, 103, 105 f., 148, 167
Stadt-Land-Gegensatz 36, 38, 97 f., 138, 147 f., 212, 219, 229, 233
Stalingrad 58
Stalin, Josef 54, 57
Stammesführer siehe Khane
Stammesgebiete unter Bundesverwaltung siehe FATA
Stammesgesellschaften 12 f., 116, 126, 132, 141, 147, 149, 154, 197
Stammeskrieger 26, 29 f., 61, 95, 115 f., 185, 266
Stammesmilizen 117
Stammespolizei siehe Arbakee
Statthalter 22, 31 f., 34, 244
Stauffenberg, Claus Schenk Graf 58
Steinigung 84, 216

Steinmeier, Frank-Walter 261
Steuern 37, 80, 90, 147
Stinger 69, 253
Strafexpeditionen 30, 34
Straßennetz siehe Infrastruktur
Stresemann, Gustav 53
Sudhis 116
Sunna, Sunnismus, Sunniten 23, 124, 126, 129 f., 153, 171
Suren siehe Koran
Syrien 171
Tabus 214, 218
Tachar 104, 202, 210, 268
Tadschiken 16, 38, 77, 85, 89, 91, 124, 128–131, 141, 147, 151, 171, 195, 202, 205–208, 210 f., 218, 234, 268
Tadschikisch 51, 127
Tadschikistan 20, 127, 221
Taheriden 22
Taliban 9 f., 14, 36, 44, 46 f., 59, 66, 76, 79, 81–90, 93–105, 108, 110–116, 119–121, 145, 148 f., 151, 156, 160, 166, 181, 198–200, 202–211, 216, 219, 226, 230, 237–240, 254–257, 259, 261, 263–268
Tamerlan siehe Timur Leng
Tamilisch 51
Tanai, Schahnawas 65
Taniwal, Hakim 148
Taraki, Nur Mohammed 45, 62–66, 252
Tasawwof (Mystik) 180
Taschkent 29, 34
Taskira (Personaldokumente) 118, 235
Tataren 131
Teheran 99
Termes 39, 55
Terrorismus 79, 99, 102, 104 f., 108, 114 f., 211, 237, 254, 258

Terrornetzwerke 85, 110 f., 114, 117, 120, 154
Theater **198 f.**
Tibet 49, 54
Timuriden 22, 245, 264, 266, 268
Timur Leng 22, 245, 266 f.
Timur Schah 23, 246, 267
Tokio 95, 256
Tora Bora 93
Tornados 94, 259
Tourismus **43 f.**, 265
Tradition 13, 15, 51, 59, 97, 133, 174, 190, 198, 213, 218, 232, 236, 238
Tributzahlungen 22
Truppenstationierung 72, 91, 93, 105, 246
Tschahar-Aimak 123, 129, 171
Tscharikar 247
Türkei 38, 50, 58, 129, 213 f., 248
Tura/Turialai (Heldenideal) 126, 142, 174, 186–188
Turan 21, 195
Turkmenen 123 f., 130, 151, 171
Turkmenisch 51, 124, 128
Turkmenistan 21, 31, 72, 77, 83
Turkstämme 195
Typhus 72
UdSSR (Union der Sozialistischen Sowjetrepubliken) siehe Sowjetunion
Übergangsregierung 47, 77, 88, 90, 132, 150, 239, 256 f., 263
Überschwemmungen siehe Naturkatastrophen
Ukraine 53
Ulema (theol. Gelehrte) 179
Umwelt **223 f.**

287

Anhang

UNESCO (United Nations Educational, Scientific and Cultural Organization) 86
Ungläubige siehe Kofar
UNHCR (United Nations High Commissioner for Refugees) 259
UNOCAL (Union Oil Company of California) 83
UNODC (United Nations Office on Drugs and Crime) 238
UN-Resolution 1333 254
Unterernährung 44, 106
Unternehmen Barbarossa 57
UN (United Nations) 7, 46 f., 83, 85 f., 88, 100, 137, 163, 238, 257, 259, 261, 265
Urdu 206
Urusgan 111, 232, 237, 257, 259
USA (United States of America) 39 f., 45, 47, 61 f., 64–66, 68 f., 72, 74 f., 77, 83, 85 f., 88 f., 91 f., 94 f., 113, 116, 119, 137, 200, 205 f., 229, 232, 240, 249, 252 f., 255, 257, 259, 267
Usbeken 76 f., 89, 124, 129 f., 140, 151, 153 f., 171, 202, 208, 218, 244, 254, 264, 268
Usbekisch 51, 124, 128, 130
Usbekistan 21, 72, 77, 127

Vereinigte Staaten siehe USA
Vereinte Nationen siehe UN
Verfassung 13, 38, 42, 47, 88, 103, 134–137, 186, 213, 235, 248, 250 f., 253, 257
Verhaltensregeln (für Ausländer) **176**, 182, **214**
Verschuldung 234, 236
Verstümmelung 189
Verteilungskämpfe 114
Vertreibung 9, 46, 90, 154, 230, 236
Verwestlichung 116, 119, 121, 213, 215 f., 219
Vetternwirtschaft 42, 63, 89 f., 144, 154, 236
Viehzucht siehe Land- und Forstwirtschaft
Vietnam 72
Völkerrecht 46
Wachan-Korridor 131
Wade (Heirat) 174 f., 186, 234 f.
Waffenhandel 80, 102, 107, 112, 239
Wahlen 42, 75, 89, 91, 103, 132, 135, 137, 139, 153, 219, 250, 256 f., 263
Wahlfälschung 89
Wahlhelfer 89, 139
Wahlrecht 135
Wakf (Religiöse Stiftung) 178
Wakil, Schamila Abdul 218
Wardak, Abdullah 100
Warlords 10, 14, 47, 72, 80 f., 83, 89 f., 92, 98, 103, 106–108, 113 f., 117, 137, 144, 148, 152–154, 199, 239, 253
Warnbriefe 119
Wasiristan 55, 95

Wasser 106, 108, 153, 156, 158 f., 165–167, 221–223, 227–229, 234, 236, 241
Wehrmacht 48, 54–56
Wehrpflicht 147, 149, 174
Weiße Hunnen (Hephthaliten) 243, 265
Weltkulturerbe 85
Wiederaufbau 7–16, 36, 47, 77, 86, 88 f., 92–102, 106, 114, 120, 137, 150, 156 f., 159–161, 167, 186, 224, 226, 241, 249, 256 f., 259, 261, 265
Wilhelm II. 49
Wissenschaft 39, 51, 127
Witebsk 61
Wüsten 28, 221, 223, 226–228
Zarathustra 264
Zardari, Asif Ali 260
Zentralafghanistan siehe Hasaradschat
Zentralasien 21 f., 25, 27, 29, 34, 37, 46, 123, 221, 245
Zentrale Freies Indien 57
Zentralregierung 7, 9–16, 37, 40, 52, 56, 60, 64, 68 f., 73, 79, 88, 90, 92, 94, 97, 100–105, , 110, 116, 120, 133, 138, 143, 146–149, 155, 230, 235, 239, 266
Zivilgesellschaft 96, 162
Zivil-Militärische Zusammenarbeit siehe CIMIC
Zwangsheirat 213
Zweiter Weltkrieg 13, 39 f., 43, 48, 55, 58, 249, 251, 268
Zwölferschiiten siehe Imamiten